최명길의 사문록(思問錄)

역해와 심층 연구

최명길의 사문록(思問錄) 역해와 심층 연구

초판 1쇄 인쇄 2022년 6월 5일
초판 1쇄 발행 2022년 6월 21일

지은이 / 최명길(崔鳴吉)
옮긴이 / 엄연석, 이해임, 조정은, 한정길
인　쇄 / 북토리

펴낸곳 / 도서출판 동과서
경기 고양시 일산서구 송파로 151번길 24
등록번호 / 제22-405호

D.K.S. Publishing Co.
24, Songpa-ro 151 beon-gil, Ilsanseo-gu,
Goyang-si, Gyeonggi-do, Korea

전화 / (02)333-7533
팩스 / (02)6280-2353

값 30,000원

ISBN 978-89-6525-139-2 (93140)

최명길의 사문록(思問錄) 역해와 심층 연구

최명길(崔鳴吉) 저

엄연석, 이해임, 조정은, 한정길 역해

동과서

이 저서는 2017년 대한민국 교육부와 한국연구재단의 지원을 받아 수행된 연구임 (NRF-2017S1A5B8058894)

* 저자 소개

최명길(崔鳴吉) :

1586~1647. 조선 중기의 문신으로 뛰어난 외교관이자 정치가였다. 본관은 전주(全州), 자는 자겸(子謙), 호는 지천(遲川), 시호는 문충(文忠)이다. 1602년 성균관 유생이 되었고, 1605년 생원시 합격하고 문과에 급제한 이후 이조참판, 부제학, 대사헌, 이조판서, 호조판서, 좌의정, 영의정 등 여러 요직을 거쳤다. 1617년 인목대비(仁穆大妃) 폐모론에 반대하여 관직을 사퇴했다. 1623년 인조반정에 참여하여 정사공신(靖社功臣)으로 완성군(完城君)에 봉군되었다. 1627년 정묘호란(丁卯胡亂) 당시 항복문서의 초안을 작성하면서 청나라와의 협상을 주도하였다. 1636년 병자호란(丙子胡亂) 때는 화의와 항전을 놓고 김상헌(金尙憲), 홍익한(洪翼漢) 등의 척화론(斥和論)에 맞서 화의론(和議論)을 주장하였다. 1637년 좌의정이 된 직후 청나라에 파견되는 사은사(謝恩使)로 심양(瀋陽)에 가서 조선인 포로의 석방과 송환, 척화신(斥和臣)의 송환을 위한 교섭을 하였고, 1638년 초에 영의정이 되었으나 삼전도(三田渡)의 굴욕을 불러온 인물이란 비판을 받자 1640년에 영의정에서 물러났다가 1642년에 복귀하였다. 1643년 조선이 명나라와 내통한 사건에 연루되어 청나라 심양(瀋陽)에 잡혀가 2년간 억류되었다가 소현세자(昭顯世子)와 함께 풀려났다. 1647년(인조 25) 6월 병환으로 졸(卒)했다.

최명길은 17세기 전반에 성리학의 형이상학과 심성수양론, 주자학적 명분론과 묵수주의만으로 조선사회의 모순을 해결할 수 없다는 것을 깨닫고, 마음의 내적 진리와 주체성에 따른 창조적 실천을 강조하는 양명학(陽明學)을 받아들였다. 이를 계기로 그의 사상과 실천에는 양명학적 성분이 짙게 배어있다. 최명길이 정치·외교·군사 정책을 시행하는 과정에서 성리학적 명분론 대신 일체 행위의 판단 준거를 자신의 마음에서 찾으면서 변통론(變通論)과 권도론(權道論)을 통하여 현실에 적절하게 대응할 수 있었던 것은 양명학에 힘입은 것이다.

* 역해자 소개

엄연석(嚴連錫) :

서울대학교에서 철학박사학위를 취득하고, 현재 한림대학교 태동고전연구소 교수로 재직하고 있다. 저서로 『조선전기역철학사』(2013)가 있고, 번역서로 『심경주해총람(상·하)』(공역)이 있으며, 「여헌 역학사상의 경위설과 분합론의 도덕실천적 의미」(2021), 「최명길의 「중용관견」에 나타난 경학적 특징과 문화다원론적 지평」(2020) 등의 논문이 있다. yseom05@nate.com

이해임(李海任) :

서울대학교에서 철학박사학위를 취득하고, 현재 상산고 철학 교사로 재직하고 있다. 저서로 『21세기 유교 연구를 위한 백가쟁명 2: 정상과 이상의 대결 역사』(공저, 2019)가 있고, 「허형(許衡)과 정몽주(鄭夢周)의 화이관(華夷觀) 연구」(2021), 「최명길(崔鳴吉)과 조익(趙翼)의 경전 해석 경향과 그 의의: 『사문록』, 「맹자기의(孟子記疑)」를 중심으로」(2020) 등의 논문이 있다. yihaem@gmail.com

조정은(趙貞恩) :

런던대학교 소아스에서 철학박사학위를 취득하고, 현재 한국항공대학교 인문자연학부 조교수로 재직하고 있다. 저서로 『제자백가의 다양한 철학흐름』(공저, 2009)이 있고, 「현상계 너머를 지향하는 『노자』와 현상계로 내려온 한나라의 『노자』 해석」(2015), 「권근의 『예기천견록』 중 「악기」편 분석 –체재 재편과 독해 관점을 중심으로」(2021) 등의 논문이 있다. jungeunjo@gmail.com

한정길(韓正吉) :

연세대학교에서 철학박사학위를 취득하고, 현재 한림대학교 태동고전연구소 연구교수로 재직하고 있다. 저서로 『동양고전 속의 삶과 죽음』(공저, 2018) 등이 있고, 역서로 『전습록』(공역, 2001) 등이 있으며, 「태주학파 왕간의 '안신'설에 기초한 경세사상」(2019), 「정제두 「대학설」의 특성과 그 경학사상사적 의미」(2019), 「왕수인의 경세사상」(2017) 등의 논문이 있다. philohan@hanmail.net

| 서 문 |

엄 연 석

본서는 임진왜란 이후 명청 교체기와 인조반정, 병자호란을 거치는 시대적 전환기에 조선의 군사 외교적 정책을 이끌어가는 데 중요한 역할을 했던 최명길(崔鳴吉, 1586~1647)이 지은 『사문록(思問錄)』을 역해하고 경서별로 심층 연구한 저술이다. '사문록(思問錄)'이라는 말은 '유가 경전에 대한 의문을 사색한 기록'이란 의미를 가지고 있다.[1] 구체적으로 『사문록』은 최명길이 유가의 중심 경전인 사서(四書)에 대한 정이(程頤, 1033~1107)와 주희(朱熹, 1130~1200) 등의 성리학적 주석과 다른 학자들의 주석들에 대한 의문과 자신의 견해를 주석의 형태로 제시한 글이다.

최명길은 17세기 전반에 기본적으로 유학과 주자학의 의리적 정신에 기초를 두면서도 젊은 시절부터 배웠던 학문으로서 마음의 내

1) 『논어』 「계씨」에는 "군자에게는 아홉 가지 사색하는 것이 있다. … 의심스러운 것은 의문을 제기하고자 생각한다."(君子有九思, …, 疑思問: 『論語』 「季氏」)고 하였다.

적 진리와 주체성에 따른 창조적 실천을 강조하는 양명학적 세계관에 따라 정치외교적 군사적 활동을 적극적으로 전개하였다. 그는 젊은 시절 계곡(谿谷) 장유(張維, 1587~1638)와 함께 백사(白沙) 이항복(李恒福, 1556~1618)에게 학문을 배운 적이 있었다. 이항복은 임란 시기에 조선에 온 명나라 장수들로부터 양명학을 접했었는데, 최명길은 신흠(申欽, 1566~1628)과 함께 그로부터 양명학을 전해 들은 것으로 이야기된다. 이러한 배경에 따라 최명길의 사상과 실천에는 양명학적 사고가 농후하게 녹아 있다고 생각된다. 하지만 정인보는 처음으로 최명길이 양명학을 연구했음을 강조하였으나 최명길 스스로는 중년에 양명학이 오류를 내포하고 있음을 장유에게 보내는 서신에서 실토하기도 하였다.

실제로 최명길은 정치 외교적 군사적 정책을 입안하는 과정에서 성리학적 명분론 쪽으로만 치우치지 않고, 특수한 현실의 문제에 적절하게 대응하기 위하여 실용주의적 실리론 또한 받아들였다. 그는 1623년 인조반정을 성공시킨 공신으로서 시세(時勢)에 따른 변통론(變通論)과 민생의 안정을 위한 균부(均賦)를 주장하는 경세론을 펼쳤다. 변통론은 현실상황에 대응하여 시의성을 강조하는 권도론(權道論)으로 구체화되었고, 현실적인 정치상의 문제에서는 변법론(變法論)으로 제시되었다. 그가 주장한 주화론(主和論) 또한 권도론과 변통론의 연장선에서 제시된 이론이었다. 최명길은 구체적인 정치 현장에서 통치행위를 위한 정책을 입안하고 제시해야 하는 위치에 있었기 때문에 보편적인 도덕적 가치나 이론만으로 불충분하다고 보고, 구체적 상황에서 통치상 시의성과 현실성을 가진 제도적 장치가 중요함을 강조하였다.

분명히 최명길은 성리학의 보편적 이론을 탐구하는 학자라기보다는 시시각각으로 바뀌는 역동적 현실에 대응하여 구체적인 정책 방안을 보편적 원리에 따르면서도 특수한 상황에 따라 종합적으로 판단하는 경세가(經世家)였다. 보편적 의리보다 구체적 현실에서 시의에 맞는 주체적 판단과 실천을 강조했던 만큼 최명길은 성리학뿐만 아니라 양명학적 세계관도 받아들이고 있다. 『사문록』의 내용 또한 그의 이러한 태도를 근거지우는 이론적 내용을 담고 있다고 할 수 있다.

『사문록』은 『논어』, 『맹자』, 『대학』, 『중용』에 대한 최명길의 경학관을 주석으로 제시한 저술이다. 이 가운데 『논어』, 『맹자』, 『대학』에 대하여 붙인 주석을 '기의(記疑)'라 하고, 『대학』, 『중용』 구절에 붙인 주석을 '관견(管見)'이라고 명명하였다. 『대학』에 대한 주석의 경우는 구절에 따라서 '기의'와 '관견'이 함께 존재하는 것이다. '기의'가 경전 원문이나 정이와 주희를 중심으로 하는 성리학 주석과 기타 주석에 대하여 반론과 의문, 보완 사항을 제시한 것이라면, '관견'은 주로 최명길 자신의 독특한 견해를 피력하면서 기존의 주석을 부수적으로 비평한 자료라 할 수 있다.

『사문록(思問錄)』 중 「논어기의(論語記疑)」에서 최명길은 기본적으로 주자, 정자, 오역(吳棫)의 주석과 함께 한대(漢代)의 마융(馬融), 송대(宋代)의 소식(蘇軾), 양시(楊時), 호인(胡寅), 진순(陳淳) 등의 해석 또한 비판적으로 검토하였다. 이렇게 다양한 주석에 대하여 의문과 비판, 보완 형식으로 평가한 이면에는 양명학을 학습하고 구체적 실천을 강조할 수밖에 없었던 현실적 상황에 대한 인식이 내포되어 있었다고 할 수 있다.

「맹자기의(孟子記疑)」는 정주성리학이 『맹자』의 원의를 파악하는

데 무익하다는 최명길과 정주성리학의 입장에서 『맹자』를 이해하는 조익(趙翼) 사이의 문답을 기록한 저술이다. 여기에서 최명길은 하늘[天]과 리(理), 지(知)와 행(行), 진심(盡心)과 지성(知性)의 선후 관계에 대한 주희의 주장에 반론을 제기하였는데, 이것은 보편적 원리보다 시의에 따른 실천을 강조하는 관점과 연관된다.

「대학기의(大學記疑)」와 「대학관견(大學管見)」 중에 전자가 주희의 「대학장구(大學章句)」 체제와 해석을 비판하고, 후자가 자신의 독특한 이해를 제시한다는 차이에도 불구하고, 기본적으로 주희의 관점에 대한 비판적 시각을 가진다는 공통성이 있다. 최명길은 『대학』의 삼강령(三綱領), 격물(格物), 성의(誠意)를 이해함에 있어서 주자학을 비판하면서 동시에 양명학과도 구별되는 견해를 제시하였다. 최명길은 곧 사물의 보편적 법칙적 성격을 강조하는 주자학과 주관적 마음의 주체적 성격을 강조하는 양명학을 모두 지양하면서 시의에 따른 실천을 강조하는 관점에서 삼강령과 격물, 성의를 해석하고 있다는 점에서 경세론적 특성을 드러낸다.

「중용관견」에서 최명길은 정이와 주희의 성리학적 주석에 대하여 비판하면서 성(性)·도(道)·교(敎), 치중(致中)·치화(致和), 비(費)·은(隱)과 같은 개념을 수양과 실천이 일관하는 관점에서 해석하고, 천도와 인도를 연속적으로 이해하는 방향으로 『중용』 구절을 해석하였다. 요컨대, 그는 『중용』에 대한 이해에서 형이상학적 근거를 추구하여 올라가는 주희의 노선으로부터 벗어나 구체적 현실에서 예악시서(禮樂詩書)를 학습하고, 효제충신(孝弟忠信)을 실천하는 지향성을 강조하였다.

이번에 최명길의 『사문록』을 역해하게 된 것은 한림대학교 태동고전연구소에서 2017년 한국연구재단 대학중점연구소 사업에 '조선시대 경학사상사에 대한 문화다원론적 비판연구 -패러다임의 변이와 동요, 전환을 중심으로-'라는 연구과제가 선정되면서 연구를 수행하게 된 것이 계기가 되었다. 본 연구는 '문화다원론적 비판'이라는 관점에서, 기존의 조선시대 경학사상사를 정치적인 이데올로기로서 정통과 비정통, 사문(斯文)과 이단(異端)이라는 이분법적인 도식에 따라 연구하는 것이 아니라, 다양한 경학적 관점을 수평적 시각에서 각각의 고유한 목적 및 취지에 초점을 두고 연구한다는 목표를 설정하였다.

기존의 조선시대 경학사상사 연구는 이기심성론과 수양론, 실천론을 중심으로 하는 정통 성리학의 범위 안에서 진행되었다. 하지만 조선시대 경학사상사는 정통 성리학뿐만 아니라 양명학, 경세론적 실천학, 고증학, 노장사상과의 연관 등 다양한 학설 또는 이론적 지향을 가지는 연구들이 있다. 이러한 상황에서 양명학을 학습하고 시의에 맞는 실천을 중시하는 경세가로서 최명길에 대한 관심과 함께 그가 지은 『사문록』은 조선시대 경학사상사를 문화다원론적 관점에서 연구하고자 하는 연구주제에 매우 적절한 저술이 아닐 수 없었다. 다시 말하면, 『사문록』이 형이상학적 이론보다 경세론적 실천을 강조하는 최명길의 특성을 반영하고 있다는 점에서 사서(四書)에 대한 주석서로서 『사문록』을 역해하고자 하는 것은 연구주제를 발전시키는 데 매우 중요한 의미를 갖는다.

본 『사문록』은 수준 높은 번역을 위하여 몇 단계의 과정을 거쳤다. 첫 단계는 연구과제의 연구책임자와 전임연구진을 포함하여 총 4명으로 연구팀을 구성하고, 경전별로 자료를 분담하여 번역하고 주석을 붙이고 나서, 번역한 것을 가지고 학문상의 토론과 정밀 수정을 목표로 주례세미나를 실시하였다. 둘째 단계는 번역을 수정하고 번역문에 대한 내용과 학설상의 특징에 대한 해설을 보충하였고, 전문용어 통일 및 종합적 교열을 실시하였다. 셋째 단계는 경전별로 역해한 담당자가 자료를 대상으로 학문적 특징을 주제로 하는 연구논문을 작성하였다. 넷째 단계는 역해의 의의 및 과정, 그리고 연구내용을 포함하는 전체적인 서문과 해제를 작성하였다. 다섯째 단계는 역해와 연구논문을 함께 포함하고 있는 만큼, 역해를 앞에 두고 연구논문을 뒤에 일괄하여 수록하는 등 편집과정을 거쳤다. 특히 『사문록』 원문은 사서(四書)에 대한 주희의 주석을 부분적으로 언급하고 최명길 자신의 주석을 붙이고 있는데, 번역 시에는 경전 원문과 주희의 주석이 함께 실려 있는 것이 읽는데 편리하다고 판단되어 사서(四書) 원문과 주희 주석에 대한 번역을 함께 실어 놓았다. 또한 경전 각 구절과 주석 내용에 대한 고유한 장절별 위치를 분명하게 하기 위하여 자료에 경전의 편장과 절의 순서를 기준으로 번호를 매겼다.

본 『사문록』은 조선시대 경학사상사에 있어서 몇 가지 의의를 가지고 현대적 관점에서도 미래지향적 의미를 가진다고 할 수 있다. 첫째, 조선시대 경학사상사에 있어서 『사문록』은 정이와 주희의 성리학적 경전 해석에 이의를 제기하면서 경세론적 실천을 강조함으로써 기존의 정통적 해석에 다변화를 꾀하는 방향으로 나아가는 시발이 되었다. 둘째, 『사문록』은 양명학을 학습한 최명길의 사상적 지향이 드러나 있는 저술인 만큼, 조선 양명학의 흐름을 이해하는데 중요한 역할을 하는 위치에 있다. 셋째, 『사문록』은 학자로서보다 경세가로서 최명길의 정치외교적 군사적 활동에 철학적 근거를 제공함으로써 조선 중기 이후 경학과 경세론의 연속적 상관관계를 이해하는 데 중요한 의미를 가진다.

또한 현재적 의미에서도 『사문록』은 미래지향적 가치를 가진다고 할 수 있다. 첫째 실용주의적 관점에서 국가의 여러 실천적 문제들을 처리하는 데 요구되는 철학적 토대를 제시해 주고 있다. 둘째 구체적인 정치적 사회적 군사적 문제에 대하여 명분(名分)과 실용(實用)의 균형을 통한 조화(調和)의 가치와 귀납적 진리를 이끌어낼 수 있다.

이번에 연구과제를 수행하는 가운데 『사문록』의 편들 가운데 「논어기의」 역해는 조정은이 맡았고, 「맹자기의」는 이해임이, 「대학기의」와 「대학관견」은 한정길이, 「중용관견」은 엄연석이 담당하였다. 한정길은 역해의 전 과정을 총괄하였고, 조정은과 이해임은 실제 역해와 세미나를 거치면서 정밀한 번역과 주석, 해설로 『사문록』의 가치를 높여주었다. 필자는 매주 세미나를 통하여 깊이 있는 토론을 이어가면서 『사문록』이 지닌 문제의식과 깊이를 느낄 수 있었고, 연구 세미나를 통한 토론의 중요성을 인식할 수 있었다. 한정길, 조정은, 이해임이 역해를 위해 함께 했던 많은 시간을 생각하면서 그간의 노고에 대해 감사의 마음을 전한다. 마지막 편집 과정에서 윤상수는 최종 자료를 모아 출판에 이르기까지 여러 가지 처리해야 할 일들을 세밀하게 정리해 주었다. 아울러 여러 가지 번거로운 과정에도 불구하고 번역서를 성심으로 출판해 주신 동과서 출판사의 황병기 대표님께도 심심한 감사를 드린다.

엄연석 識

차 례

| 사문록 해제 |

한 정 길

1. 『사문록』 역해의 필요성

『사문록』은 지천(遲川) 최명길(崔鳴吉, 1586~1647)의 사서(四書)에 대한 해설을 담은 책으로, 「논어기의(論語記疑)」, 「맹자기의(孟子記疑)」, 「대학기의(大學記疑)」, 「대학관견(大學管見)」, 「중용관견(中庸管見)」으로 구성되어 있다. 이 글들은 기본적으로 주자의 사서(四書) 주석에 의문을 제기하고, 지천 자신의 독자적인 견해를 제시하는 성격을 지닌다. 주자학 이외의 학문을 이단으로 배척하는 조선의 학술 풍토에서 주자의 사서 해설에 이의(異議)를 제기하기란 쉽지 않았다. 특히 병자호란 당시에 청과의 강화를 주장함으로 해서 대의명분을 강조하는 정통 주자학자들로부터 비난을 받는 상황에서 주자학을 대놓고 비판한다는 것은 더더욱 어려운 일이었다. 그럼에도 지천이 주자의 사서(四書) 해설을 비판할 수 있었던 데에는 그 어떤 외적 권위에 매몰되지 않고 자유로운 사색을 펼치는 양명학적 사유 전통을 접할 수 있었기 때문이었다. 『사문록』은 바로 지천의 기질과 양명학적 사유가 잘 발휘된 글로서, 조선양명학의 한 흐름을 뚜렷하게 보여주고 있다는 점에서 사상사적 의의가 적지 않다. 그런데 『사문록』은 주자의 경설에 의문을 제기했다는 점으로 인하여 오랜 세월 동안 문중에 소장되기만 하고 세상에 공개되지 않았다. 그 후손들도 지천이 주자학을 비판한 인물이었음을 숨기고자 했던 것이다. 그러나 이제 세상이 달라졌다. 기존의 권위를 맹목적으로 수용하는 것이 아니라, 그에 도전하는 비판적 사유를 높이 평가하는 시대가 되었다. 지하에 숨기고 싶었던 『사문록』이 이제는 조선사상사에 보기 드문 사상 자료로 평가받기에 이른 것이다. 이렇게 해서 『사문록』은 『증보역주 지천선생집』에 수록되어 빛을 볼 수 있게 되었다. 그런데 『사문록』이 뒤늦게 발견된 탓에 역주되지 못하고 영인만 되어 『지천선생집』에 실리게 되었다. 이에 본 연구진은 그것을 아쉽게 여겨 『사문록』을 번역 주해하여 『지천선생집』 역주의 마지막 한 부분을 메우게 되었다.

2. 지천 최명길의 인물과 사상

지천은 만곡(晩谷, 起南) 선생의 다섯 아들 가운데 둘째로 태어났다. 인조반정(1623)에 10공신의 한 사람이 되었고, 1624년에 이괄(李适)의 난을 진압했으며, 1636년에는 청군(淸軍)의 진중에 단기(單騎)로 달려 들어가 화약(和約)을 어긴 침공을 따지면서 병봉(兵鋒)을 늦추어 인조의 남한산성행을 도왔으며, 청의(淸議)의 비방을 무릅쓰고 화의를 주장하여 권도(權道)로써 종묘사직을 보존케 하였다.[2] 지천은 그야말로 한 시대를 구제한 경세가이다. 『인조실록』에 기록된 그의 졸기(卒記)에는 그를 "위급한 경우를 만나면 앞장서서 피하지 않았고 일에 임하면 칼로 쪼개듯 분명히 처리하여 미칠 사람이 없었으니, 역시 한 시대를 구제한 재상이라고 할 만하다"[3]고 평가하고 있다. 이는 당시 대내·외적으로 직면한 국가적 위기 상황을 과감하고 슬기롭게 헤쳐나감으로써 국가를 수호하고 백성을 보호한 공적을 높이 평가한 것이다.

지천은 14세부터 주자서와 성리서를 읽었을 뿐만 아니라, 좀 더 자라서는 계곡(谿谷) 장유(張維, 1587~1638)와 함께 육왕서(陸王書)도 좋아하여 깊이 연구한 바 있다. 주자학과 양명학을 두루 익힌 것이다. 지천이 양명학을 언제부터 어떤 경로를 통해서 수용했는지는 분명하지 않다. 확실한 것은 그가 젊었을 적에 장유와 함께 양명학을 공부한 적이 있다는 사실이다. 이것은 지천이 장유에게 보낸 편지글에서 "우리들이 전에 베낀 육왕의 글을 열람하여 평소에 좋아하던 여러 편을 크게 낭독하여 보다가, 형과 같이 침상을 같이 하며 함께 공부하던 옛일이 갑절이나 생각났습니다"[4]라고 술회한 데서 확인된다. 지천은 젊은 시절 장유와 함께 육구연(陸九淵)과 왕수인(王守仁)의

2) 『증보역주 지천선생집(增補譯註遲川先生集)』(Ⅰ), 5쪽.

3) 『仁祖實錄』 권48, 仁祖 25년(1647) 5월 17일(정사) 기사. "凡有緩急, 直前不避, 臨事剖析, 人無能及, 亦可謂救時之相也."

4) 『增補譯註遲川先生集』, 「遲川先生續集」 卷1, 「答張谿谷持國維書」 七書, 乙亥(1635년, 지천 50세). "中夜而起, 披覽吾輩前者所謄陸王之書, 大讀平日所嗜好之諸篇, 則倍覺與吾兄同榻之舊事也."

글을 필사하여 읽었던 것이다.

지천이 장유와 함께 양명학을 공부한 때는 언제인가? 이 점 역시 불분명하다. 다만 『증보역주 지천선생집』의 부록으로 실려 있는 「지천선생연보」에 따르면, 지천은 1619년 34세 무렵 "아버지의 외가 쪽 친척인 동강(東岡) 남언경(南彦經, 1528~?)의 아들 남격(南格)[5]에게서 장유와 함께 양명학을 배웠다"[6]고 한다. 『증보역주 지천선생집』에 실려 있는 최병직의 「발문」에는 이 사정을 보다 구체적으로 기술하고 있다. 즉 "광해조 말기에 공은 부친 만곡공과 전후로 출직되어 가평군 대성리 지천동에 낙행하여 살았다. 이것이 양명학을 공부하는 계기가 되었다. 가평문화원 부원장을 지낸 수성(隋城) 최인화(崔寅和) 선생의 조사에 의하면, 안산(安山)에 살던 계곡 장유와 앞강에서 편주(扁舟)를 타고 강 건너 양평(楊平) 땅 사기막(砂器幕) 골에 살던 동강 남언경 선생의 아드님인 용문처사(龍門處士) 남격 노선생을 심방하여 양명학을 배웠다고 한다."[7] 연보나 발문 모두 최명길이 남언경의 아들 남격에게서 양명학을 배웠다고 기술하고 있다. 그리고 발문에서는 그 주장이 최인화의 조사에 근거한 것임을 밝히고 있다. 그러나 최인화의 조사 보고가 무엇에 근거한 것인지는 제시하고 있지 않다. 이 때문에 최명길이 남격에게서 양명학을 배웠다는 주장이 어느 정도 신빙성이 있는지는 아직 확인할 수 없다. 만일 그것이 사실이라면 조선 양명학사의 전개도(展開圖) 가운데 16~7세기 한 부분의 그림이 완성

---

5) 남격은 조선 최초의 양명학 수용자로 알려진 동강(東岡) 남언경(南彦經)의 아들로서 조식(曺植)과 서경덕(徐敬德)의 문인으로 알려져 있다.

6) 『增補譯註遲川先生集』(III), 「부록 지천선생연보」, 692쪽.

7) 『增補譯註遲川先生集』(III), 「발문」, 685쪽.

된다. 즉 조선양명학은 서경덕(徐敬德, 1489~1546)의 문인인 남언경으로부터 시작하여 이요(李瑤)와 남격을 거쳐 최명길과 장유에게로 이어지게 된다. 이것은 조선양명학이 서경덕의 문하에서부터 전개되었음을 의미한다. 그런데 이러한 추론이 가능하려면 최명길과 장유가 남격을 통해서 양명학을 접하고 수용했어야 한다. 그러나 이들은 1619년 남격을 만나기 훨씬 이전에 양명학을 수용하고 있다.

지천은 어려서 계곡과 함께 강학할 때 육왕의 글을 보았다고 한다. 이때가 언제인지 분명하지는 않다. 그러나 1611년 이전의 일인 것만은 분명하다. 이것은 월정(月汀) 윤근수(尹根壽, 1537~1616)가 장유에게 보낸 편지글을 통해 확인할 수 있다. 윤근수는 1611년 무렵에 장유에게 보낸 편지글에서 "그대는 양명의 학설이 심오하다는 점만 좋아하여 그가 참으로 유자들의 견해보다 매우 뛰어나며 스스로 터득한 바가 많다는 생각에 이미 전집을 구해 보면서 믿고 따르기에 여념이 없다"[8]고 우려하고 있다. 1611년 이전에 장유는 이미 왕수인의 전집을 구해서 보았을 뿐만 아니라, 양명학설의 심오함을 알고 좋아하기까지 하였던 것이다. 따라서 이들이 남격을 통해 양명학을 접했을 것으로 추정하기는 어렵다. 그렇다면 최명길이 어렸을 때 장유와 함께 침상을 같이하며 육왕의 글을 베껴서 읽었던 것은 언제쯤일까?

지천은 18세 때인 1603년에 계곡과 함께 백사(白沙) 이항복(李恒福,

---

8) 『月汀集』 권5, 「答張翰林維書』. "左右於陽明, 獨喜其說之超詣, 謂其眞足以高出於諸儒之見而多所自得, 旣求見全集而服膺不暇." * 이 글은 장유를 한림이라고 지칭한 것으로 보아 그가 예문관에 재직 중이던 1611년(광해군 3) 6월부터 이듬해 4월 사이에 지은 것으로 보인다.

1556~1618)에게서 학문을 배웠던 적이 있다.[9] 그렇다면 침상을 같이 하며 공부했던 때란 백사 문하에서 학문을 익혔던 때를 가리키는 것일 수 있다. 이항복은 비록 주자학자이지만 신흠(申欽, 1566~1628) 등과 함께 임란 당시 양명학을 익힌 명나라 장수들과 빈번하게 접촉하는 과정에서 양명학에 대해 어느 정도 호감을 갖고 있었으며[10], 그것이 지천이나 계곡으로 하여금 자연스럽게 양명학을 수용할 수 있게 했던 배경이 되었을 것이다.[11] 그렇다면 지천과 계곡은 임란 이후 양명학에 어느 정도 호의적인 학문풍토가 조성된 배경 하에 양명학을 독자적으로 익힌 것으로 보는 것이 더 타당하지 않을까 싶다.

양명학은 그들의 학문과 삶에 매우 큰 영향을 끼치고 있다. 자신들에게 그렇게 큰 영향을 끼친 양명학을 독자적으로 익힌 것이 아니라면, 그것을 누구로부터 배웠다는 것을 밝히지 않을 수 없었을 것이다. 그러나 지천과 계곡은 그 어디에서도 자신들이 양명학을 누구로부터 배웠다는 말을 하고 있지 않다. 물론 이들이 양명학을 접한 뒤에 남격을 만나 서로 학술적인 교류를 했을 수도 있다. 그러나 그것을 조선양명학사에서 양명학이 전수된 계통으로 평가하기는 어렵다. 최명길과 장유가 서경덕의 문인들을 통해서 내려오는 양명학의 지적 전통을 계승한 것으로 보기보다는, 이항복과 신흠 등에 의해

9) 『增補譯註遲川先生集』(Ⅲ) 「발문」, 683쪽.

10) 이항복은 왕수인의 학설에 대한 평가에 유보적인 입장을 취한다. 이것은 당시 많은 학자들이 양명학을 비판한 것과 대조된다. * 『白沙別集』 권3, 「無題, 文廟從祀陞黜議」. "陸九淵之學, 朱子論之詳矣, 臣不必更贅. 世多言王守仁主於致知, 或譏其差之而落於慧. 陳獻章主於持敬, 或譏其差之而落於寂. 如此處, 皆臣嘗所疑而未定者也. 今亦未敢容議. 廣問于他大臣, 處此大事爲宜."

11) 이은주, 「조선후기 최명길의 양명학 이해」, 151쪽.

조성된 비교적 개방적인 학문 분위기 하에 양명학을 독자적으로 익힌 것으로 보는 것이 객관적 사실에 더 부합할 듯하다.

양명학과 관련하여 지천의 학문에 관한 두 가지 평가가 존재한다. 하나는 최명길의 증손인 최창대(崔昌大, 1669~1720)의 평가이다. 그는 "지천이 어려서 육왕학을 공부했지만 중년에 이르러 양명학의 문제점을 깨닫고 초년의 견해를 수정하였다"[12]고 말한다. 최창대의 이 말은 그 사실적 근거가 있다. 최명길은 1635년 그의 나이 50세에 장유에게 보낸 편지글에서 "육왕학이 길을 잘못 들어섰음을 깨달았다"[13]고 말한 바 있다. 지천 자신이 육왕학의 문제점을 깨달았다고 고백하고 있는 것이다. 그런데 이와 달리 위당 정인보는 지천을 양명학자로 평가한다.[14] 그는 조선의 양명학파 가운데 분명히 증거할 만한 것이 있어서 양명학파로 규정하기에 의심이 없는 첫 번째 인물로 최명길을 꼽는다. 최명길을 양명학자로 규정한 것은 정인보가 처음이다. 그는 "지천의 양명학을 독수(獨修)함은 전인(前人)이 도급(道及)한 적이 없고 지천같이 사림의 비의(非議)를 맡아 가지고 듣는 이로써 만일 그 학이 왕양명을 주장하였다 할 것 같으면 더더군다나 죄목이 붙었을 것인데 도무지 아는 사람이 없었다"[15]고

---

12) 『昆侖集』 卷20, 「遲川公遺事」. "公與谿谷少時講學也, 見陸王之書, 悅其直指本體, 刊落枝葉, 兩公皆深取之. 公則中年覺其學術之有疵, 屢形於言論. 完陵公稍長涉學, 公嘗赴瀋道, 遺完陵公書, 備論陽明學術之病. 谿谷至老不改初見云."

13) 『增補譯註遲川先生集』, 「遲川先生續集」 卷1, 「答張谿谷持國維書」 七書, 乙亥(1635년, 지천 50세). "自心之眞妄, 本性之凋徹, 忽然激感, 喚起惺惺之主翁, 儼然端坐於靈臺之八窓, 收斂四海之所彌, 退藏方寸之攸密, 感應寂然之間, 覺得吾道指南而陸王之誤路也."

14) 『薝園鄭寅普全集』 2, 「양명학연론」, 211-215쪽 참조.

15) 위의 책, 211쪽.

말한다. 정인보 이후로 최명길을 연구하는 사람들은 대부분 그를 양명학자로 규정한다.16) 지천을 양명학자로 규정할 수 있는지, 그의 학문 가운데 양명학적 성분은 무엇이며, 그것이 그의 학문에 어떤 영향을 끼치고 있는지는 여전히 논란거리가 되고 있다. 이에 대한 규명을 위해서 『사문록』에 대한 연구가 필수적이다.

3. 「논어기의(論語記疑)」

「논어기의」는 『논어』 스무 편 중 열한 편에서 서른 장(章)을 추출하여 해석한 글로서, 주자(朱子) 주석에 대한 반론이 중심을 이룬다. 「학이」, 「위정」, 「공야장」, 「헌문」에서 각 한 장, 「이인」에서 두 장, 「안연」, 「자로」, 「계씨」, 「양화」에서 각 세 장, 「태백」과 「선진」에서 각 여섯 장을 다루는데, 『논어집주대전』에 실린 주자 주석을 위시한 여타 주석들을 기반으로 읽었을 때 해석상 문제가 있는 장들을 추출

---

16) 李能和는 "지천이 국난에 임하여 변화에 대처한 것은 양명학에서 힘을 얻은 것이다"(「朝鮮儒界之陽明學派」 『靑丘學叢』 25, 121쪽)라고 말하며, 유명종은 "지천은 양지일원에 철저했다"(『왕양명과 양명학』, 234쪽)고 말하며, 최영성은 "척화론이 비등했던 당시에 소신에 따라 보다 현실적인 구국의 방법으로서 화의를 주장할 수 있었던 실천력은 양지의 明命에 따른 知行合一의 설에서 큰 힘을 입은 것이라 하겠다. …'實心體得'에서 비롯된 현실인식의 태도는 양명학에서 나왔다"(『한국유학사상사』 3, 315-318쪽)고 말한다. 최병직은 "공은 양명학에서 얻은 신념으로 일생을 관철했고 이로 인해 남이 하지 못할 일을 감당해서 종묘사직을 보존하고 백성을 구휼했으니, 위대한 학문의 진가가 발휘된 것이라고 할 수 있겠다"(최병직, 「증보역주 지천선생집 발문」, 687쪽)고 평한다.

해 작성한 글로 볼 수 있다. 이 중 「계씨」편 제4장과 제5장은 함께 묶어서 설명하기 때문에 최명길의 해석은 모두 스물아홉 개가 된다. 말미에는 과거 왜관을 왕래하던 사람을 통해 우연히 일람한 일본에 전해진 『고주논어(古註論語)』[17]에 금본(今本)과 달리 기록된 부분 여섯 곳을 기억해 내어 적은 글이 실려 있다. 금본과 다른 부분을 지적한 후, 이 중 『고주논어』를 따를 경우 문장 뜻이 더 명확해지는 경우를 서술하는데, 이를 통해 앞부분에서 언급한 주자의 그릇된 독해를 재확인하기도 한다.

「논어기의」는 서른 개 장(章)을 『논어』의 편장 순서에 따라 배치하는데 「선진」편 제17장과 제19장만 순서가 뒤바뀌어 있다. 각 장에 대한 서술은 크게 세 부분으로 구성된다. 먼저 다루고자 하는 『논어』의 장을 간략히 인용하고, 이어서 주자주를 인용한 후, 주자주를 반박하는 가운데 자신의 해석을 서술한다. 간혹 주자주를 생략하거나 주자 대신 정자(程子)나 오역(吳棫)의 주석을 제시하기도 하고, 본인의 해석이 없는 부분도 한 곳 있다. 본인의 해석을 서술할 때는 주자, 정자, 오역 외에도 마융(馬融), 소식(蘇軾), 양시(楊時), 호인(胡寅), 진순(陳淳) 등의 해석을 비판적으로 검토하며 문제점을 지적하기도 한다.

「논어기의」는 『논어』를 명확히 이해하고자 하는 동기에서 작성

---

17) 김윤경은 이 『고주논어』가 당시 일본에서 출간된 고주본 『논어』 중 경장(慶長) 연간(1596~1615)에 간행된 하안(何晏)의 『논어집해(論語集解)』일 가능성이 높다고 추정한다. 이 추정의 근거는 『고주논어』에 「안연」편 7장이 '사민신지(使民信之)'로 기록되어 있는데, 이와 같이 '사(使)'로 기록된 판본이 경장 연간의 『논어집해』인 데다가 이 판본이 시기상 최명길의 생존연대와도 맞다는 데 있다. 김윤경, 「지천 최명길의 『사문록』에 나타난 사서해석 경향과 사상적 특징(Ⅰ) -「논어기의」를 중심으로-」, 『한국철학논집』 47, 한국철학사연구회, 2015, 22쪽.

되었다고 볼 수 있다. 앞서 「논어기의」를 주자 주석 등을 기반으로 읽었을 때 해석상 문제가 있는 장들을 추출해 작성한 글이라고 평가했는데, 이렇게 추출된 서른 개 장은 최명길이 경문 본래 뜻에 대해 다른 어떤 장들보다 기존 주석 사이에서 깊이 고민한 장들일 것이다. 주석과 대화하며 타협하기 어려웠던 내용이 주를 이루기 때문에 「논어기의」 대부분은 비판적 성격을 띤다. 최명길의 29개 해석 중 18개 해석이 주자설에 대한 반론이고, 정자 해석에 반대하는 것은 두 개다. 이 외 오역, 소식, 양시의 해석에 반론이나 의문을 제기하거나 주자설을 보완하기도 한다. 이러한 반론과 의문, 보완은 결국 경문의 본래 뜻에 접근하는 과정에서 기존 주석이 석연치 않았을 때 제기되었을 것이다.

이처럼 주자설에 대한 반론이 주를 이루기는 해도, 이를 주자설에 대한 강한 비판의식의 발로로 보기는 어렵다. 이보다는 양명학적 사유를 접한 덕에 자유로운 사색을 전개하며 경전 해석의 지평을 넓힌 결과로 보는 것이 더 적절할 것이다. 주자설에 대한 강한 비판의식을 말하기 어려운 것은 최명길이 일차적으로 주자설 등을 통해 경문에 접근하고, 수긍하기 어려운 주석도 우선 주석자 시각에서 이해하고자 하기 때문이다. 「논어기의」는 이처럼 수용적 자세로 기존 주석을 읽었음에도 끝까지 받아들이기 어려운 해석에 대한 기록이어서 반론적 성격이 짙을 뿐, 여기에 실리지 않은 훨씬 더 많은 장들은 기존 주석을 통해 읽기에 무리가 없었기 때문에 제외되었다고 볼 수 있다. 따라서 최명길의 반론은 강한 비판의식보다는 기존 해석의 지평을 넓힌 논의로 평가할 수 있다. 즉, 「논어기의」는 최명길이 넓힌 『논어』 해석의 지평을 잘 보여주는 기록인 것이다. 최명길이 기존 주석을 수용적 자세로 접근하는 방식과 반론을 통해 경전해석의 지평을 넓혀 가는 방식은 이 책에 실린 「논어기의」에 관한 글에서 구체적으로 다룬다.

이 책은 「논어기의」 원문과 번역에 더해 「논어기의」가 다루는 『논어』 원문과 번역을 함께 실었다. 「논어기의」에 『논어』의 해당 장이 인용되기는 해도 간략하게 인용됐기 때문에 독자의 편의를 고려해 전체 장에 대한 원문과 번역을 별도로 실었다. 「논어기의」에서 다루는 장이 짧은 경우에는 최명길이 인용한 것과 이 책에서 추가한 『논어』 원문 사이 거의 차이가 없지만, 형식상 통일을 기하기 위해 이 경우에도 『논어』 원문과 번역을 추가했다. 최명길의 반박을 이해하는 데 도움이 될 수 있도록 「논어기의」가 다루는 『논어』의 장들은 주자 주석에 근거해 번역했다.

「논어기의」 말미에 실린 『고주논어』에 관한 부분은 『논어』 원문과 번역을 본문에 따로 추가하지 않고 각주에 최명길이 언급하는 구절의 번역과 출처를 밝혔다. 최명길이 문제 삼고 있는 주자 주석 등은 「논어기의」에 어느 정도 명시되어 있지만 최명길의 해석을 제대로 이해하기 위해서는 「논어기의」에 인용되지 않은 부분도 이해할 필요가 있다. 최명길의 주장을 이해하는 데 도움이 되는 주석들은 각주에 원문과 번역문을 모두 실었다. 최명길의 각 해석마다 그 뜻을 명확히 하는 데 도움이 되도록 연구진과 토론한 내용에 근거한 해석을 달았다. 간혹 「논어기의」에 잘못 기록된 글자가 있는데 명백한 오류인 경우 원문을 고치고 각주에 수정사항을 명시했고, 그렇지 않은 경우에는 각주에만 상이점을 명시했다.

4. 「맹자기의(孟子記疑)」

「맹자기의」는 최명길의 맹자 문목이다. 최명길이 조익(趙翼, 1579~1655)과 나눈 문답을 정리했다. 해당 구절은 1. 『맹자』「고자상 6장」 집주, 2. 『맹자』「진심상 1장」 집주, 3. 『맹자』「진심하 24장」 집주이다. 「맹자기의」의 구성은 해당 구절에 대한 최명길의 생각과 논거를 전반부에 배치하고, 이에 대한 조익의 답변이 후반부에 제시되어 있다.

「맹자기의」 전반부는 『맹자』 가운데 세 구절을 뽑아서 해당 구절의 집주와 원문에 대한 자신의 의견과 함께 궁금한 점을 조익에게 묻는 형식으로 이루어져 있다. 첫 번째 의문은 『맹자』, 「고자상 6장」 집주에 관한 것으로 정자(程子)와 장자(張子)의 주장에 반론을 제기한다. 최명길은 '정자와 장자의 본성에 대한 논의는 『맹자』, 「고자상 7장」, 「고자상 8장」의 원의와도 맞지 않는 서술이다'라고 반박한다. 또 그는 양준도가 스승인 정자의 주장에 반론을 제기한 『이정유서』, 「19-37」의 구절을 뽑아서 논거로 사용하고 있다. 두 번째 의문은 『맹자』, 「진심상 1장」 집주와 관련된 것이다. 최명길은 하늘과 리의 관계, 지와 행의 관계, 진심과 지성의 선후 관계에 대한 주자의 의견에 반론을 제기하면서 정자의 주장에 동의하는 것 같은 입장을 의문의 형태로 제시한다. 세 번째 의문은 『맹자』, 「진심하 24장」 집주의 정자와 주자의 주장에 대해서 맹자의 원의를 제대로 파악하지 못한 것이라고 비판한다.

「맹자기의」 후반부는 최명길이 제기한 의문에 대해 조익이 답변하는 형식으로 이루어져 있다. 조익은 『맹자』, 「고자상 6장」 집주에 대한 최명길의 의견에 동의하면서도 잘못된 부분을 지적한다. 예컨대 맹자가 성선만을 말한 것은 사실이다. 그렇지만 맹자는 사람들이 선을 행하는 데 도움을 주려고 성선을 말한 것이지 기질이 선함을 주장하지 않았다는 것이다. 기질이 선하다고 하면 성인과 보통 사람이 동일한 존재가 되어버리기 때문이다. 양준도의 주장 또한 맹자와 정자가 말한 재질의 의미가 다름을 알지 못한 소치이다. 맹자는 재질을 사단, 즉 선으로 보았다. 이에 반해 정자는 재질을 기질, 즉 선함과 악함의 가능성으로 보았다.

또 조익은 『맹자』, 「진심상 1장」 집주와 관련한 최명길의 세 가지 질문에 답변한다. 조익은 첫 번째 질문에 대해서 해당 주의 전체적인 맥락을 설명하면서 주자의 본래 의도는 성은 마음속에 갖추어진 리임을 밝히는 데 있다고 답변한다. 두 번째, 세 번째 질문에 대해서도 조익은 주자의 생각이 옳다고 주장한다. "요수불이(夭壽不貳)"는 뜻에 해당되는 것으로 지(知)에 속하고, "수신이사(修身以俟)"는 일에 해당되는 것으로 행(行)에 속하는 것이다. 그리고 마지막 절은 지와 행을 합한 것으로 공부의 우선은 지식을 밝히는 데 있다고 답변한다. 정자의 진심 논의 또한 지식을 우선한 것이라고 주장한다.

『맹자』, 「진심하 24장」에 대해서, 최명길은 정자가 인의예지를 기품의 차원으로 얘기하는 것은 납득할 만하지만, 천도(天道)와 명(命)은 기품(氣稟)으로 논할 수 없는 것이라고 의문을 제기한다. 조익은 이에 대해 충분히 타당하다고 말한다. 그러면서도 조익은 명을 품수(稟受)의 의미로 받아들인다. 즉 보통 사람은 기질이 온전하지 않기 때문에, 천도에 꼭 들어맞지 않는다. 이에 반해 성인은 온전한 기질을 부여받았기 때문에, 언제나 천도와 부합한다. 이는 주희의 논리를 충실히 따른 것이다.

최명길은 정주성리학에 입각해서 『맹자』를 이해하는 조익과 문답함으로써 자신의 관점을 확실하게 제시한다. 또 최명길은 정주성리학의 관점이 『맹자』의 원의를 이해하는 데 큰 도움이 되지 않는다고 주장한다.

5. 「대학기의(大學記疑)」와 「대학관견(大學管見)」

최명길은 주자학과 양명학을 모두 접한 학자이다. 이 때문에 그 사유 방식과 폭이 비교적 자유롭고 넓은 편이다. 그의 삶의 행적을 살펴볼 때 두드러지게 나타나는 것은 그가 주체적이고, 비판적이고, 현실적인 사유를 한다는 점이다. 이러한 특성은 그의 학문 활동에도 그대로 반영된다. 그는 자기만의 독자적인 학문적 견해를 가지고, 주자학과 양명학을 비판적으로 성찰한다. 이러한 면모가 가장 잘 나타난 것이 바로 그의 『대학』에 대한 이해이다.

최명길의 『대학』관은 「대학기의」와 「대학관견」이라는 두 자료에 잘 나타나 있다. 이 두 자료는 각기 그 특징이 있다. 「대학기의」는 주희의 『대학장구』 체제와 의리 해석에 의문을 제기한 글이다. 반면에 「대학관견」은 『대학』에 대한 최명길 자신의 독특한 견해를 밝힌 글이다. 이것은 당시 조선 사상계의 주류로 확고하게 자리 잡은 주자학을 비판적으로 성찰함으로써 자신의 독자적인 학문세계를 세우고자 한 그의 학문 태도와 방법이 『대학』에 관한 연구에 발휘된 것이라고 하겠다.

최명길은 「고본대학」 체제를 수용하고, 주희의 『대학장구』 체제를 낱낱이 비판한다. '차위지본, 차위지지지야(此謂知本, 此謂知之至也)'를 전5장으로 옮긴 것, '성의(誠意)'장을 전6장으로 옮긴 것, '첨피기욱(瞻彼淇澳)'장을 전3장으로 옮긴 것, '어희전왕불망(於戲前王不忘)'장을 전3장으로 옮긴 것, '청송(聽訟)'장을 '본말(本末)'장의 전으로 옮긴 것, 그리고 '격물(格物)'장에 빠진 글을 보완한 것을 비판한다. 그리고 그 비판의 이유를 들어서 자기의 주장을 정당화한다.

최명길이 「고본대학」 체제를 수용한다는 점에서 보면 왕수인과 별 차이가 없어 보인다. 왕수인 역시 「고본대학」 체제를 따르고 있기 때문이다. 그러나 이 양자 사이에는 큰 차이가 있다. 왕수인은 「고본대학」을 '정본(定本)'으로 본 반면에, 최명길은 「고본대학」에 결함이 많은 것으로 본다. '차위지본'과 '차위지지지야' 사이에 빠진 글이 있다고 본 점, 『시경』 「열문」 편까지는 증자의 문인 제자들이 저술한 것이지만 그 아래 글들은 다른 문인 제자의 손에서 나온 것이고, 공자의 깊은 뜻을 제대로 드러내지 못했다고 본 점이 바로 그것이다.

최명길은 또 『대학』의 '삼강령', '지지이후유정(知止而后有定)'장의 '안(安)'과 '려(慮)', '격물', '성의' 공부에 대한 주자의 해석에 이의를 제기한다. 그리고 주희와 다른 자신의 독자적인 견해를 밝히고 그에 대한 근거를 제시한다.

최명길은 삼강령에 대한 주희의 이해를 모두 비판한다. '명덕'을 '본심의 덕'으로 이해함으로써 주희가 '마음'만 말하고 정작 '마음의 덕'에 대해서는 말하지 못했다고 비판하며, '신민'을 '명덕을 백성에게 미루는 것'으로 풀이함으로써 주희에게서 '명명덕'과 '신민'이 별개의 일로 이해될 수 있는 문제점을 극복하고 있으며, '지선'을 '의리당연지극'이라고 풀이함으로써 주희의 '사리당연지극'이라는 풀이가 지선을 외부 사물에서 구하는 것으로 치달릴 수 있는 위험을 배제하고 있다.

삼강령에 대한 최명길의 이해는 왕수인과도 다르다. 명덕을 '본심의 덕'으로 이해한 점은 같지만, 그 본심의 구체적인 내용을 왕수인은 천지만물을 일체로 파악하는 '인(仁)'이라고 명확하게 규정하는 반면, 최명길은 아직 명확하게 그 내용을 규정하고 있지는 않다. 신민에 대해서도 왕수인은 「고본대학」 그대로 '친민'으로 보는 것이 옳다고 주장하는 반면, 최명길은 '신민'으로 이해하고자 한다. 그러나 신민을 '명덕을 백성들에게 실천하는 것'으로 본 점은 양자 사이에 큰 차이가 없는 듯하다. '지선'에 대해서 왕수인은 마음의 본체인 양지로 이해한 반면, 최명길은 '의리당연지극'으로 이해한다. 이처럼 삼강령에 관한 이해에서 최명길은 주자학이나 양명학과도 다른 그만의 독특한 견해를 지니고 있다.

'지지이후유정'장의 '안(安)'과 '려(慮)'에 대한 이해에서 최명길은 '안'과 '려'를 마음이 편안한 뒤에 의리를 정밀히 살피는 마음의 상태와 작용으로 해석한 반면, 주희는 처지를 편안히 여기고 일처리가 정밀하고 상세한 것으로 풀이한다. 최명길은 자신의 명덕이 밝혀지는 심리 상태와 의리를 판단하는 작용에 치중했다면, 주희는 처세와 사리를 판단한 이후 일처리까지 고려한 것이다.

'격물'에 대한 해석에서 최명길은 주자학이나 양명학과도 다른 새로운 견해를 제시한다. 그는 '격(格)'을 주희처럼 '지(至)'나 왕수인처럼 '정(正)'으로 해석하는 것을 반대하고, 헤아린다는 의미의 '양탁(量度)'으로 풀이하는 것이 '격물'장의 훈고로 적합하다고 주장한다. 주희처럼 격물을 즉물궁리(卽物窮理)를 통하여 사물의 리에 이르는 것으로 해석할 경우에 지리하게 밖으로 치달릴 폐단이 발생할 우려가 있음을 지적한다. 이러한 지적은 주희의 격물해석에 대한 왕수인의 비판과 궤를 같이한다. 그러나 그는 왕수인이 '격물'을 '정심'으로 풀이한 것은 『대학』의 공부 순서를 전도시켜 어지럽힌 것이라고 비판한다. 이처럼 '격물' 해석에서도 최명길은 자신의 독자적인 견해를 취하고 있다.

'성의' 공부에 대한 이해에서 최명길은 주자학과의 차이를 분명하게 지적하지는 않는다. 다만 그가 「고본대학」 체제를 따르는 주된 이유 가운데 하나는 「고본대학」 체제가 '성의' 공부를 중시하였다고 보았기 때문이다. 주희가 '격치' 공부에 상대적으로 많은 비중을 둔 것과는 달리, 최명길은 '성의'를 가장 긴요한 공부로 본다. 이 점은 왕수인과 견해를 같이한다고 하겠다. 그러나 '성의'의 '의(意)'에 대한 이해에서 최명길과 왕수인 사이에는 간과할 수 없는 차이가 있다. 최명길은 '의'를 계교하고 상량하는 것으로 이해한다. 반면에 왕수인은 '의'를 마음의 발동으로 보고, 의념에 깃든 시비선악을 판단하는 것은 양지의 소임으로 이해한다. 이처럼 성의에 대한 이해에서도 최명길은 자신의 독자적인 의견을 가지고 있다.

「대학기의」와 「대학관견」을 통하여 최명길이 주체적이고 비판적인 태도로 『대학』을 연구하였을 뿐만 아니라, 그에 대한 체계적인 이해를 지니고 있음을 알 수 있다. 당시 조선의 학술 풍토에서 주자학의 권위에 도전하여 자신의 독창적인 견해를 제시하는 일은 쉽지 않았을 것이다. 이 점에서 최명길의 『대학』 연구 성과는 조선경학사에서 적지 않은 의의가 있다고 하겠다.

6. 「중용관견(中庸管見)」

「중용관견」은 기존의 정자와 주희를 중심으로 한 성리학적 관점을 염두에 두면서 주로 자신의 관점에서 『중용』을 해석한 글이다. 특히 주석을 붙인 항목이 『중용』 전체를 포괄하고 있지 않고, 중요한 장을 중심으로 비교적 간략하게 그 요점을 제시하고 있다. 주석의 분량이 많지 않다는 점에서 지천(遲川)의 입장을 충분히 반영하고 있다고 보기에는 불충분한 점이 있다. 「중용관견」의 구성체계와 서술형식, 그리고 주석의 내용과 관점이 지니는 특징은 다음과 같다.

먼저 「중용관견」은 『중용』 33장 가운데 6장에 대하여 주석을 붙였으며, 마지막 두 항목은 비은(費隱)에 대한 설명을 중심으로 하는 『중용』의 체계와 『중용』에 주석을 붙이게 된 과정을 설명하고 있다. 주석 가운데 제1장, 제12장, 그리고 제20장 등 중요한 세 장에 대해서는 『중용』 원문을 2절에서 4절에 이르기까지 절을 나누어 풀이하였다. 이렇게 지천이 「중용관견」에서 제시한 주석 항목은 모두 15항목으로 구성되어 있다. 다음 『중용』 원문을 인용한 부분은 전체를 인용하지 않고 '천명지위성운운'과 같이 문장을 시작하는 부분만 인용하고 '운운(云云)'이라고 하여 생략하는 방식을 취하였다. 그리고 주석을 붙인 부분은 줄을 바꾸어 한 글자 내려서 작성하였다.

「중용관견」은 『중용』에 대한 기존의 성리학적 주석이 지니는 형이상학적 성격에 의문을 제기하기보다는 『중용』에 대한 자신의 견해를 제시하는 데 목표를 두고 있다. 따라서 자신의 주장을 증명하는 데 도움이 되는 서술형식을 취한다. 지천은 자신의 주장을 정당화하는 근거를 제시하기도 하며, 반대 논증을 통하여 자신의 주장을 옹호하기도 한다. 먼저 근거 제시를 통하여 자신의 주장을 증명하고자 하는 것은 앞에서 일정한 주장을 하는 문장을 제시하고, 다음에 '왜냐하면 ~이다'"를 뜻하는 '개(蓋)'자를 써서 앞의 문장을 주장하는 근거 또는 이유를 제시하고 있다. 다음으로 하나의 주장에 대한 부정적 논거를 비판함으로써 반대로 논증하는 방법이 있다. 이 경우는 기존의 다른 주석이나 견해를 제시하고 이 주장이 내포하고 있는 오류를 포착함으로써 자신이 제시한 주장의 타당성을 증명하는 방식이다. 이것은 대개 '만약 ~라 한다면 ~이다'라고 하여 '약(若)~ 즉(則)~'과 같은 형식을 취한다.

지천은 『중용』 1장에 대한 주석에서 "만약 천지가 제자리를 잡는 것을 중(中)을 이룬 효과로 생각하고, 만물을 기르는 것을 화(和)를 극진히 한 효과로 본다면, 이것은 아마도 분석이 너무 정밀하여 도리어 자사(子思)가 말한 본래 취지를 잃어버릴까 염려된다"고 말한다. 그는 천지가 제자리를 잡고, 만물을 기르는 것을, 각각 치중(致中)과 치화(致和)의 효과로 지나치게 구분할 필요 없이, 모두 성(誠)을 극진히 하여 천지의 조화발육을 돕는 하나의 통일된 과정의 측면에서 보고자 한 것이다.

『중용』 수장에 대한 주석에서 지천은 성도교(性道敎)의 상호관계와 효제충신의 실천과 시서예악의 교화를 강조하였고, 수장 마지막

'치중화(致中和)' 절에서는 대본(大本)이 서고 달도(達道)가 행해지는 것을 천지의 화육을 도와 성(誠)을 극진히 하는 하나의 통일적인 과정으로 파악하였다. 이어서 제2장에서는 군자와 소인의 '중용(中庸)'을 해석하여 군자의 시중(時中)을 온전한 덕의 측면에서 이해한 반면, 소인에 대해서는 '중용'을 말하더라도 이것은 소인의 지나침으로 사사로움을 이루고자 하는 것이라고 해석하였다.

제12장의 '비은(費隱)' 장에 대해서는 네 절로 나누어 주석을 붙였는데, 비은을 퇴계와 같이 형이상학적 관점에서 해석하지 않고, 천도와 인도로 나누어 실리의 운행과 실덕을 닦는 관점에서 해석하였다. 제16장의 '귀신' 장에 대해서 지천은 귀신의 덕과 추모의 도리, 그리고 종묘의 예를 함께 언급하면서 현상과 이치, 생과 사에 관한 학설의 관점에서 이들을 해석하였다. 제20장과 제23장에 대한 주석에서는 지(知)와 행(行)을 주로 도(道)와 덕(德)을 알고 행하는 것으로 보았고, 지혜의 단계에 차이가 있을 때 기질을 갑자기 변화시키지 못한다는 것과 생지(生知)보다 못한 사람들의 한 측면만의 장점도 성(誠)을 지극히 함으로써 변화시키면 성인과 차이가 없게 될 것이라고 하였다.

다음 제27장에 대해서는 '존덕성이도문학(尊德性而道問學)'에서 '돈후이숭례(敦厚而崇禮)'까지 다섯 구절을 설명하는 내용을 합하여 열 가지가 "체용이 서로 의지하면서 각각 그 치우친 것을 보완하고자 한 것으로 학문하는 공부가 여기에서 갖추어진다"고 하였다. 이어서 지천은 12장의 '비은' 장에 이어서 13장에서 19장까지 일곱 장을 비은으로 구분한 것과 주희가 20장의 천도인도설에 이어서 21장 이하 32장까지 천도와 인도로 구분하여 설명한 것을 비판하였다. 그는

21장에서 32장까지 열두 장은 자사가 공자가 성(誠)을 말한 것에 근거하여 미루어 밝힌 것으로 천도와 인도를 구분하는 것은 자사 본래의 취지가 아닐 것이라고 하였다. 마지막으로 「중용관견」을 지은 것은 몸이 속박되어 시간을 낼 수 있어서 공부를 하게 되면서 의문점을 제시한 것이라고 하여 저술 동기와 취지를 설명하였다.

지천의 『중용』 이해를 평가한다면 그는 제1장에 대한 주석에서 성정론의 측면에서 칠정이 악으로 흐르기 쉽다는 점에 근거하여 교화의 필요성을 언급하면서도 성인이 교화를 행하는 수단을 예악과 함께 '시서(詩書)'를 언급함으로써 외적 규제가 아닌 자율적인 내적 함양을 강조하고 있다. 특히 이를 위해 상서학교를 세워서 효제충신의 행실을 닦게 하는 것이 필수적이라고 하여 도덕적 교화와 자율적 실천을 강조하고 있다. 이 점에서 지천의 『중용』 1장에 대한 이해는 형이상학적 근거로 올라가는 주희의 노선보다는 구체적인 현실에서 예악시서의 실천적 이론을 학습하고 효제충신을 실천함으로써 도덕적 이치에 대한 앎보다 구체적 덕목의 실천을 중시하는 지향성을 가진다.

思問錄

譯解

논어기의
論語記疑

1. 「학이(學而)」 13장

有子曰, “信近於義, 言可復也. 恭近於禮, 遠恥辱也. 因不失其親, 亦可宗也.”

유자가 말했다. “약속이 의에 가까우면 (약속한) 말을 실천할 수 있다. 공손함이 예에 가까우면 치욕을 멀리할 수 있다. 의지하는 사람에 대해 친애함을 잃지 않으면 종주로 삼을 수 있다.”

「기의(記疑)」 1-13

‘有子曰信近於義’云云.

‘유자가 말하기를, 약속이 의에 가깝다’ 운운한 부분.

愚按, 此章文義難曉. 註亦可疑. 僭欲改之曰, 約信而必近於義者, 所以務踐其言也. 致恭而必近於禮者, 所以務遠恥辱也. 所因之人, 必擇可親之人者, 以其亦爲後日之所宗也. 如是則或合於本註謹始慮終之意, 未知如何.

내가 생각건대, 이 장의 문장 뜻은 이해하기 어렵다. 주자주[1] 또

1) 『논어집주(論語集註)』: “약속을 하면서 마땅함에 부합하면 말을 반드시 실천할 수 있다. 공손함을 지극히 하고 절도에 맞으면 치욕을 멀리할 수 있다. 의지하는 자로 친할 만한 사람을 잃지 않는다면 종주로서 삼을 수 있다. 이 장은 사람의 언행과 교제가 모두 마땅히 시작을 삼가고 끝을 생각해야 한다는 것을 말

한 의심스럽다. 한번 고쳐보자면 약속을 하면서 반드시 의에 가까운 것은 그 말을 실천하는 데 힘쓰는 방법이 된다. 공손함을 다해 반드시 예에 가까운 것은 치욕을 멀리하는 데 힘쓰는 방법이 된다. 의지하는 사람으로 반드시 친애할 만한 사람을 택하는 것은 (그가) 훗날 본보기가 되기 때문이다. 이렇게 한다면 아마 주자주에 나온 시작을 삼가고 끝을 생각한다는 뜻과 부합할 것 같은데 어떨지 모르겠다.

해설 『논어』 경문과 이에 대한 주희의 해석이 모두 충분히 이해되지 않아 나름대로 주희 해석에 부연하여 뜻을 풀이하고 있다. 최명길은 의에 가깝게 약속하고, 예에 가깝게 공손함을 다하고, 친애할 만한 사람을 의지하는 것을 추구함으로써 말을 실천하고, 치욕을 멀리하고, 훌륭한 이를 본보기로 삼는 결과에 이르게 되는 것이 주희가 말한 시작을 삼가고 끝을 생각하는 뜻이라고 해석한다.

2. 「위정(爲政)」 23장

子張問, "十世可知也?" 子曰, "殷因於夏禮, 所損益, 可知也, 周因於殷禮, 所損益, 可知也. 其或繼周者, 雖百世可知也."

자장이 물었다. "열 세대 일을 알 수 있습니까?" 공자가 대답했다. "은나라는 하나라 예를 이어받았으니 덜고 보탠 것

하고 있다. 그렇지 않다면 습관대로 구차하게 지내면서 장차 스스로 잃었다는 후회를 감당하지 못하는 상황이 있다는 것이다."(言約信而合其宜, 則言必可踐矣. 致恭而中其節, 則能遠恥辱矣. 所依者不失其可親之人, 則亦可以宗而主之矣. 此言人之言行交際, 皆當謹之於始而慮其所終. 不然則因仍苟且之間, 將有不勝其自失之悔者矣)

을 알 수 있다. 주나라는 은나라 예를 이어받았으니 덜고 보탠 것을 알 수 있다. 어떤 나라가 주나라를 계승한다면 백 세대일지라도 알 수 있다.”

「기의(記疑)」 2-23

‘子曰殷因於夏禮, 所損益, 可知也’云云, 註曰‘三綱五常, 禮之大體’.

‘공자가 말하기를, 은나라는 하나라 예에 기인했으니 덜고 보탠 것을 알 수 있다’고 운운한 것에 대해, (주자)주에서 ‘삼강오상은 예의 대체이다’라고 말한 부분.

愚按, 五常, 性之德也, 恐不可以因革言. 抑馬氏所云‘常’者, 無乃指五倫而爲言耶?

내가 생각건대, 오상은 본성의 덕이라서 계승과 변혁을 가지고 말할 수 없을 것 같다. 또한 마융(馬融, 79~166)이 말한 ‘상(常)’은 오륜을 가리켜 말한 것이 아니겠는가?[2]

해설 주희는 오상을 인·의·예·지·신 오덕으로 해석하고, 마융은 최명길에 따르면 오상을 오륜으로 해석한다. 최명길은 오상이 ‘계승과 변혁(因

---

2) 『논어집주』: “마씨가 말하기를 ‘인한다는 것은 삼강오상을 가리키고, 손익이 있다는 것은 문질삼통을 가리키는 것이다’라고 했다. 내(주희)가 생각할 때 삼강이란 임금은 신하의 벼리가 되고, 아비는 자식의 벼리가 되고, 지아비는 지어미의 벼리가 되는 것이다. 오상은 인·의·예·지·신을 가리킨다.”(馬氏曰, ‘所因, 謂三綱五常, 所損益, 謂文質三統’. 愚按, 三綱謂君爲臣綱, 父爲子綱, 夫爲妻綱. 五常謂仁義禮智信)

革)'의 대상이 아니기 때문에 '삼강오상'을 가지고 「위정」편 23장에 나오는 '예'를 해석해서는 안 된다는 입장이다. 결국, '오상'을 가지고 이 장을 해석하는 주희와 마융의 해석에 모두 반대하는 것이다.

3. 「이인(里仁)」 8장

子曰, "朝聞道, 夕死可矣."

공자가 말했다. "아침에 도를 들으면 저녁에 죽어도 좋다."

「기의(記疑)」 4-8

'子曰朝聞道, 夕死可矣'云云, 註曰'道者, 事物當然之理'.

'공자가 말하기를, 아침에 도를 들으면 저녁에 죽어도 좋다' 운운한 것에 대해, (주자)주에서 '도는 사물의 당연한 이치이다'라고 말한 부분.

愚按, 道固無所不在. 但如是爲解, 則秒涉散漫. 其於自己分上, 恐不親切. 僭欲改之曰'道者, 人所當由之理', 未知如何. 道者, 理也. 在天有天之道, 在地有地之道, 在人有人之道, 其實一理也. 古人言道, 有就本原上說者, 曰'一陰一陽之謂道', 曰'形而上者謂之道', 是也. 有就人身分上說者, 曰'率性之謂道', 曰'仁也者, 人也, 合而言之道也', 是也.
今若本註所稱, 則是擧其萬殊而遺其一本也. 是分心與道而二之也, 竊恐未安. 若『中庸』註所云'道者, 日用事物當行之理, 皆性之德而具於心, 無物不有，無時不然'，則下語周悉，似無虧漏．然恐終不若子思辭約而理明，擧體而該用也．姑記所疑以俟也，曰'求正於有道耳'.[3)]

내가 생각건대, 도는 본디 존재하지 않는 곳이 없다. 그런데 주자처럼 풀이하면 점점 산만해져서 나 자신에 대해서는 친근하고 절실하지 않은 것 같다. '도는 사람이 마땅히 따라야 할 이치이다'라고 고쳐보고자 하는데 어떨지 모르겠다. 도는 이치이다. 하늘에는 하늘의 도가 있고, 땅에는 땅의 도가 있고, 사람에게는 사람의 도가 있는데, 실제 하나의 이치이다. 옛사람이 도에 대해 말한 것에서 본원에 대해 말한 것이 있으니 (『주역』「계사」에서) '한번 음하고 한번 양하는 것을 도라고 한다', '형이상의 것을 도라고 한다'라고 한 것이 여기에 해당한다. 사람에 대해 말한 것이 있으니 (『중용』에서) '본성을 따르는 것이 도이다', (『맹자』「진심하(盡心下)」에서) '인(仁)은 인(人)이니 합해서 말하면 도이다'라고 한 것이 이에 해당한다.

지금 주자주에서 말한 대로라면 만 가지 다른 것을 들고 하나의 근본을 놓친 것이다. 이것은 마음과 도를 나누어 둘로 여긴 것이니 합당하지 않은 것 같다. 『중용』 주에서 '도는 일용 사물에 마땅히 행해야 할 이치로, 모두 본성의 덕으로 마음에 구비되어 있어서 이를 소유하지 않은 사물이 없고, 그렇지 않은 때가 없다'라고 말씀하신 것이 주밀하여 어그러지거나 빠진 게 없는 것 같다. 그렇더라도 결국 자사의 말씀[4)]이 간략하면서도 이치가 밝고 본체를 들어서 작용을 다 갖춘 것만은 못한 듯하다. 잠시 의심나는 것을

3) 『논어』, 「학이」 13장에 나오는 '就有道而正焉'과 유사한 표현이다. 여기에 나오는 '俟也, 曰'은 '俟他日'을 잘못 쓴 것 같다.

4) 위에 최명길이 인용한 『중용』의 '率性之謂道'를 가리킨다.

기록해 두고 기다리니, '도가 있는 이에게서 올바름을 구한다'고 말할 뿐이다.

해설 최명길은 도를 사물의 당연한 이치로 본 주희의 해석에 대해 '만 가지 다른 것을 들고 하나의 근본을 놓친 것'으로 평가한다. 이는 분수(分殊)를 주목하여 리일(理一)을 간과했다는 뜻이다. 사물은 각각 분수리를 가지고 있지만, 이는 결국 하나의 리에 포섭된다. 그리고 이 하나의 리는 내 마음에 본성의 덕으로 구비되어 있다. 최명길은 주희처럼 분수리를 강조하는 해석은 '마음과 도를 나누어 둘로 여긴 것이니 합당하지 않은 것 같다'라고 평가한다. 이러한 평가는 최명길이 양명학적 문제의식을 지니고 있었음을 보여준다. 최명길에 따르면 도는 사람이 따라야 할 마땅한 이치이고, 이 이치는 내 마음에 담겨 있다. 따라서 내 마음의 이치를 밝히는 것이 중요하다는 양명학적 입장과 상통한다고 볼 수 있다.[5]

4.「이인」18장

子曰, "事父母幾諫, 見志不從, 又敬不違. 勞而不怨."

공자가 말했다. "부모를 섬길 때 조용히 간하고 수용하시지 않으려는 뜻을 보더라도 여전히 공경하고 (간하고자 하는 마음을) 어기지 않아야 한다. 애는 쓰되 원망하지는 말아야 한다."

5) 심(心)과 리(理)를 분리하는 주자학에 대한 비판이 양명학적 문제의식을 지닌 사유라는 점은 한정길, 「조선조 관료 지식인의 양명학관 연구(3) -지천 최명길의 양명학관을 중심으로-」, 『한국사상사학』 52, 2016, 247-248쪽 참고.

「기의(記疑)」 4-18

'子曰事父母幾諫'云云, 註曰'此與「內則」之言相表裏'.

'공자가 말하기를, 부모를 섬길 때는 조용히 간한다' 운운한 것에 대해, (주자)주에서 '이는 (『예기』) 「내칙(內則)」의 말[6]과 서로 표리를 이룬다'고 말한 부분.

愚按, 註意以'不違'爲不違欲諫之心. 其與本章文意稍涉可疑. 妄意'見志不從, 又敬不違'者, 似謂微諫而不從, 則又須敬順父母之心, 而不敢遽然違拂也. 知其不可而强順其所爲, 其亦勞矣. 然且不敢爲悪者, 孝子之深愛也. 此與「內則」之言互相發明. 盖「內則」之言, 親之過大者也, 孔子之言, 親之過小者也. 親之過小而必爭, 則反皈傷恩而不可以爲孝矣. 親之過大而不爭, 則陷親不義而亦不得爲孝矣.

내가 생각건대, 주자주에서는 '어기지 않는다(不違)'를 간하고자 하는 마음을 어기지 않는 것으로 보았다.[7] 이 해석은 이 장의 문의

6) 『예기』, 「내칙」: "부모가 잘못을 하면 기를 누르고 얼굴빛을 편안히 하며 목소리를 부드럽게 해 간한다. 간했는데 수용되지 않으면 더욱 공경하고 더욱 효성스러워야 한다. 기분이 좋아지시면 다시 간하고, 기분이 안 좋으시더라도 향당과 주려에서 죄를 얻지 않도록 간절히 간해야 한다. 부모가 화가 나 기분이 언짢아 종아리를 쳐서 피가 흐르더라도 감히 미워하거나 원망하지 말고 더욱 공경하고 더욱 효성스러워야 한다."(父母有過, 下氣怡色, 柔聲以諫. 諫若不入, 起敬起孝. 說則復諫, 不說, 與其得罪於鄕黨州閭, 寧孰諫. 父母怒不說, 而撻之流血, 不敢疾怨, 起敬起孝)

7) 『논어집주』: "'수용하지 않으려 하시더라도 여전히 공경하고 거스르지 않아야 한다'는 (「내칙」에서 말하는) '간했는데 수용되지 않으면 더욱 공경하고 더욱 효성스러워야 한다. 기분이 좋아지시면 다시 간한다'를 가리킨다."('見志不從, 又敬不違', 所謂'諫若不入, 起敬起孝. 悅則復諫'也)

에 (비춰볼 때) 다소 의심스럽다. 내가 생각할 때, '수용하지 않으심을 보면 더욱 공경하고 어기지 않는다(見志不從, 又敬不違)'는 조용히 간했는데 수용하지 않으시면 다시 모름지기 부모의 마음을 공경하고 순종하고 감히 갑자기 어기고 거스르지 않는 것을 가리키는 듯하다.[8] 불가한 것을 알고도 하시는 것을 억지로 따르는 것은 매우 힘들다. 그렇더라도 감히 원망하지 않으니 효자가 (부모를) 깊이 사랑하는 것이다. 이것은 「내칙」의 말과 서로 뜻을 드러내 준다. 대체로 「내칙」의 말은 부모의 허물이 큰 것이요, 공자의 말씀은 부모의 허물이 작은 것이다. 부모의 허물이 작은데 반드시 간쟁하고자 하면 도리어 은혜를 해치게 되어 효가 될 수 없다. 부모의 허물이 큰데 간쟁하지 않으면 부모를 불의에 빠트려서 이 또한 효가 될 수 없다.[9]

---

8) 이는 포함(包咸, 기원전 6~기원후 65)의 해석과 상통한다. 『논어주소(論語注疏)』: "포함이 말했다. '견지(見志)는 부모님의 뜻에 나의 간언을 따르려 하지 않는 기색이 있음을 본 것인데, 그렇다면 더욱 공경해야 하고, 감히 부모의 뜻을 어기고서 자신의 간언을 마치려 해서는 안 된다'."(包曰, '見志, 見父母志, 有不從己諫之色, 則又當恭敬, 不敢違父母意, 而遂己之諫')

9) 『맹자』의 다음 내용과 상통한다. 『맹자』, 「고자하」 3장: "공손추가 묻기를 '고자가 〈소반(小弁)〉은 소인의 시라고 하였습니다'라고 하니, 맹자가 '어째서 그렇게 말했는가?'라고 하였다. 공손추가 '원망했기 때문입니다'라고 답했다. 맹자가 말했다. '고루하구나! 고수가 시를 해석하는 방식은! 여기 어떤 사람이 있는데 월나라 사람이 활을 당겨 쏘려 하면 내가 웃으면서 타이르는 것은 다름이 아니라 관계가 소원하기 때문이다. 내 형이 활을 당겨 쏘려 하면 내가 눈물을 떨구며 타이르는 것은 다름이 아니라 관계가 가깝기 때문이다. 〈소반〉의 원망은 어버이를 친애하는 것이다. 어버이를 친애하는 것은 인(仁)이니, 고루하구나! 고수가 시를 해석하는 방식은!' '〈개풍(凱風)〉은 어째서 원망하지 않았습니까?'라고 하니, 맹자가 말했다. '〈개풍〉은 어버이의 허물이 작은 것이요, 〈소반〉은 어버이의 허물이 큰 것이다. 어버이의 허물이 큰데도 원망하지 않는다면 이는 더욱 소원해지는 것이요, 어버이의 허물이 작은데도 원망한다

해설 '어기지 않는다'의 대상을 간하고자 하는 마음으로 본 주희 해석에 반대하여 부모의 뜻을 어기지 않는 것으로 해석한다. 이 해석은 포함의 해석과 일치하는 것으로 최명길이 고주(古注)에 근거하여 주자설을 비판하는 예로 볼 수 있다. 또한 『예기』 「내칙」편과 관련하여 해석하고, 비록 최명길이 직접 언급하지는 않았지만 『맹자』와도 상통하는 해석이어서 경전을 통해 경전을 해석하는 자세도 확인할 수 있다.

5. 「공야장(公冶長)」 15장

子謂子產. "有君子之道四焉. 其行己也恭, 其事上也敬, 其養民也惠, 其使民也義."

공자가 자산에 대해 말했다. "(그분은) 군자의 도 네 가지를 갖추셨다. 행동거지는 공손했고, 윗사람을 섬기면서 공경스러웠으며, 백성을 돌보는 것이 은혜로웠고, 백성을 부리는 것이 의로우셨다."

「기의(記疑)」 5-15

면 이는 작은 잘못도 용납하지 못하는 것이다. 더욱 소원해지는 것도 불효요, 작은 잘못도 용납하지 못하는 것도 불효이다. 공자께서 말씀하시기를 순임금은 지극한 효자이실 것이다! 오십이 되어도 (어버이를) 사모하였으니라고 하셨다'."(公孫丑問曰, '高子曰, 小弁, 小人之詩也'. 孟子曰, '何以言之?' 曰, '怨'. 曰, '固哉! 高叟之爲詩也! 有人於此, 越人關弓而射之, 則己談笑而道之, 無他, 疏之也. 其兄關弓而射之, 則己垂涕泣而道之, 無他, 戚之也. 小弁之怨, 親親也. 親親, 仁也, 固矣夫! 高叟之爲詩也!' 曰, '凱風何以不怨?' 曰, '凱風, 親之過小者也, 小弁, 親之過大者也. 親之過大而不怨, 是愈疏也, 親之過小而怨, 是不可磯也. 愈疏, 不孝也. 不可磯, 亦不孝也. 孔子曰, 舜其至孝矣! 五十而慕')

‘子謂子産有君子之道四焉’, 吳氏曰‘數其事而稱之者, 猶有所未知’云云.

‘공자가 자산에 대해 군자의 도 네 가지를 갖추었다’라고 한 것에 대해, 오역(吳棫, 1100~1154)이 ‘일을 하나하나 열거하여 칭찬하는 것은 오히려 지혜롭지 못한 것이 있다’라고 운운한 부분.[10]

愚按, 孔子於子産盖屢稱之, 而臧孫則無聞焉. 今詳吳註, 若以臧孫優於子産者, 然豈有所考歟?

내가 생각건대, 공자가 자산은 대체로 자주 칭찬하였지만 장문중은 (칭찬하였다는 것을) 들은 적이 없다. 지금 오씨 주를 상세히 보면 장문중이 자산보다 낫다고 하는 것 같은데 그렇다면 (이를) 상고할 근거가 있겠는가?

해설 『논어집주』에 채록된 오역의 해석이 다른 상고할 근거가 없는 한 잘못되었음을 지적한다.

6. 「태백(泰伯)」 1장

子曰, “泰伯, 其可謂至德也已矣. 三以天下讓, 民無得而稱焉.”

---

10) 『논어집주』: “오씨가 말했다. ‘일을 열거하여 책망하는 것은 좋은 점이 많기 때문이다. 장문중에게 인하지 못한 점이 셋, 지혜롭지 못한 점이 셋이라고 (공자께서 말씀하신) 것이 이에 해당한다. (반면) 일을 열거하여 칭찬하는 것은 오히려 미치지 못하는 점이 있기 때문이다. 자산에게 군자의 도가 넷 있다고 칭찬하신 것이 이에 해당한다. 요즘 한마디 말로써 한 사람을 총괄하거나, 한 사건으로써 한 시대를 총괄하는 경우가 있는데 이는 모두 잘못되었다’.”(吳氏曰, ‘數其事而責之者, 其所善者多也. 臧文仲不仁者三, 不知者三是也. 數其事而稱之者, 猶有所未至也. 子産有君子之道四焉, 是也. 今或以一言蓋一人, 一事蓋一時, 皆非也’)

공자가 말했다. “태백은 덕이 지극하다고 할 만하다. 세 번이나 천하를 사양했는데도 백성이 칭송할 길이 없었다.”

「기의(記疑)」 8-1

‘子曰泰伯其可謂至德’, 註曰‘泰伯不從, 事見『春秋傳』’.

‘공자가 말하기를, 태백은 덕이 지극하다고 할 만하다’라고 한 것에 대해, (주자)주에서 ‘태백이 (태왕의 뜻을) 따르지 않은 것은 『춘추좌전』에 보인다’고 한 부분.

按, 小註所引『吳越春秋』, 載此事頗[頗]詳悉, 而『春秋傳』未有所考. 朱子別有所考歟?

생각건대, 소주에서 인용한바 『오월춘추』가 이 일을 기재한 것이 자못 상세하고 빠짐없지만, 『춘추좌전』에서 상고할 바가 없으니, 주자께서는 별도로 상고한 것이 있으신가?

해설 주희가 근거한 경전인 『춘추좌전』이 충분한 정보를 제공하고 있지 않는 것에 의문을 제기하고 있다.

7. 「태백」 4장

曾子有疾, 孟敬子問之, 曾子言曰, “鳥之將死, 其鳴也哀, 人之將死, 其言也善. 君子所貴乎道者三, 動容貌, 斯遠暴慢矣, 正顏色, 斯近信矣, 出辭氣, 斯遠鄙倍矣. 籩豆之事, 則有司存.”

증자가 병이 들어 맹경자가 문병을 가니, 증자가 말했다. "새가 죽으려 할 때에는 그 울음소리가 슬프고, 사람이 죽으려 할 때는 그 말이 선합니다. 군자가 도에 관해 귀하게 여겨야 할 것이 세 가지 있으니, 행동거지에서 난폭함과 거만함을 멀리하는 것, 얼굴빛을 바로잡음에서 믿음직함에 가까워지는 것, 어기에서 비루함과 이치에 위배됨을 멀리하는 것입니다. 제례에 관한 일은 담당관이 따로 있습니다."

「기의(記疑)」 8-4

'曾子曰君子所貴者三', 註曰'是皆修身之要, 爲政之本. 學者所當操存省察, 而不可有造次顚沛之違'云云.

'증자가 말하기를, 군자가 귀하게 여기는 것이 세 가지 있다'라고 한 것에 대해, (주자)주에서 '이것은 모두 수신의 요체이고 정치를 하는 근본이다. 배우는 자가 마땅히 붙잡아 보존하고 성찰해야 하는 바이니, 경황 중이거나 위급한 상황이어도 어겨서는 안 된다'라고 운운한 부분.

愚按, 『集註』所載, 舊本曰, "皆是修身之驗, 爲政之本, 非其平日莊敬誠實存省[11]之功, 積之有素, 則不能也." 其後以爲未妥, 而改以今本. 小註問答已詳矣.

11) 「논어기의」에는 '존성(存省)' 대신 '존성(存誠)'으로 되어 있다. '존성(存省)'을 잘못 기록한 것으로 보아 수정했다.

大槩舊註以效驗言, 則不切於學者之身, 易以新註, 以爲學者用功之地者, 乃朱子本意也. 然念君子之道無間內外, 則容貌辭氣上, 固不可無箇工夫. 而或不能深察聖賢之言本意, 以爲道專在是, 而專就外面討工夫, 則失內外本末之序, 而終未有所得矣, 其害亦恐不小.

窃味曾子之言, 似曰所貴乎有道之士者, 以此三者而已. 見其外而其中之所存可知云爾. 如『大學』以'心廣體胖'爲意誠之効, 『孟子』以'粹面盎背'爲仁義之驗, 是也.

今若不做慎獨工夫, 而就身體上求箇廣胖之效, 不能居仁由義 而就面背上做箇盎粹之功, 則豈不倒置之甚乎? 以此推之, 則曾子所言本意可見矣. 故『集註』所引, 程子尹氏之說, 皆作效驗說, 而朱子皆採之, 朱子之意亦可見矣. 然凡註觧須以發明本章文義爲主, 則恐不若舊註之爲明白切實也.

或曰, "如是則容貌辭氣上, 元不着功, 亦不妨乎?" 曰, "不然. 君子之學, 內外交養, 本末相須, 動容貌出辭氣之前, 固已有素養之功, 及其動容貌出辭氣之時, 亦不可無警飭之功. 如孔子所稱'色思溫, 貌思恭'之類, 是也. 聖賢之教因人設方, 想孟敬子之爲人, 有粗暴煩瑣之病, 故曾子告之以此, 欲令就自家身心上, 討本原工夫, 而不屑屑於名數之末者耳." 更思之, 此言亦覺未安, 從新註爲定.

내가 생각건대, 『집주』에 기재된 것은 구본(舊本)에 "(세 가지는) 모두 수신의 효험이요, 정치를 하는 근본이니, 평상시 장엄하고 경건하고 정성스럽고 참되어 보존하고 살피는 공부가 바탕에 쌓이지 않으면 이룰 수 없다"로 되어 있다. (그런데) 그 후에 타당하지 않다고 여겨 금본(今本)으로 고친 것이니, 소주(小註)에 나온 문답[12]에

12) 『논어집주대전(論語集註大全)』: "물었다. '『집주』의 구설에서 세 가지가 수신의 효험이요, 정치를 하는 근본이니, 평상시 장엄하고 경건하고 정성스럽고 참되

이미 상세하다.

대체로 구주(舊註)는 효험으로써 말한 것이라 배우는 이에게 절실하지 못하여, 신주(新註)에서는 배우는 이가 공을 들여야 하는 곳으로 바꾼 것이니, (이것이) 바로 주자의 본의이다. 그러나 군자의 도는 안팎에 간격이 없다는 것을 생각하면 용모나 어기상 본디 공부가 없을 수 없다. 그런데도 혹 성현이 말씀하신 본의를 깊이 살피지 못하고 도가 오직 여기에 있다고 여겨서 오로지 외면에 나아가 공부한다면 내외 본말의 순서를 잃은 것이니, 끝내 얻는 것이 없어서 그 해가 또한 작지 않을 것이다.

증자의 말씀을 가만히 음미해 보면, 도를 따르는 선비를 귀하게 여기는 까닭은 이 세 가지일 뿐이라는 것을 말하는 것 같다. 밖으

어 보존하고 살피는 공부가 바탕에 쌓이지 않으면 이룰 수 없다라고 했으니 오직 효험을 가지고 말한 것입니다. 이렇다면 동(動), 정(正), 출(出) 세 글자가 단지 별 뜻 없는 글자가 되어버립니다. 개정본에서는 험(驗)을 요(要)로 바꾸고, 비기(非其) 이하는 배우는 자가 마땅히 붙잡아 보존하고 성찰하여 급할 때나 당황할 때라도 떠나서는 안 된다라고 고쳤습니다. 이렇게 되면 공부는 오히려 동, 정, 출 세 글자에 있게 됩니다. 누군가 의심하건대, 정자는 여전히 공부해야 한다고 말할 수 있으나 동자와 출자는 어찌 공부할 수 있겠습니까?' 답했다. '이 세 글자는 비록 공부해야 할 글자는 아니지만 그렇더라도 공부해야 할 곳이다. 효험이라 하면 문제가 있는 듯하여 고쳤다. 만약 오직 평상시 엄숙하고 경건하게 지키고 길러야만 비로소 이처럼 할 수 있다고 한다면 아직 엄숙하고 경건하게 지키고 기르지 못하는 사람은 곧 난폭함과 태만함을 멀리하고, 믿음직함에 가깝게 하고, 비루함과 이치에 위배됨을 멀리할 필요가 없다는 말이 되는 것이 아닌가?'"(問, '『集註』舊以三者, 爲脩身之驗, 爲政之本, 非其平日莊敬誠實存省之功, 積之有素, 則不能也, 專是做效驗說. 如是則動正出三字, 只是閑字. 改本以驗爲要, 非其以下, 改爲學者所當操存省察, 而不可有造次頃刻之違者也. 如此則工夫却在動正出三字上. 某疑, 正字尙可說做工夫. 動字出字, 豈可以爲工夫耶?' 曰, '這三字雖不是做工夫底字, 然便是做工夫處. 作效驗似有病, 故改之. 若專以爲平日莊敬持養, 方能如此, 則不成未莊敬持養底人, 便不要遠暴慢近信遠鄙倍耶?')

로 드러나니 그 안에 보존된 것을 알 수 있다고 운운한 것은 『대학』에서 '마음이 너그러우면 몸이 편안해지는 것'을 뜻을 참되게 한 효과로 본 것이나,[13] 『맹자』에서 '순수하게 얼굴빛에 드러나고 등에 가득 차는 것'을 인의의 효험으로 본 것이[14] 이에 해당한다. 지금 만약 신독 공부를 하지 않고 신체에서 마음이 너그러워 몸이 편안해지는 효험을 구하고, 인에 거하고 의를 따를 수 없으면서 얼굴과 등이 가득차고 순수해지는 공을 구한다면 어찌 도치가 심하지 않겠는가? 이것으로써 미루어 보면 증자가 말씀하신 본의를 알 수 있다. 따라서 『논어집주』에서 인용한 정자와 윤돈(尹焞, 1071~1142)의 설명[15]은 모두 효험을 말한 것인데 주자께서 모두 채록하셨으니 주자의 뜻도 알 수 있다. 그러나 모름지기 주해는

---

13) 『대학』: "부는 집을 윤택하게 하고, 덕은 몸을 윤택하게 한다. 마음이 너그러우면 몸이 편안해지니 군자는 반드시 그 뜻을 참되게 한다."(富潤屋, 德潤身. 心廣體胖, 故君子必誠其意)

14) 『맹자』, 「진심상」 21장: "군자가 본성으로 삼는 인의예지는 마음에 뿌리를 둔 것으로, 그 형색이 순수하게 얼굴빛에 드러나고, 등에 가득차고, 사지에 펼쳐지니, 사지가 말하지 않아도 (남들이) 알게 된다."(君子所性, 仁義禮智根於心, 其生色也睟然見於面, 盎於背, 施於四體, 四體不言而喩)

15) 『논어집주』: "정자가 말했다. '용모를 움직인다는 것은 몸을 들어 말한 것이다. 두루 행동하면서 예에 맞으면 포악함과 나태함이 멀어진다. 얼굴빛을 바르게 하면 망령되지 않으니 믿음직함에 가까워진다. 어기를 낼 때 곧바로 마음속에서 나오면 비루함과 이치에 어긋남에서 멀어진다. 이 세 가지는 내 몸을 바르게 하는 것으로 밖에서 구하는 것이 아니다. 그러므로 변두에 관한 일은 담당자가 있다고 말씀하신 것이다.' 윤씨가 말했다. '내면에서 함양이 이루어지면 밖으로 드러난다. 증자는 수기를 정치하는 근본으로 삼으셨으니 기물과 사물 같은 소소한 것은 담당자가 있다고 말씀하신 것이다'."(程子曰, '動容貌, 擧一身而言也. 周旋中禮, 暴慢斯遠矣. 正顔色則不妄, 斯近信矣. 出辭氣, 正由中出, 斯遠鄙倍. 三者正身而不外求. 故曰, 籩豆之事則有司存'. 尹氏曰, '養於中則見於外. 曾子蓋以脩己爲爲政之本, 若乃器用事物之細, 則有司存焉')

먼저 이 장의 문장 뜻을 드러내는 것을 위주로 하여 해석해야 하니 (신주는) 구주의 명백함과 절실함만 못한 것 같다.

누군가 "이와 같다면 용모와 어기에 대해 원천적으로 공부에 착수하지 못하니 또한 방해가 되지 않겠는가?"라고 한다면, (나는) 다음과 같이 말할 것이다. "그렇지 않다. 군자의 학문은 내외를 번갈아 함양하고 본말이 서로 필요로 하여 용모를 움직이고 어기를 내기 전에 본디 이미 평소 함양한 공이 있으니, 용모를 움직이고 어기를 낼 때에도 경계하고 삼가는 공이 없을 수 없다. 공자께서 칭하신 '얼굴빛은 따뜻함을 생각하고, 외모는 공손함을 생각한다'[16] 같은 부류가 이것이다. 성현의 가르침은 사람에 따라 방법을 설정하시니, (내가) 생각건대, 맹경자의 사람됨이 거칠고 포악하고 번쇄한 병통이 있다고 생각하시어 증자께서 이로써 알려주시어 자신의 몸과 마음에서 본원 공부에 힘쓰고 명수(名數)[17] 같은 말단에는 연연하지 않게 하고자 하셨을 뿐이다. 다시 생각해 보니 이 말은 온당하지 않은 것 같고 신주를 따르는 것이 타당하다."

해설 최명길에 따르면 주희의 구주(舊註)는 평소 내면을 수양하면 자연스럽게 겉으로 나타나게 될 효험의 측면에서 접근하며 내면 수양을 강조하고,

---

16) 『논어』, 「계씨」 10장: "공자가 말했다. '군자에게는 아홉 가지 생각이 있다. 볼 때는 밝게 볼 것을 생각하고, 들을 때는 또렷하게 들을 것을 생각하고, 얼굴빛은 따뜻함을 생각하고, 외모는 공손함을 생각하고, 말은 진실됨을 생각하고, 일은 경건함을 생각하고, 의문이 들면 물을 것을 생각하고, 분노에 대해서는 (나중의) 어려움을 생각하고, 득이 되는 것을 보면 의로운 것인지 생각한다'."(孔子曰, '君子有九思. 視思明, 聽思聰, 色思溫, 貌思恭, 言思忠, 事思敬, 疑思問, 忿思難, 見得思義')

17) 명수(名數): 명위(名位)와 예수(禮數). '명위'는 관직과 품계, '예수'는 신분에 맞는 예제를 가리킨다.

신주(新註)는 겉모습을 단속할 것을 강조한다. 내면 수양이 물론 중요하기는 하지만 배우는 이가 더욱 절실하게 공을 들일 수 있는 대상이 겉모습이기 때문에 신주로 바꾸었다고 설명한다. 하지만 주희가 내면 수양을 중시하는 정자와 윤씨의 설명을 채록한 것으로 볼 때, 신주로 입장을 바꾸기는 했어도 이것이 내면 수양의 가치를 외면 수양보다 낮게 보기 때문은 아니라는 것이다. 최명길은 주희가 구주에서는 내면 공부, 신주에서는 외면 공부를 강조한 것은 모두 일리가 있으나 『논어』 「태백」편 4장은 내면 공부를 강조하는 맥락이니 구주가 더 낫다고 평가한다.

김윤경은 이 장에 대한 최명길의 해석이 마음상 본원 공부를 무엇보다 강조했다는 점에서 하곡 정제두의 공부론과 상통하는 측면이 있다고 평가한다. 하지만 이러한 측면이 최명길에게 "양명학을 긍정하기에 충분한 사상적 경향은 될 수 있지만, 양명학 수용 여부를 결정할 수 있는 근거로는 부족하다"라고 평가하며, 더 정확히 고찰하기 위해서는 「맹자기의」와 「대학기의」로 분석의 범위를 넓힐 필요가 있다고 말한다.[18)]

8. 「태백」 6장

曾子曰, "可以託六尺之孤, 可以寄百里之命, 臨大節而不可奪也, 君子人與? 君子人也."

증자가 말했다. "6척의 홀로 된 어린 임금을 의탁할 수 있고, 사방 백 리(인 나라)의 명운을 맡길 수 있으며, 큰 절개에 (관한 일에) 임하여 (그 절개를) 빼앗을 수 없다면 군자다운 사람일까? 군자다운 사람이다."

18) 김윤경, 「지천 최명길의 『사문록(思問錄)』에 나타난 사서해석 경향과 사상적 특징(Ⅰ) -「논어기의(論語記疑)」를 중심으로-」, 『한국철학논집』 47, 35-36쪽.

「기의(記疑)」 8-6

'曾子曰可以托六尺之孤'云云, 註曰'其才可以輔幼君攝國政'云云.

'증자가 말하기를, 6척의 홀로 된 어린 임금을 의탁할 만하다'라고 한 것에 대해, (주자)주에서 '그 재능이 어린 군주를 보필하고 국정을 섭정할 만하다'라고 운운한 부분.[19)]

愚按, 託孤奇命, 恐不可專以才當之. '其才'字之下添'與德'二字, 則似爲完備, 未知如何.

내가 생각건대, 홀로 된 어린 임금을 의탁하고 (나라의) 명운을 맡기는 것은 전적으로 재능만 가지고는 감당할 수 없을 것 같다. '기재(其才)' 아래 '여덕(與德)' 두 글자를 첨가하면 완전하게 (뜻이) 갖춰질 것 같은데 어떨지 모르겠다.

해설 어린 군주를 보필하고 국정을 섭정하기 위해서는 재능뿐 아니라 덕도 필요하다고 보면서 주희의 해설을 보완하고 있다.

9. 「태백」 13장

子曰, "篤信好學, 守死善道. 危邦不入, 亂邦不居. 天下有道則見, 無道則隱. 邦有道, 貧且賤焉, 恥也, 邦無道, 富且貴焉, 恥也."

공자가 말했다. "돈독히 믿고 배우기를 좋아하며 목숨을 걸

---

19) 『논어집주』: "그 재능이 어린 군주를 보필할 만하고, 국정을 섭정할 만하며, 그 절개를 생사의 갈림길에 처해서도 빼앗을 수 없다면 군자라고 할 수 있다."(其才可以輔幼君 攝國政, 其節至於死生之際而不可奪, 可謂君子矣)

고 도를 잘 실천해라. 위태로운 나라에는 들어가지 말고 혼란스러운 나라에는 거처하지 마라. 천하에 도가 있으면 모습을 드러내고, 도가 없으면 숨어라. 나라가 잘 다스려지는데 빈천한 것은 부끄러운 것이요, 나라가 무도한데 부귀한 것은 부끄러운 것이다."

「기의(記疑)」 8-13

'危邦不入, 亂邦不居', 註曰'君子見危授命, 則仕危邦者, 無可去之義. 在外則不入可也. 亂邦未危而刑政紀綱紊矣'.

'위태로운 나라에는 들어가지 않고, 혼란스러운 나라에는 거처하지 않는다'라고 한 것에 대해, (주자)주에서 '군자는 위태로움을 보면 목숨을 바치니 위태로운 나라에서 벼슬하는 자는 의리상 떠날 수 없다. 밖에 있으면 들어가지 않으면 된다. 혼란스러운 나라는 위태로운 정도는 아니지만 형정과 기강이 문란하다'라고 한 부분.[20]

愚按, 危邦者, 無亂之形而有亂之兆, 君子幾不可入也. 至於旣亂之後, 則不待知幾之君子, 而已見其不可居也, 故爲其次也.

내가 생각건대, 위태로운 나라는 혼란이 없는 형국이기는 해도 혼란의 조짐은 있으니 군자는 기미를 살펴 들어가서는 안 된다. 이미 혼란해진 후에는 기미를 아는 군자를 기다리지 않고도 거처할 수 없음을 이미 안다. 그래서 그 다음으로 삼으신 것이다.

---

20) 이어지는 주자주는 다음과 같다. "따라서 그 몸을 깨끗이 하여 떠나는 것이다."(故潔其身而去之)

해설 주희는 혼란스러운 나라(亂邦)를 위태로운 나라(危邦)보다 덜 심각한 상태로 보는 반면, 최명길은 혼란스러운 나라를 더 심각한 상태로 본다. 즉, 위태로운 나라는 아직 혼란에 이르지는 않았어도 혼란의 기미가 있다. 군자는 이러한 기미를 살펴 들어가서는 안 된다. 하지만 이미 혼란해진 나라라면 기미를 말할 필요도 없이 혼란이 명백히 드러나 있기 때문에 굳이 군자가 아니더라도 거처할 수 없음을 안다는 것이다.

10. 「태백」 18장

子曰, "巍巍乎! 舜禹之有天下也而不與焉!"

공자가 말했다. "높고도 높구나! 순임금과 우임금은 천하를 소유하시고도 (천자의 지위를) 상관하지 않으셨구나!"

「기의(記疑)」 8-18

'巍巍乎! 舜禹之有天下也而不與焉!', 註曰'不與焉不以位爲樂也'.

'높고도 높구나! 순임금과 우임금은 천하를 소유하고도 (천자의 지위를) 상관하지 않았구나!'라고 한 것에 대해, (주자)주에서 '불여언(不與焉)은 (천자의) 지위를 즐거움으로 삼지 않은 것이다'라고 한 부분.21)

---

21) 『논어집주』: "'불여(不與)'는 상관하지 않는다고 말하는 것과 같다. (천자의) 지위를 즐거움으로 삼지 않으신 것을 말하는 것이다."('不與', 猶言不相關. 言其不以位爲樂也)

愚按, 若曰'不以位爲樂', 則堯舜湯武一也, 何獨於舜禹稱之? 妄意, 舜禹之有天下也, 出於揖遜, 湯武之有天下也, 由於征伐. 故孔子獨稱舜禹, 與下章稱文王至德之意同. 所謂'不與'者, 言有天下而已不與焉耳.

내가 생각건대, '지위를 즐거움으로 삼지 않았다'라고 한다면 요·순·탕·무가 모두 같은데 어찌 하필 순임금과 우임금만 칭송했겠는가? 내 생각으로는 순임금과 우임금이 천하를 소유한 것은 양위에서 나온 것이고, 탕왕과 무왕이 천하를 소유한 것은 정벌에서 유래했기 때문에, 공자가 오직 순임금과 우임금만 칭송한 것이니, 아래 장에서 문왕의 지극한 덕을 칭송한 뜻과 같다. 이른바 '불여(不與)'라는 것은 천하를 소유했는데 (여기에) 자신은 간여하지 않았다는 것을 말할 뿐이다.

해설 순과 우가 다른 성왕들과 차이 나는 점이 무엇인가를 고려하여 주희의 '불여(不與)' 해석과 다른 해석을 제시하고 있다.

11. 「태백」 20장

舜有臣五人而天下治. 武王曰, "予有亂臣十人." 孔子曰, "才難, 不其然乎? 唐虞之際, 於斯爲盛, 有婦人焉, 九人而已. 三分天下有其二, 以服事殷, 周之德, 其可謂至德也已矣!"

순임금은 다섯 명의 신하를 두었는데 천하가 잘 다스려졌다. 무왕이 말했다. "나는 (세상을) 다스리는 신하 열 명이 있다." 공자가 말했다. "인재를 얻기 어렵다는데 정말 그렇지 않은가? 요순시대가 현 왕조보다 성했으니, (주 왕실은 열 명 중

에) 부인이 있어서 (실제) 아홉 명뿐이었다. 천하를 삼분하여 그중 둘을 가지고 있으면서도 복종하여 은나라를 섬겼으니 주나라의 덕은 지극한 덕이라고 일컬을 만하구나!"

「기의(記疑)」 8-20

'才難, 不其然乎? 唐虞之際, 於斯爲盛'云云, 註曰'言周室人才之多, 惟唐虞之際, 乃盛於此, 降自夏商, 皆不能及'云云.

'인재를 얻기 어렵다는데 정말 그렇지 않은가? 요순시대가 현 왕조보다 성하였다'라고 한 것에 대해, (주자)주에서 '주 왕실에 인재가 많았으나 오직 요순시대가 이때보다 성하여서 하나라와 상나라 이후는 모두 미칠 수 없었다고 말하는 것이다'라고 운운한 부분.

愚按, 舜有臣五人, 而武王乃有九人, 是唐虞之際不及於周室人才之盛也. 此盖因五人十人之語, 而着其才難之故耳, 非謂十人之賢, 優於禹稷也. 窃想小註問答, 古註之意正如此. 而朱子嫌於'唐虞', 而改以今註, 則本章文意, 殊欠明暢. 故不得已而添, 却'降自夏商皆不能及'八字, 則又涉剩語. 孔子本意, 恐不如此, 更詳之. 此間有無意一条在下末.

내가 생각건대, 순임금은 신하가 다섯 명 있었고, 무왕은 아홉 명 있었으니, 이것은 요순시대가 주 왕실에서 인재가 성한 것에 미치지 못한 것이다. 이것은 5인, 10인이라는 말에 의지하여 인재를 얻기 어려운 이유를 드러낸 것일 뿐, 10인의 현명함이 우·직보다 낫다는 것은 아니다. 가만히 소주(小註)에 나온 문답[22]을 살펴보니

22) 『논어집주대전』: "물었다. '『집주』의 이 구절(言周室人才之多, 惟唐虞之際, 乃盛

고주(古註)[23]의 뜻이 바로 이와 같다. 그런데 주자는 '당우(唐虞)'에 대해 의심하여 금주(今註)로 고쳐서 이 장의 문의가 특히 밝게 드러나지 못했다. 그래서 부득이하게 (말을) 첨가해 '강자하상개불능급(降自夏商皆不能及)' 여덟 자는 도리어 불필요한 말이 되었다. 공자의 본의는 아마도 이와 같지 않은 것 같으니 다시 상세히 살펴봐야 한다. 이 사이 뜻이 없는 한 조목이 아래 끝에 있다.[24]

해설 최명길은 주희가 '순유신오인(舜有臣五人)'을 문자 그대로 읽어서 순임금에게 신하가 다섯 명만 있었다고 보는 것에 대해 의심했다고 추측한다. 즉, 다섯 명의 신하만 있었다면 요순시대가 주나라보다 인재가 적은 것이 되는데, 주희는 이를 의심하여 양이 아닌 질을 기준으로 인재의 정도를 평가하고자 했다는 것이다. 최명길은 만약 숫자로만 본다면 주나라가 요순시대보다 인재가 많지만, 이 장에서 말하고자 하는 것은 인재를 얻기 어렵다는 것이지 숫자의 대소는 문제가 아니라고 본다. 그런데 주희는 숫자의 대소에 얽매어 요순시대가 인재의 질이 우수했다는 것을 강조하게 되었고, 이렇게 되면 주나라의 인재가 상대적으로 부실했다는 것이 주나라의 덕을 찬미하는 문맥상 어색하여 굳이 언급할 필요가 없는 하나라와 상나라까지 언급했다는

於此)은 아마도 순임금이 다섯 신하를 가졌다는 구절을 생각하지 않은 듯합니다'. 주자가 답했다. '오히려 위 한 구절(舜有臣五人)이 여기 있는 것이 더 낫다. 만약 원래 주석을 따른다면 다스리는 신하 열 명은 오히려 전보다 많으니 지금이 더 성한 것이 되고, 순임금의 다섯 신하는 후대의 번성함만 못한 것이 된다'."(問, '『集註』此句, 恐將舜有臣五人一句閑了'. 朱子曰, '寧將上一句存在這裏. 若從元註說, 則是亂臣十人却多於前, 於今爲盛, 却是舜臣五人, 不得如後來之盛')

23) 『논어주소』: "공영달이 말했다. '… 요순시대로부터 주나라에 이르기까지 주나라가 가장 융성하여 인재가 많았다. 그러나 여전히 한 사람은 부인이었고 나머지 아홉 사람뿐이었다. 훌륭한 인재를 얻기 어렵다는 것이 어찌 그렇지 않겠는가?'"(孔曰, '… 言堯舜交會之間, 比於周, 周最盛, 多賢才也. 然尙有一婦人, 其餘九人而已. 大才難得, 豈不然乎?')

24) 마지막 문장은 「논어기의」를 필사한 최명길의 후학이 적은 것 같다.

것이다. 즉, 비단 주나라뿐 아니라 하나라와 상나라 이후 모두 요순시대에 미칠 수 없었다는 것이다. 최명길은 '어사위성(於斯爲盛)'을 주희처럼 '주나라보다 성했다'로 해석해서는 안 되고 고주를 따라 '주나라에서 성했다'로 보는 것이 타당하다고 해석한다. 비록 주나라에서 성했지만 아홉 명으로 여전히 적은 수여서 인재를 얻기 어렵다는 것을 알 수 있다는 것이다.

12. 「선진(先進)」 19장

子張問善人之道, 子曰, "不踐迹, 亦不入於室."

자장이 선인의 도에 대해 묻자, 공자가 말했다. "자취를 밟지 않더라도 (악을 행하지는 않지만 성인의) 방에는 들어가지 못한다."

「기의(記疑)」 11-19

'子張問善人之道, 子曰不踐跡, 不入於室', 程子'善人雖不必踐成[25]跡, 而自不爲惡. 然亦不[26]能入聖人之室也'.

'자장이 선인의 도에 대해 묻자, 공자가 말하기를, 자취를 밟지 않더라도 (악을 행하지는 않지만 성인의) 방에 들어가지 못한다' 고 한 것에 대해, 정자가 '선인은 비록 이루어진 자취를 반드시 밟지는 않을지라도 스스로 악을 행하지는 않는다. 그러나 또한 성

25) 『논어집주』에는 '성(成)'이 아닌 '구(舊)'로 되어 있다. 이후 이어지는 내용에서도 계속 '성'을 써서 번역은 '성'을 따랐다.

26) 「논어기의」에는 '역불(亦不)'이 아닌 '불불(不不)'로 잘못 적혀 있다.

인의 방에는 들어가지 못한다'라고 한 부분.

愚竊詳文意, '自不爲惡'四字, 似在本章言意之外. 且不踐成跡, 則便非善人, 聖人恐不肯輕許也. 愚意似曰, 善人雖自有美質, 而若不踐古人之成迹, 則終無以入聖人之室. 盖示人不可自恃其質, 而[27]緩於學問之功, 亦因子張之失而警之也.

내가 곰곰이 문의를 생각해 보니, '자불위악(自不爲惡)' 네 글자는 이 장이 말하려는 뜻을 벗어난다. 게다가 이루어진 자취를 밟지 않으면 곧바로 선인이 아니게 되니 (이는) 성인이 아마도 쉽게 허여하려 하지 않았을 것이다. 내 생각에는 대략 이렇게 말하는 것 같다. 선인이 비록 스스로 아름다운 기질을 지녔더라도 만약 옛사람이 이룬 자취를 밟지 않는다면 끝내 성인의 방에 들어갈 방법이 없다. 따라서 스스로 자신의 기질을 믿고 학문 공부에 느슨해서는 안 된다는 것을 사람들에게 보인 것이고, 또한 자장의 잘못을 따라 이를 경계시킨 것이다.

해설 최명길은 '이루어진 자취를 밟지 않더라도 스스로 악을 행하지 않는다'는 설명은 이루어진 자취를 밟아 나가는 노력을 강조하는 이 장의 취지를 무색하게 하는 설명이라고 평가한다. 학문 공부를 통해 옛사람의 자취를 밟아가는 노력을 하지 않는다면 제아무리 기질이 훌륭하더라도 성인의 방에는 들어가지 못한다는 것이 이 장의 취지인 것이다.

13. 「선진」 17장

柴也愚, 參也魯, 師也辟, **由也**喭.

27) 「논어기의」에는 '이(而)'가 두 번 적힌 오류가 있다.

시는 어리석고, 삼은 노둔하고, 사는 편벽하고, 유는 거칠다.

「기의(記疑)」 11-17

'師也辟', 註曰'辟便辟也'.[28)]

'사는 편벽하다'라고 한 것에 대해, (주자)주에서 '벽은 편벽이다'라고 한 부분.

愚按, '辟'當讀如之'其所親愛而辟焉'之辟. 子張悅於苟難, 有過中失正之病. 故以此戒之.

내가 생각건대, '벽(辟)'은 마땅히 (『대학』의) '친애하는 것에 치우친다'에 나오는 '벽(辟)'과 같이 읽어야 한다. 자장은 구차하고 어려운 것을 좋아하여 중도를 넘어서고 올바름을 잃는 병통이 있었다. 그래서 이 말씀으로 경계시키신 것이다.

해설 자장의 성격을 근거로 '벽(辟)'이 겉모습을 꾸미는 데 치중하는 것을 뜻하지 않고 자신이 좋아하는 것을 지나치게 추구하는 것을 뜻한다고 해석한다.

14. 「선진」 20장

子曰, "論篤是與, 君子者乎? 色莊者乎?"

공자가 말했다. "언론이 독실한 (사람을) 허여한다면 (이 사

28) 『논어집주』: "'벽'은 편벽이다. 용모와 행동거지에만 익숙하고 성실함이 부족한 것을 가리킨다."('辟', 便辟也. 謂習於容止, 少誠實也)

람은) 군자다운 자인가? 겉모습만 장엄한 자인가?"

「기의(記疑)」 11-20

'子曰論篤是與, 君子者乎? 色莊者乎?', 註曰'但以其言論篤實而取之'[29] 云云.

'공자가 말하기를, 언론이 독실한 (사람을) 허여한다면 (이 사람은) 군자다운 자인가? 겉모습만 장엄한 자인가?'라고 한 것에 대해, (주자) 주에서 '다만 그 언론이 독실하다고 그를 취한다'라고 운운한 부분.[30]

愚按, 言論篤實, 則其中之所存可知. 何可以色莊斥之? 妄意, '論篤'二字, 古有此語, 盖曰'偏厚於此'云爾. 恐非篤實之意也.

내가 생각건대, 언론이 독실하면 마음속에 보존하고 있는 것은 알 수 있다. (그러니 이런 사람을) 어찌 겉모습이 장엄하다는 이유로 배척할 수 있겠는가? 내 생각에는 '논독(論篤)' 두 글자는 예전에 이런 말이 있었는데, 보통 '이것을 편중되게 후대한다'라고 할 때 쓰였을 뿐이다. 아마도 독실하다는 뜻은 아닌 것 같다.

해설 주희가 '논독(論篤)'을 언론이 독실하다고 풀이하면서 말로써 사람을 취해서는 안 된다고 해석한 것에 의문을 제기한다. 최명길이 생각할 때 겉

29) 『논어집주』에는 '취지(取之)'가 아닌 '여지(與之)'로 되어 있다.

30) 『논어집주』: "다만 그 언론이 독실하다고 그를 허여한다면 그 사람이 군자인지 겉모습만 장엄한 자인지 알 수 없다는 것을 말씀하신 것이다. 말과 용모로써 사람을 취해서는 안 된다는 것을 말씀하신 것이다."(言但以其言論篤實而與之, 則未知其爲君子者乎, 爲色莊者乎. 言不可以言貌取人也)

모습은 내면을 반영하고 있기 때문에 언론이 독실하다면 마음속에 보존하고 있는 것도 참될 가능성이 높다. 그렇기 때문에 말과 같은 겉모습이 장엄하다는 이유만으로 사람을 배척할 수는 없다는 것이다.

15. 「선진」 22장

子畏於匡, 顔淵後, 子曰, "吾以女爲死矣." 曰, "子在, 回何敢死?"

공자가 광 땅에서 경계하였을 때 안연이 뒤처졌다가 오니, 공자가 말했다. "나는 네가 죽은 줄 알았다." 안연이 답했다. "선생님께서 계시는데 제가 어찌 무모하게 죽겠습니까?"

「기의(記疑)」 11-22

"子畏於匡, 顔淵後, 子曰'吾以女爲死', 曰'子在, 回何敢死?'", 註曰"何敢死, 謂不赴鬬而必死, 胡氏曰'夫子而在, 則回何爲而不愛其死?'."

"공자가 광 땅에서 경계하였을 때 안연이 뒤처졌다가 오니, 공자가 '나는 네가 죽은 줄 알았다'라고 하자, 답하기를, '선생님께서 계시는데 제가 어찌 무모하게 죽겠습니까?'"라고 한 것에 대해, (주자) 주에서 "'어찌 감히 죽다'라는 말은 싸움에 뛰어들어 반드시 죽는 일은 하지 않는 것을 이르는 것이니, 호인(胡寅, 1098~1156)이 말하기를, '공자께서 살아계시니 안회가 어찌 죽음을 아끼지 않겠는가?'라고 하였다"라고 한 부분.[31]

31) 『논어집주』: "호씨가 말했다. '선왕의 제도에 따르면 백성은 세 가지(군·사·부)에 (의지해) 살게 되니 (이들을) 한결같이 섬겨야 한다. 경우에 따라 목숨도

愚按, '敢'字先儒皆以爲'果敢'之'敢', 故其言如此. 竊恐不但文意可疑, 亦恐有傷於義理也. 蓋夫子不幸而回獨生, 則傷於義矣, 夫子在也而回先死, 則傷於勇矣. 然則非不必死, 乃不敢死也. 非愛其死, 乃義不當死也.

내가 생각건대, '감(敢)'자는 선대 유학자들이 모두 '과감(果敢)'의 '감'으로 해석했기 때문에 그 말이 이와 같다. (그런데 이렇게 해석하면) 단지 문의가 의심스러울 뿐만 아니라 의리(義理)에도 해가 되는 것 같다. 공자가 불행을 당하고 안회가 홀로 살았다면 의를 해치는 것이요, 공자가 살아계시는데 안회가 먼저 죽었다면 (만용을 부려) 용기를 해치는 것이다. 그렇다면 반드시 죽지 않는 것이 아니라 함부로 죽을 수 없는 것이다. 죽음을 아끼는 것이 아니라 죽음이 의에 합당하지 않은 것이다.

해설 기존 주석에서 '감(敢)'을 '과감'으로 풀면서 만용을 부리며 죽는 일을 하지 않는다고 해석한 것과 달리 최명길은 차마 죽을 수 없는 것으로 풀이한다. 스승이 살아계신다면 죽음을 초래할 수도 있는 만용은 선택지에 있을 수 없다. 스승이 살아계시면 제자로서 생명을 부지하는 것이 의이기 때문에 마음대로 죽을 수 없는 것이다.

바쳐야 한다. 하물며 안연은 공자께 은혜와 의가 모두 극진하였으니 다른 사제간 같지 않았다. 공자께서 불행히 어려움을 만나셨다면 안회는 반드시 생명을 걸고 달려갔을 것이다. 생명을 걸고 달려갔는데 다행히 죽지 않았으면 반드시 위로 천자께 아뢰고 아래로 제후께 고하여 토벌해서 복수할 것을 청하고, 그만두지 않았을 것이다. 공자께서 살아 계시다면 안회가 어찌 죽음을 아끼지 않고 광 땅 사람들 칼날에 맞서겠는가?'"(胡氏曰, '先王之制, 民生於三, 事之如一. 惟其所在, 則致死焉. 況顏淵之於孔子, 恩義兼盡, 又非他人之爲師弟子者而已. 卽夫子不幸而遇難, 回必捐生以赴之矣. 捐生以赴之, 幸而不死, 則必上告天子, 下告方伯, 請討以復讎, 不但已也. 夫子而在, 則回何爲而不愛其死, 以犯匡人之鋒乎?')

16. 「선진」 23장

季子然問, “仲由冉求可謂大臣與?” 子曰, “吾以子爲異之問, 曾由與求之問. 所謂大臣者, 以道事君, 不可則止. 今由與求也, 可謂具臣矣.” 曰, “然則從之者與?” 子曰, “弑父與君, 亦不從也.”

계자연이 물었다. “중유와 염구는 대신이라고 할 만합니까?” 공자가 말했다. “나는 당신께서 다른 질문을 하실 줄 알았는데 유과 구에 관한 질문이군요. 이른바 대신이란 도로써 임금을 섬기다가 (더 이상) 섬길 수 없으면 그만둡니다. 지금 유와 구는 머릿수만 채우는 신하라고 할 수 있습니다.” (계자연이) 말했다. “그러면 맹종하는 자들입니까?” 공자가 말했다. “아비나 임금을 죽이는 일에는 그래도 따르지 않을 것입니다.”

「기의(記疑)」 11-23

‘所謂大臣者, 以道事君, 不可則止’, 註曰‘不可則止者, 必行己之志’.

‘이른바 대신이란 도로써 임금을 섬기다가 (더 이상) 섬길 수 없으면 그만둔다’고 한 것에 대해, (주자)주에서 ‘(더 이상) 섬길 수 없으면 그만둔다는 것은 반드시 자신의 뜻을 실행하는 것이다’라고 한 부분.

愚謂此句未安. 僭欲改之曰, ‘不可則止’者, 義不可以苟合也. 如是則何如?

내가 생각건대 (주자의) 이 구절은 합당하지 못하다. 한번 고쳐보자면, ‘(더 이상) 섬길 수 없으면 그만둔다’는 것은 의가 구차하게 합치할 수 없다는 것이다. 이렇게 (고친다면) 어떻겠는가?

해설 '그만둔다'는 것의 판단 기준으로 주희는 나의 지향(志)을 말하고, 최명길은 의(義)를 말한다. 지향만으로는 의를 포괄하기 어렵기 때문에 주희의 해석에 이의를 제기한다.

17. 「선진」 25장

子路曾晳冉有公西華侍坐. 子曰, "以吾一日長乎爾, 毋吾以也. 居則曰, '不吾知也', 如或知爾, 則何以哉?" 子路率爾而對曰, "千乘之國, 攝乎大國之間, 加之以師旅, 因之以饑饉, 由也爲之, 比及三年, 可使有勇, 且知方也." 夫子哂之. "求, 爾何如?" 對曰, "方六七十, 如五六十, 求也爲之, 比及三年, 可使足民. 如其禮樂, 以俟君子." "赤! 爾何如?" 對曰, "非曰能之, 願學焉. 宗廟之事, 如會同, 端章甫, 願爲小相焉." "點! 爾何如?" 鼓瑟希, 鏗爾, 舍瑟而作, 對曰, "異乎三子者之撰." 子曰, "何傷乎? 亦各言其志也." 曰, "莫春者, 春服既成, 冠者五六人, 童子六七人, 浴乎沂, 風乎舞雩, 詠而歸." 夫子喟然歎曰, "吾與點也!" 三子者出, 曾晳後, 曾晳曰, "夫三子者之言何如?" 子曰, "亦各言其志也已矣." 曰, "夫子何哂由也?" 曰, "爲國以禮, 其言不讓, 是故哂之." "唯求則非邦也與?" "安見方六七十如五六十而非邦也者?" "唯赤則非邦也與?" "宗廟會同, 非諸侯而何? 赤也爲之小, 孰能爲之大?"

자로, 증석, 염유, 공서화가 공자를 모시고 앉아 있었다. 공자가 말했다. "내가 너희보다 나이가 조금 더 많으나 나를 대하며 그 점을 개의치 마라. 평소 말하기를 '나를 몰라준다'고 하는데, 만약 누군가 너희를 알아준다면 어떻게 하겠느냐?" 자로가 불쑥 나서며 대답했다. "천승의 나라가 대국들 사이에 휘말려 군사정벌에 시달리고 그로 인하여 기근에 허덕이더라도 제가 힘쓰면 3년 안에 용기를 가질 뿐 아니라 그 타개책을 알게 할 수 있습니다." 공자가 빙긋이 웃었다. "구야, 너는 어떠하냐?" 염유가 대답했다. "사방 육칠십 리나 오륙십 리 되는 지역을 대상으로 제가 힘쓰면 대략 3년 안에 백성의 생활을 풍족하게 할 수 있습니다. 예악에 관해서는 군자를 기다리고자 합니다." "적아 너는 어떠하냐?" (공서화가) 대답했다. "무엇을 할 수 있다고 말하지는 못하겠고 배우고자 할 뿐입니다. 종묘의 일과 제후 회동 시 예복과 예관을 갖추고 행하는 일에서 작은 보좌역을 하고 싶습니다." "점아 너는 어떠하냐?" (증석이) 느리게 슬을 타다가 '둥'하고 퉁기고 슬을 내려놓고 일어나 대답했다. "세 사람이 말한 바와는 다릅니다." 공자가 말했다. "무슨 상관이 있겠느냐? 각자 자기 뜻을 말하는 것이다." (증석이) 말했다. "늦봄에 봄옷이 다 되거든 어른 대여섯 명, 동자 예닐곱 명과 더불어 기수에서 목욕하고 무우에서 바람을 쐬면서 노래하며 돌아오는 것입니다." 공자가 깊이 찬탄하며 말했다. "나는 점을 허여하겠다." 세 사람이 나가니 증석이 뒤에 남아 있다가 말했다. "저 세 사람의 말이 어떠합니까?" 공자가 말했다. "각자 자기 뜻을 말했을 따름이다." (증석이) 말했다. "선생님께서는 어째서 유의 말에 빙긋이 웃으셨습니까?" (공자가) 말했다. "나랏일은 예로써 해야 함에도 그 말에 겸양이 없어서 웃은 것이다." "그러면 구가 말한 것은 나랏일이 아닙니까?" "어떻게 사방 육칠십 리나 오륙십 리를 나라로 보지 않겠느냐?" "그러면 적이 말한 것은 나랏일이 아닙니까?" "종묘와 회동에 관한 것이니 제후의 일이 아니고 무엇이겠느냐? (그런데) 적이 작은 일을 하면 누가 큰일을 할 수 있겠느냐?"

「기의(記疑)」 11-25

曾點舍瑟章, 程子曰'三子皆欲得國而治之. 故夫子不取'.

증점이 슬을 그친 것에 관한 장에 대해, 정자가 '세 사람은 모두 나라를 얻어 다스리고자 했다. 그래서 공자가 취하지 않은 것이다'라고 한 부분.

愚按, 夫子之問曰'如或知爾則何以哉'云, 則三子之所對, 乃夫子所問之意也. 而其言又皆眞實少無越分誇大之意. 觀夫子答曾晳之語, 則其所以與之者可知矣. 至於曾點之對, 自是別般意見, 出於夫子所問之外, 而遺落世事, 脫灑自在, 足以驚動一座. 故夫子歎之. 若曰, 夫子不與三子, 而獨與曾點, 則無乃有後弊耶?

내가 생각건대, 공자의 물음은 '만약 누군가 너희를 알아준다면 어떻게 하겠느냐'를 물은 것이니, 세 제자의 대답은 공자가 물은 뜻이다. 그 대답이 모두 진실되고 조금도 분수에 넘치거나 과장하는 뜻이 없다. 공자가 증석의 말에 답한 것을 보면 이들을 인정한 이유를 알 수 있다. 증점의 대답에 이르러서는 본래 별도로 의견이 있어서 공자가 물은 것을 넘어서서 세상일을 내버려 두고 세상의 티끌을 던져 버리고 자유로웠으니 좌중을 놀라게 하기에 충분했다. 그래서 공자가 찬탄한 것이다. 만약 공자가 세 제자를 인정하지 않고 오직 증점만 인정한다고 한다면 그에 따르는 폐단이 있지 않겠는가?

해설 증석을 제외한 세 제자의 의견을 인정하지 않았다고 풀이한 정자의 해석에 반대한다. 공자가 증석의 답에만 특별히 찬탄하신 것은 그 답이 질문의 범위를 넘어서서 세속을 초탈한 자유로운 기상을 보였기 때문이지 다른 제자들의 답과 달리 증석의 답만 인정할 만했기 때문은 아니라는 것이다.

18. 「안연(顔淵)」 1장

顔淵問仁, 子曰, "克己復禮爲仁. 一日克己復禮, 天下歸仁焉. 爲仁由己, 而由人乎哉?" 顔淵曰, "請問其目." 子曰, "非禮勿視, 非禮勿聽, 非禮勿言, 非禮勿動." 顔淵曰, "回雖不敏, 請事斯語矣."

안연이 인에 대해 묻자, 공자가 말했다. "자신을 이겨내고 예로 돌아가는 것이 인이다. 어느 하루 자신을 이겨내고 예를 회복한다면 천하가 인을 허여한다. 인을 행하는 것이 자기에게서 유래하지 남에게서 유래하겠는가?" 안연이 말했다. "그 세목을 여쭙고자 합니다." 공자가 말했다. "예가 아니면 보지 말고, 예가 아니면 듣지 말고, 예가 아니면 말하지 말고, 예가 아니면 움직이지 마라." 안연이 말했다. "제가 비록 불민하지만 그 말씀을 잘 받들겠습니다."

「기의(記疑)」 12-1

'顔淵問仁, 子曰克己復禮爲仁', 朱子註曰"爲仁猶曰行仁[32], 程子曰'克盡己私, 以復於禮, 方始是仁'."[33]

'안연이 인에 대해 묻자, 공자가 말하기를, 자기를 이기고 예로 돌아가는 것이 인이다'라고 한 것에 대해, 주자주에서 "위인(爲仁)은 '인을 행하다(行仁)'라는 말과 비슷한 것인데, 정자는 '자기의 사사로움을 완전히 이기고 예로 돌아가야 비로소 인이다'라고 하였다"

---

32) 「학이」편 2장의 '孝弟也者, 其爲仁之本與'에 대한 주희의 해석이다. 정자는 이 구절에 대해 "효제는 인에 속하는 하나의 일로서 이를 인을 행하는 근본이라고 말할 수는 있지만 인의 근본이라고 할 수는 없다. 인은 본성이고 효제는 작용이다"(孝弟是仁之一事, 謂之行仁之本則可, 謂是仁之本則不可. 蓋仁是性也, 孝弟是用也)라고 해석하며 효제를 인의 근본으로 보는 고주에 반대한다. 주희는 이를 이어받아 효제를 인을 기반으로 나오는 구체적 실천 중 하나로 보며 인을 근본적인 것으로 해석한다. 정자와 주희에 의해 고주 해석이 역전되었다고 평가할 수 있는데, 최명길이 「안연」편 1장을 해석하며 왜 「학이」편 2장에 관한 주석을 가지고 왔는지는 모르겠다. 「학이」편 2장에 나온 효제와 인의 관계에 관한 고주 및 정자와 주희의 해석은 이영호, 「경학사적 관점에서 살펴본 조선경학에서의 '古'의 지향 -조선 논어학의 중요 개념어에 대한 분석을 중심으로-」, 『대동한문학』 55집(2018), 181-182쪽 참고.

33) 『논어집주』: "정자가 말했다. '예가 아닌 것은 곧 사사로운 뜻이니 이미 사사로운 뜻이 있다면 어찌 인을 얻겠는가? 모름지기 자기의 사사로움을 완전히 이기고 모두 예로 돌아가야 비로소 인이다'. 또 말했다. '자기를 이기고 예로 돌아가면 일마다 모두 인이므로 천하가 인으로 돌아온다고 말씀하셨다'."(程子曰, '非禮處便是私意, 旣是私意, 如何得仁? 須是克盡己私, 皆歸於禮, 方始是仁'. 又曰, '克己復禮, 則事事皆仁, 故曰天下歸仁')

라고 한 부분.

愚按, 朱解以工夫言, 程解以功效言. 若論本章文意, 則程子爲明白, 而朱子之言如是, 皆有所以歟.

내가 생각건대, 주자의 해석은 공부를 가지고 말한 것이고, 정자의 해석은 공효를 가지고 말한 것이다. 만약 이 장의 문의를 논한다면 정자가 명백한데 주자의 말씀이 이와 같은 것은 다 이유가 있을 것이다.

해설 주희는 이 장에 나오는 '위인(爲仁)'을 마음의 덕을 온전히 하는 것으로 풀이한다.[34] 최명길이 주자의 해석은 공부를 가지고 말한다는 것은 마음의 덕을 온전히 하는 공부를 가리키는 것 같다. 또한 주희는 '귀(歸)'를 '여(與)'로 풀이함으로써 극기복례하여 '위인'하게 되면 천하 역시 '위인'의 경지를 허여할 것이라고 푼다. 하지만 정자는 극기복례한다면 일마다 모두 인이 되어 천하가 인으로 돌아온다고 하여 '위인'의 공효를 말한다. 최명길은 정자의 해석이 더 설득력이 있다고 평가하지만 주희 해석도 나름대로 이유가 있을 것이라고 하여 배척하지 않는다.

19. 「안연」 7장

子貢問政, 子曰, "足食, 足兵, 民信之矣." 子貢曰, "必不得已而去, 於斯三者何先?" 曰, "去兵." 子貢曰, "必不得已而去, 於斯二者何先?" 曰, "去食. 自古皆有死, 民無信不立."

자공이 정치에 대해 묻자, 공자가 말했다. "양식을 풍족히 하

34) 『논어집주』: "爲仁者, 所以全其心之德也."

고, 군사를 든든히 하면 백성이 믿을 것이다." 자공이 물었다. "부득이 (한 가지를) 버려야만 한다면 이 셋 중 어느 것을 먼저 버려야 합니까?" (공자가) 답했다. "군사를 버려라." 자공이 물었다. "부득이 (또 한 가지를) 버려야만 한다면 나머지 둘 중 어느 것을 먼저 버려야 합니까?" 공자가 말했다. "식량을 버려라. 예로부터 사람은 다 죽게 마련이지만 백성의 믿음이 없으면 설 수가 없다."

「기의(記疑)」 12-7

'子貢問政, 子曰足食, 足兵, 民信之矣', 註曰'倉廩實而武備修, 然後教化行, 而民信於我'.

'자공이 정치에 대해 묻자, 공자가 말하기를, 양식을 풍족히 하고, 군사를 든든히 하면 백성이 믿을 것이다'라고 한 것에 대해, (주자) 주에서 '창고가 채워져 있고 무기가 갖춰진 후에야 교화가 행해져서 백성이 나를 믿는다'라고 한 부분.

愚按, 食兵信三者, 固不可闕一, 而以信爲本. 若曰, 信在兵食之後, 則下章何以有去食去兵之言乎? 愚竊疑焉.

내가 생각건대, 양식, 군사, 믿음 세 가지는 본디 하나라도 빠트릴 수 없지만 믿음을 근본으로 하는 것이다. 만약 믿음이 군사와 양식을 따라 있게 된다면 다음 문장에 어떻게 양식을 버리고 군사를 버린다는 말이 있겠는가? 조금 의심스럽다.

해설 주희는 '민신지(民信之)'를 '족식(足食)'과 '족병(足兵)'의 결과로 보는 반면, 최명길은 이 셋을 병렬관계로 보아야 한다고 주장한다. 만약 인과관계로 본다면 공자가 양식을 버리고 군사를 버린다고 말할 수 없다는 것이다. 이 두 원인이 없다면 백성의 믿음이라는 결과도 없기 때문이다. 「논어기의」 뒷부분에서 최명길은 일본의 『고주논어』에 '민신지(民信之)'가 '사민신지(使民信之)'로 기록되어 있는 것을 근거로 자신의 주장을 다시 한번 확고히 한다.

20. 「안연」 22장

樊遲問仁, 子曰, "愛人." 問知, 子曰, "知人." 樊遲未達, 子曰, "擧直錯諸枉, 能使枉者直." 樊遲退, 見子夏曰, "鄕也吾見於夫子而問知, 子曰'擧直錯諸枉, 能使枉者直', 何謂也?" 子夏曰, "富哉言乎! 舜有天下, 選於衆, 擧皐陶, 不仁者遠矣. 湯有天下, 選於衆, 擧伊尹, 不仁者遠矣."

번지가 인에 대해 묻자, 공자가 말했다. "사람을 사랑하는 것이다." 앎에 대해 묻자, 공자가 말했다. "사람을 아는 것이다." 번지가 이해하지 못하자, 공자가 말했다. "곧은 이를 들어 쓰고 여러 부정한 이를 버리면 부정한 이를 곧게 할 수 있다." 번지가 물러 나와 자하를 보고 말했다. "아까 내가 선생님을 뵙고 앎에 대해 여쭙자, 선생님께서 '곧은 이를 들어 쓰고 여러 부정한 이를 버리면 부정한 이를 곧게 할 수 있다'라고 하셨는데, 무슨 말씀인가요?" 자하가 말했다. "뜻이 깊은 말씀이군요! 순임금이 천하를 소유하고 뭇사람 중에서 골라 고요를 등용하시니 인하지 못한 자들이 멀어져 갔고,

탕 임금이 천하를 소유하고 뭇사람 중에서 골라 이윤을 등용하시니 인하지 못한 자들이 멀어져 갔습니다."

「기의(記疑)」 12-22

'子夏曰舜有天下, 選於衆, 擧皐陶', 註曰'不仁者遠, 言人皆化而爲仁, 不見有不仁者, 若其遠去耳'.

'자하가 말하기를, 순임금이 천하를 소유하고 뭇사람 중에서 골라 고요를 등용하였다'고 한 것에 대해, (주자)주에서 '인하지 못한 자들이 멀어져 갔다는 것은 사람들이 모두 교화되어 인을 행해서 인하지 못한 자를 볼 수 없게 된 것이 마치 멀리 떠난 것 같다고 말하는 것일 뿐이다'라고 한 부분.

愚按, 子夏似只曰, 仁者進則不仁者退, 不仁者退, 則人皆化爲善云耳. 今曰'若其遠去'云, 則無乃近於牽强乎?

내가 생각건대, 자하는 단지 인한 자가 등용되니 인하지 못한 자가 물러나고, 인하지 못한 자가 물러나니 사람들이 모두 교화되어 선을 행한다고 말했을 뿐이다. 지금처럼 '멀리 떠난 것 같다'라고 말한다면 견강부회에 가깝지 않겠는가?

해설 주희는 『논어』의 '불인자원의(不仁者遠矣)'를 사람들이 모두 교화되어 인하지 않은 이가 없게 된 것으로 해석하는 반면, 최명길은 인하지 않은 이가 등용되지 못하고 물러난 상황으로 해석한다. 즉, 도덕적인 이들이 정치를 담당함으로써 백성을 교화시킨 맥락에서 이 장을 해석한다. '원(遠)'은 정치 담당자의 진퇴에 관해 해석해야지 백성에 관해 해석하면 견강부회가 될 수 있다는 것이다. 인한 이를 등용하여 인하지 못한 이가 정치 일선에서 물러나니 사람들이 모두 교화되어 선을 행한다는 최명길의 해석은 「위정」편의 '곧은 이를 들어 쓰고 여러 부정한 이를 버리면 백성이 복종한다(擧直錯諸枉則民服)'는 경문에 부합한다는 점에서 『논어』의 본래 뜻에 더 가깝다고 평가할 수 있다.

21. 「자로(子路)」 1장

子路問政, 子曰, "先之勞之." 請益, 曰, "無倦."

자로가 정치에 대해 묻자, 공자가 말했다. "솔선하고 부지런히 해야 한다." 더 청하자 답했다. "게으름이 없어야 한다."

「기의(記疑)」 13-1

'子路問政, 子曰先之勞之'.

'자로가 정치에 대해 묻자, 공자가 말하기를, 솔선하고 부지런히 해야 한다'고 한 부분.

愚按, 勞恐作勞來之勞. 蘇[35]註可疑.

내가 생각건대, '노(勞)'는 '노래(勞來)'의 '노(勞)'인 것 같다. 소식(蘇軾, 1037~1101)의 주석[36]은 의심스럽다.

---

35) 「논어기의」에는 '蘇'가 속자인 '蘓'로 되어 있다.

36) 『논어집주』: "소씨가 말했다. '백성은 행동할 때 (통치자가) 몸소 솔선하면 명령을 내리지 않아도 행한다. 백성은 일할 때 (통치자가) 몸소 수고하면 고단하더라도 원망하지 않는다'."(蘇氏曰, '凡民之行, 以身先之, 則不令而行. 凡民之事, 以身勞之, 則雖勤不怨')

해설 '노래(勞來)'는 『시경』 「소아(小雅) · 홍안(鴻雁)」의 모시서(毛詩序)에 나오는 표현으로 '오는 사람을 맞아 위로하다'는 뜻을 지닌다. '노(勞)'를 소식처럼 육체적 노고로 봐서는 안 되고 마음을 써 주는 행위로 봐야 한다고 풀이하는 것 같다.

22. 「자로」 16장

葉公問政, 子曰, "近者說, 遠者來."

섭공이 정치에 대해 묻자, 공자가 말했다. "가까이 있는 이들이 기뻐하며 멀리 있는 이들이 오게 하는 것입니다."

「기의(記疑)」 13-16

'葉公問政, 子曰近者悅, 遠者來'.

'섭공이 정치에 대해 묻자, 공자가 말하기를, 가까이 있는 이들이 기뻐하며 멀리 있는 이들이 오게 하는 것이다'라고 한 부분.

愚恐葉公爲政, 有務遠忽近之病. 故以是告之.

내가 볼 때 섭공은 정치를 하면서 멀리 있는 이에 대해서는 애쓰면서 가까이 있는 이는 소홀히 하는 문제가 있었기 때문에 이렇게 알려주신 것 같다.

해설 이 장에 대해 주희는 "그 은택을 입으면 기뻐하고, 그 풍문을 들으면 오게 된다. 하지만 반드시 가까이 있는 이들이 기뻐한 뒤에야 멀리 있는 이들이 오는 것이다"[37]라고 해석한다. 최명길은 이 해석에 근거하여 섭공에게 가까이 있는 이를 소홀히 하는 문제가 있었다고 추측하는 것 같다.

23. 「자로」 22장

子曰, "南人有言曰'人而無恆, 不可以作巫醫', 善夫!" '不恆其德, 或承之羞'[38], 子曰, "不占而已矣."

공자가 말했다. "남쪽 사람의 말에 '사람이 한결같지 않으면 무당이나 의원도 될 수 없다'라는 말이 있는데, 좋은 말이로구나!" (『주역』의) '덕이 한결같지 않으면 혹 수치를 당한다'는 말에 대해, 공자가 말했다. "점사를 완미하지 않았기 때문일 뿐이다."

「기의(記疑)」 13-22

'不恆其德, 或承之羞, 子曰不占而已矣'.

'덕이 한결같지 않으면 혹 수치를 당한다는 말에 대해, 공자가 말하기를, 점사를 완미하지 않았기 때문일 뿐이다'라고 한 부분.

愚按, 小註陳氏說爲是, 楊氏說可疑.

내가 생각건대, 소주에 있는 진순(陳淳, 1159~1223)의 설명[39]은 옳

37) 『논어집주』: "被其澤則說, 聞其風則來. 然必近者說而後, 遠者來也."

38) 이 구절은 『주역』 항괘(恒卦) 구삼(九三) 효사에 나온다. "덕이 한결같지 않으면 혹 수치를 당하니 점치면 흉하다."(不恒其德, 或承之羞, 貞吝)

39) 『논어집주대전』: "신안 진씨가 말했다. '점치지 않았다는 것은 『주역』에서 말

고, 양시(楊時, 1053~1135)의 설명[40]은 의심스럽다.

해설 양시는 덕이 한결같지 않아 수치를 당하는 것은 점을 안 쳤기 때문이라고 해석하고, 진순은 덕이 한결같지 않아 수치를 당하는 것은 점을 칠 필요도 없이 명백하다고 해석한다. 주희는 양시의 설명을 인정하는 한편 '부점이이(不占而已)'는 점을 안 쳤다기보다는 『주역』을 읽지 않았다는 뜻에 지나지 않는다고 말한다.[41] 이에 반해 최명길은 진순의 해석이 옳다고 평가한다.

24. 「헌문(憲問)」 1장

憲問恥, 子曰, "邦有道穀, 邦無道穀, 恥也."

원헌이 부끄러움에 대해 묻자, 공자가 말했다. "나라에 도가 있을 때도 녹만 받고, 나라에 도가 없을 때도 녹만 받는 것은 부끄러운 것이다."

한 점치지 않아도 믿음직하다(혁괘(革卦) 구오 효사)는 말과 같은 것으로, 한결같지 않은 사람이 수치를 당하는 것은 점쳐보지 않아도 확실하다는 말이다'."(新安陳氏曰, '不占如易所謂不占有孚, 言無常取羞, 不待占筮而信然矣') "신안 진씨가 말했다. '이 장에서 한결같지 않은 자는 비록 천한 역할이라도 할 수 없고 또 치욕을 면할 수 없다고 말함으로써 사람은 결코 한결같지 않아서는 안 된다는 것을 보여주었다'."(新安陳氏曰, '此章謂無恒者, 雖賤役不可爲, 且羞辱不可免, 以見人決不可以無恒也')

40) 『논어집주』: "양씨가 말하기를 '군자가 『역』에 대하여 진실로 그 점사를 완미하면 한결같지 않음이 수치를 당하게 할 것을 알 것이다. 한결같지 않은 것은 점을 치지 않았기 때문이다'라고 했는데, 또한 뜻이 대략 통한다."(楊氏曰, '君子於易苟玩其占, 則知無常之取羞矣. 其爲無常也, 蓋亦不占而已矣', 意亦略通)

41) 『논어집주대전』: "朱子曰, '不占而已, 此只是不讀書之意'."

「기의(記疑)」 14-1

'憲問恥, 子曰邦有道穀, 邦無道穀, 恥也[42]'.

'원헌이 부끄러움에 대해 묻자, 공자가 말하기를, 나라에 도가 있을 때도 녹만 받고, 나라에 도가 없을 때도 녹만 받는 것은 부끄러운 것이다'라고 한 부분.

愚按, 邦有道然後仕, 而食祿乃君子之道. 若邦無道而食祿, 則可耻之甚也.

내가 생각건대, 나라에 도가 있은 후에 벼슬하여 녹을 먹는 것은 군자의 도이다. 만약 나라에 도가 없는데 녹을 먹는 것은 매우 부끄러워할 만하다.

해설 주희는 이 장에 대해 '나라에 도가 있을 때 훌륭한 일을 하지 못하고, 나라에 도가 없을 때 홀로 선하게 하지 못하면서, 다만 녹을 먹을 줄만 아는 것은 모두 부끄러워할 만하다'[43]라고 주석한다. 하지만 최명길은 나라에 도가 있을 때 녹을 먹는 것은 군자로서 마땅한 일이고, 나라에 도가 없을 때는 녹을 먹는 일 자체가 부끄러운 일이라고 해석한다. 이는 '나라에 도가 있으면 마땅히 녹을 먹어야 한다. 군주가 무도한데 그 조정에 있으면서 그 녹을 먹는 것은 치욕이다'[44]라는 공영달의 고주와 같은 입장이다.

---

42) 「논어기의」에는 '邦無道穀, 耻也'가 '邦無道, 耻也也'로 되어 있다. 『논어』 경문을 따라 수정했다.

43) 『논어집주』: "邦有道, 不能有爲, 邦無道, 不能獨善, 而但知食祿, 皆可恥也."

44) 『논어주소』: "邦有道, 當食祿. …君無道, 而在其朝, 食其祿, 是恥辱."

25. 「계씨(季氏)」 4장

孔子曰, "益者三友, 損者三友. 友直, 友諒, 友多聞, 益矣. 友便辟, 友善柔, 友便佞, 損矣."

공자가 말했다. "이로운 벗이 셋 있고, 해로운 벗이 셋 있다. 벗이 곧거나, 참되거나, 견문이 넓으면 이롭다. 벗이 편벽되거나, 잘 영합하거나, 말만 잘 둘러대면 해롭다."

「기의(記疑)」 16-4

'孔子曰益者三友, 損者三友'云云, 註曰'三者損益正相反也'.

'공자가 말하기를, 이로운 벗이 셋 있고, 해로운 벗이 셋 있다'라고 운운한 것에 대해, (주자)주에서 '세 가지 손해와 이익은 서로 정반대이다'라고 한 부분.[45]

해설 이 부분에 대한 최명길의 「기의」는 아래의 16-5에 있다. 최명길은 『논어』의 각 장별로 「기의」를 덧붙였는데 이 「계씨」편 4장은 예외적으로 5장과 한데 묶어 해석하였다.

---

45) 『논어집주』: "'편'은 익숙한 것이다. '편벽'은 위의를 갖추는 것에는 익숙하지만 곧지는 않은 것이다. '선유'는 아부해 기쁘게 하는 기술은 있지만 참되지는 않은 것이다. '편녕'은 말은 익숙하지만 견문의 실질은 없는 것이다. 세 가지 손해와 이익은 서로 정반대이다."('便', 習熟也. '便辟', 謂習於威儀而不直. '善柔', 謂工於媚悅而不諒. '便佞', 謂習於口語, 而無聞見之實. 三者損益, 正相反也)

26. 「계씨」 5장

孔子曰, “益者三樂, 損者三樂. 樂節禮樂, 樂道人之善, 樂多賢友, 益矣. 樂驕樂, 樂佚遊, 樂晏樂, 損矣.”

공자가 말했다. “이로운 즐거움이 셋 있고, 해로운 즐거움이 셋 있다. 예악으로 절제하는 것을 즐거워하고, 남의 좋은 점을 말하는 것을 즐거워하며, 훌륭한 벗을 많이 사귀는 것을 즐거워하면 이롭다. 방자한 쾌감을 즐거워하고, 편히 노는 것을 즐거워하며, 향연의 재미를 즐거워하면 해롭다.”

「기의(記疑)」 16-5

‘孔子曰益者三樂, 損者三樂’云云, 註曰‘三者損益亦相反也’.

‘공자가 말하기를, 이로운 즐거움이 셋 있고, 해로운 즐거움이 셋 있다’라고 운운한 것에 대해, (주자)주에서 ‘세 가지 손해와 이익도 서로 반대된다’고 한 부분.46)

愚按, 孔子所稱三益三損, 各自爲一義. 非必有意於對擧而互言者也. 必求其相反而强爲之說, 則恐失聖人本旨. 詳味其大文與本註之語, 則可見矣.

---

46) 『논어집주』: “‘절’은 (예의) 제도 및 (악의) 소리와 모습의 절도를 분별하는 것이다. 방자하게 즐기면 사치하고 거리낌이 없어 절제를 모르고, 편안히 놀면 게으르고 태만해져 선한 말 듣기를 싫어하고, 향연을 즐기면 음란함에 빠져 소인을 가까이한다. 세 가지 손해와 이익도 서로 반대된다.”(‘節’, 謂辨其制度聲容之節. 驕樂, 則侈肆而不知節. 佚遊, 則惰慢而惡聞善. 宴樂, 則淫溺而狎小人. 三者損益, 亦相反也)

내가 생각건대, 공자가 칭한 세 가지 이익과 세 가지 손해는 각자 그 뜻이 있다. 서로 대비시켜 말한 뜻이 반드시 있었던 것은 아니다. 반드시 상반된 (뜻을) 구해 억지로 해석하려고 한다면 성인의 본래 뜻을 잃지 않을까 싶다. 대문(大文)과 본주(本註)의 말씀을 자세히 음미한다면 (성인의 본래 뜻을 잃었다는 것을) 알 수 있다.

해설 주희는 「계씨」편 4장과 5장 각각에서 말하는 세 가지 손해와 이익이 서로 상반 관계에 있다고 해석한다. 최명길은 이러한 관계를 설정하는 것은 무리한 해석이라고 비판한다.

27. 「계씨」 9장

孔子曰, "生而知之者上也, 學而知之者次也, 困而學之, 又其次也, 困而不學, 民斯爲下矣."

공자가 말했다. "태어나면서 아는 자가 최상이고, 배워서 아는 자가 그 다음이며, 곤란을 겪고 배우는 자가 또 그 다음이다. 곤란을 겪어도 배우지 않는 자는 백성으로 최하가 된다."

「기의(記疑)」 16-9

'孔子曰生而知之者上也, 學而知之者次也, 困而學之, 又其次也, 困而不學, 民斯爲下矣', 言人之氣質[47], 大約有此四等.

'공자가 말하기를, 태어나면서 아는 자가 최상이고, 배워서 아는

47) 『논어집주』에는 '언인지기질부동(言人之氣質不同)'으로 되어 있다.

자가 그 다음이며, 곤란을 겪고 배우는 자가 또 그 다음이고, 곤란을 겪어도 배우지 않는 자는 백성으로 최하가 된다'라고 말한 뜻은 사람의 기질에 대략 이 네 등급이 있다는 것이다.

愚按, 困一也, 而學則爲賢, 不學則爲民. 乃是人事之所致, 非才之罪也. 今謂四等竊所未曉. 楊氏說無乃得之乎?

내가 생각건대, 곤란을 겪는 것은 마찬가지지만 배우면 현인이 되고 배우지 않으면 백성이 된다. 이는 사람이 일삼은 바가 초래한 것이지 재질의 죄가 아니다. 지금 (기질에 대해) 네 등급을 말하는 것은 잘 이해되지 않는다. 양시의 해설[48]이 (제대로) 터득한 것이 아니겠는가?

해설 주희처럼 기질상 차이에 따라 앎과 배움의 자세에서 차이가 난다면 노력으로 어찌할 수 없는 선천적 한계가 그어져 버리는 것이다. 최명길은 기질이 아닌 배우고자 하는 개인의 태도가 차이를 낳는 원인이라고 보면서 주체적 수양을 강조하는 입장에 선다.

28. 「양화(陽貨)」 3장

子曰, "唯上知與下愚不移."

공자가 말했다. "오직 가장 지혜로운 자와 가장 어리석은 자

48) 『논어집주』: "양씨가 말했다. '나면서부터 알았거나 배워서 알았거나 곤란을 겪고 알았거나 비록 그 기질은 같지 않지만 앎에 이르러서는 한가지이다. 그러니 군자는 오직 배움을 귀하게 여긴다. 곤란을 겪고도 배우지 않으면 최하급이 된다'."(楊氏曰, '生知學知以至困學, 雖其質不同, 然及其知之一也. 故君子惟學之爲貴. 困而不學, 然後爲下')

만이 변화시킬 수 없다.”

「기의(記疑)」 17-3

‘子曰唯上知與下愚不移’, 註曰‘人之氣質相近之中, 又有美惡一定, 而非習之所能移者’.

‘공자가 말하기를, 오직 가장 지혜로운 자와 가장 어리석은 자만이 변화시킬 수 없다’라고 한 것에 대해, (주자)주에서 ‘사람의 기질이 서로 비슷한 가운데 또 좋고 나쁨이 (어느) 하나로 정해져 있어서 연마하여 변화시킬 수 있는 것이 아니다’라고 한 부분.

愚按, 孔子所謂‘不移’, 非不能移, 乃不肎移也. 程子之說, 方似無弊.

내가 생각건대, 공자가 ‘불이(不移)’라고 한 것은 변화시킬 수 없다는 것이 아니라 변하려고 하지 않는다는 것이다. 정자의 해설[49]이

49) 『논어집주』: “정자가 말했다. ‘사람의 본성은 본래 선한데 변화시킬 수 없는 경우가 있다는 것은 어째서인가? 본성을 말한다면 모두 선하지만 재질을 말한다면 변화시킬 수 없는 하우(下愚)가 있다. 이른바 하우는 두 종류가 있으니 자포(自暴)하는 자와 자기(自棄)하는 자이다. 사람이 만약 선으로써 자신을 다스린다면 변화하지 못할 것이 없으니, 비록 지극히 어둡고 어리석은 자더라도 모두 차츰 연마하여 나아갈 수 있다. 오직 자포하는 자는 거부하여 믿지 않고, 자기하는 자는 단절하여 행하지 않으니, 비록 성인과 함께 거처하더라도 변화하여 (선으로) 들어갈 수 없으니, 공자께서 말씀하신 하우인 것이다. 그러나 그 기질이 반드시 어둡고 어리석은 것은 아닌데 종종 강포하여 재질과 힘이 남보다 뛰어난 자가 있으니 상나라 신(주왕)이 여기에 해당한다. 성인은 선과 스스로 단절한 사람을 하우라고 불렀는데 그 귀결을 살펴보면 정말로 어리석다’.”(程子曰, ‘人性本善, 有不可移者, 何也? 語其性則皆善也, 語其才則有下愚之不移. 所謂下愚有二焉, 自暴, 自棄也. 人苟以善自治, 則無不可移, 雖昏愚之至, 皆可

폐단이 없는 것 같다.

해설 「계씨」편 9장과 마찬가지로 이 장에서도 주희는 변화시킬 수 없는 타고난 기질을 말한다. 최명길은 변화시킬 수 없는 것이 아니라 변화하려고 하지 않는 것이 문제라는 것을 지적함으로써 「계씨」편 9장에 대한 해석과 같이 후천적 노력을 강조한다.

29. 「양화」 7장

佛肸召, 子欲往, 子路曰, "昔者由也聞諸夫子曰'親於其身爲不善者, 君子不入也.' 佛肸以中牟畔. 子之往也, 如之何?" 子曰, "然. 有是言也. 不曰堅乎, 磨而不磷, 不曰白乎, 涅而不緇. 吾豈匏瓜也哉? 焉能繫而不食?"

필힐이 부르자 공자가 가려고 하니, 자로가 말했다. "옛날 제가 선생님께 듣기로 '직접 선하지 않은 일을 저지른 자에게 군자는 가담하지 않는다'라고 하셨습니다. 필힐은 중모에서 반역을 꾀한 자입니다. 선생님께서 그에게 가시겠다니 어찌 된 일입니까?" 공자가 말했다. "그렇다. 그런 말을 한 적이 있다. 그러나 갈아도 얇아지지 않는다면 견고하다 할 수 있지 않겠느냐? 물들이려 해도 검어지지 않는다면 희다고 할 수 있지 않겠느냐? 내가 어찌 박이겠느냐? 어떻게 매달려만

漸磨而進也. 惟自暴者拒之以不信, 自棄者絶之以不爲, 雖聖人與居, 不能化而入也, 仲尼之所謂下愚也. 然其質非必昏且愚也, 往往强戾而才力有過人者, 商辛是也. 聖人以其自絶於善, 謂之下愚, 然考其歸則誠愚也')

있고 먹기를 구하지 않을 수 있겠느냐?"

「기의(記疑)」 17-7

'吾豈若匏瓜也哉? 焉能繫而不食?'

'내가 어찌 박과 같겠는가? 어찌 매달려만 있고 먹기를 구하지 않을 수 있겠느냐?'라고 한 부분.

愚按, 此註終涉可疑. 無乃匏瓜味苦, 人不食之故歟? 『詩』曰'匏有苦葉'.

내가 생각건대, 이 주[50]는 끝내 의심스럽다. 박은 맛이 써서 사람들이 먹지 않는 것이 아닌가? 『시경』에 이르기를 '박에는 쓴 잎이 있다'[51]라고 했다.

해설 『시경』 구절을 인용하며 주희가 '불식(不食)'이 '먹을 수 없음'을 뜻하는 것이 아니라고 해석한 것에 의문을 제기한다. 주희의 해석대로라면 공자는 세상에 쓰이기를 구하고자 한 것이 되고, 최명길의 해석대로라면 공자는 자신이 세상에 쓰일 수 없는 사람이 아니라는 것을 말하는 것이 된다.

---

50) 『논어집주대전』: "주자께서 말씀하셨다. '불식(不食)은 먹기를 구하지 않는다는 것이지 먹을 수 없다는 것이 아니다. 오늘날 세속에서 말하는 입 없는 박도 이 뜻이다'."(朱子曰, '不食, 謂不求食, 非謂不可食也. 今俗猶言無口匏, 亦此意')

51) 『시경』, 「패풍(邶風) · 포유고엽(匏有苦葉)」: "박에는 쓴 잎이 있고, 제수에는 깊은 나루가 있네. 깊으면 옷 입은 채 건너고, 얕으면 옷 걷고 건너네."(匏有苦葉, 濟有深涉. 深則厲, 淺則揭)

30.「양화」 8장

子曰, "由也! 女聞六言六蔽矣乎?" 對曰, "未也." "居! 吾語女. 好仁不好學, 其蔽也愚. 好知不好學, 其蔽也蕩. 好信不好學, 其蔽也賊. 好直不好學, 其蔽也絞. 好勇不好學, 其蔽也亂. 好剛不好學, 其蔽也狂."

공자가 말했다. "유야, 너는 여섯 가지 말과 여섯 가지 폐단에 대해 들어 본 적이 있느냐?" (자로가) 대답했다. "없습니다." "앉아라. 내가 너에게 말해주겠다. 인을 좋아하면서 배우기를 좋아하지 않으면 그 폐단은 어리석음이다. 지혜를 좋아하면서 배우기를 좋아하지 않으면 그 폐단은 방자함이다. 신의를 좋아하면서 배우기를 좋아하지 않으면 그 폐단은 해침이다. 곧음을 좋아하면서 배우기를 좋아하지 않으면 그 폐단은 가혹함이다. 용감함을 좋아하면서 배우기를 좋아하지 않으면 그 폐단은 세상을 어지럽히는 것이다. 굳세기를 좋아하면서 배우기를 좋아하지 않으면 그 폐단은 과격함이다."

「기의(記疑)」 17-8

'好仁不好學, 其蔽也愚. 好知不好學, 其蔽也蕩'云云, 註曰'蕩謂窮高極廣而無所止', 又曰'勇者剛之發, 剛者勇之體'.

'인을 좋아하면서 배우기를 좋아하지 않으면 그 폐단은 어리석음이다. 지혜를 좋아하면서 배우기를 좋아하지 않으면 그 폐단은 독선이다' 운운한 것에 대해, (주자)주에서 '탕(蕩)은 높고 넓음을 다하여 그치는 곳이 없음을 이른다'라고 한 것과, 또 '용감함은 굳셈의 발로이고, 굳셈은 용감함의 본체이다'라고 한 부분.

愚按, '蕩'乃流蕩失正之意, 如下章所謂'踰大閑'者也. '勇'是果敢, '剛'是堅剛, 皆氣稟之別. 恐不可以體用言也.

내가 생각건대, '탕(蕩)'은 거침없고 넘쳐나서 바름을 잃었다는 뜻이니, 아래 장에 나오는 '중대한 한계를 넘었다'[52]는 것과 같다. '용(勇)'은 과단성 있고 용감하다는 것이고, '강(剛)'은 견고하고 굳센 것이니 모두 품부받은 기질이 다른 것이다. 체용을 가지고 말하면 안 될 것 같다.

해설 최명길은 '탕'을 해석하며 '실정(失正)'이라는 뜻을 분명히 하고, '용'과 '강'이 서로 다른 부류의 기질이므로 주희처럼 체용의 관계에서 설명하는 것은 적절하지 못하다고 평가한다.

52) 「양화」편 16장에 나오는 '탕(蕩)'에 대한 주희의 주석이다.

◎ 일본 『고주논어(古註論語)』와 금본의 상이점에 관한 기록

嘗見日本『古註論語』, 與今本間有不同處, 而年久不能盡記. 姑錄若干章以俟後人採擇云.

일찍이 일본의 『고주논어』를 살펴보니 금본하고 다른 곳이 더러 있었는데, 오래되어 다 기억할 수 없다. 잠시 몇몇 장만 기록하고, (다른 부분은) 후세 사람이 가려서 다루어 말해 줄 것을 기다린다.

'子言衛靈公之無道也', '言'字倭本作'曰'字.

'자언위령공지무도야(子言衛靈公之無道也)'[53]에서, '언(言)'자는 왜본에 '왈(曰)'자로 되어 있다.

'齊必有明衣布', 倭本'布'下有'也'字.

'재필유명의포(齊必有明衣布)'[54]에서, 왜본은 '포(布)'자 아래에 '야(也)'자가 있다.

"宗廟會同非諸侯而何." '而下'二字倭本作'如之何'.

"종묘회동비제후이하(宗廟會同非諸侯而何)"[55]에서 '이하(而下)' 두 글자는

---

53) 『논어』, 「헌문」 20장: "공자께서 위령공의 무도함을 말씀하셨다."

54) 『논어』, 「향당」 7장: "재계하실 때에는 반드시 명의를 입으셨는데 베로 만들었다."

55) 『논어』, 「선진」 25장: "종묘와 회동에 관한 것이니 제후의 일이 아니고 무엇

왜본에 '여지하(如之何)'로 되어 있다.

'恥其言而過其行', 倭本'而'字作'之'字.

'치기언이과기행(恥其言而過其行)'[56]에서, 왜본은 '이(而)'자가 '지(之)'자로 되어 있다.

'不能以禮讓爲國如禮何', 倭本作'如爲國何'.

'불능이예양위국여례하(不能以禮讓爲國如禮何)'[57]에서, 왜본은 ('여례하(如禮何)'가) '여위국하(如爲國何)'로 되어 있다.

'足食足兵民信之', 倭本'民'字上有'使'字.

'족식족병민신지(足食足兵民信之)'[58]에서, 왜본은 '민(民)'자 위에 '사(使)'자가 있다.

愚按, '布'下之有'也'字, 及'而'字之作'之'字, 文義更似明白. 至於'民'字上着一'使'字, 則非但有關文義, 其於爲政之道, 實大有力焉. 而朱子本註緣闕此一字, 直隨文生觧有若以信居於兵食之後. 而自與下章去食存信之意, 未免相戾, 則殊可歎也.

이겠느냐?"

56) 『논어』, 「헌문」 29장: "그 말을 조심하고 행동을 넉넉하게 한다." 왜본대로라면 이 구절은 "말이 행동을 넘어서는 것을 부끄러워한다"로 해석할 수 있다.

57) 『논어』, 「이인」 13장: "예와 겸양으로써 나라를 다스릴 수 없다면 예가 무슨 소용이겠는가?"

58) 『논어』, 「안연」 7장: "양식을 풍족히 하고, 군사를 든든히 하면 백성이 믿을 것이다." 왜본대로 '사'자가 추가되면 "양식을 풍족히 하고, 군사를 든든히 하며, 백성으로 하여금 믿게 한다"로 해석되어 세 요소가 병렬관계에 놓인다.

내가 생각건대, '포(布)'자 아래에 '야(也)'자가 있는 것과 '이(而)'자가 '지(之)'자로 되어 있는 것이 문장 뜻이 더욱 명백한 것 같다. '민(民)'자 위에 '사(使)'자가 있게 된 것은 문장 뜻과 관계될 뿐만 아니라 정사를 행하는 방식에 관해 실로 큰 효력이 있기 때문이다. (그런데) 주자의 본주는 이 한 글자가 빠진 것 때문에 단지 문장을 따라 해석하여 '신(信)'을 '병(兵)'과 '식(食)' 뒤에 둔 것 같다. 그래서 아래 문장의 양식을 버리고 믿음을 보존하는 뜻과 서로 어긋나는 것을 면하지 못했으니 특히 탄식할 만하다.

秦火之後, 更歷許多變故, 經籍訛觖, 多失本旨. 朱子當南渡之後, 廣集諸說, 參互考證. 至於高麗舊本. 福州寫本, 亦皆有取, 則日本『古註論語』, 實自中國流傳, 非倭人所取增減. 則其間豈無可取以備考證者, 而外國書籍無由得傳於中國. 余於頃年因倭館往來人, 偶然得見, 而年久遺忘. 姑記其表表者如右云.

진나라의 분서 이후 다시 허다한 변고를 겪으며 경적은 잘못되어서 본래 뜻을 많이 잃었다. 주자께서 남쪽으로 건너가신 이후 여러 설을 광범위하게 수집하여 서로 참조하여 고증하셨다. 고려 구본과 복주 사본에 이르러 또한 모두 취한 것이 있으니 일본 『고주논어』는 실제 중국으로부터 전해진 것이지 왜인이 취해 증감한 것이 아니다. 따라서 그 안에 어찌 취해서 고증할 만한 것이 없었겠냐마는 외국 서적이 중국에 전해질 방도가 없었다. 근년에 나는 왜관과 왕래하는 사람을 통해 우연히 보게 됐으나 오래되어 잊어버렸다. 잠시 뚜렷이 생각나는 것을 위와 같이 적어 둔다.

(조정은 역)

맹자기의
孟子記疑

與趙飛卿問目

조비경(趙飛卿)에게 보낸 문목(問目)

1. 「고자(告子)-상(上)」 6장

公都子曰, “告子曰‘性無善無不善也’. 或曰‘性可以爲善, 可以爲不善; 是故文武興, 則民好善, 幽厲興, 則民好暴’. 或曰‘有性善, 有性不善, 是故以堯爲君而有象, 以瞽瞍爲父而有舜, 以紂爲兄之子且以爲君, 而有微子啓 王子比干’, 今曰‘性善’, 然則彼皆非與?” 孟子曰, “乃若其情, 則可以爲善矣, 乃所謂善也. 若夫爲不善, 非才之罪也. 惻隱之心, 人皆有之, 羞惡之心, 人皆有之, 恭敬之心, 人皆有之, 是非之心, 人皆有之. 惻隱之心, 仁也, 羞惡之心, 義也, 恭敬之心, 禮也, 是非之心, 智也. 仁義禮智, 非由外鑠我也, 我固有之也, 弗思耳矣. 故曰‘求則得之, 舍則失之’. 或相倍蓰而無算者, 不能盡其才者也. 『詩』曰‘天生蒸民, 有物有則. 民之秉夷, 好是懿德’. 孔子曰‘爲此詩者, 其知道乎! 故有物必有則, 民之秉夷也, 故好是懿德’.”

공도자가 물었다. “고자가 말하길, ‘성은 선함도 없고 선하지 않음도 없다’라고 했다. 혹자가 말하길, ‘성은 선함이 될 수도 있고, 선하지 않음이 될 수도 있다. 이 때문에 문왕과 무왕이 일어나면 백성들이 선함을 좋아하고, 유왕과 여왕이 일어나면 백성들이 포악함을 좋아한다'라고 했다. 혹자가 말하길, '성이 선한 사람도 있고, 성이 선하지 않은 사람도 있다. 그러므로 요를 군주로 삼았는데도 상이 있었으며, 고수를 아버지로 삼았는데도 순이 있었으며, 주왕을 형의 아들로 삼고 또 군주로 삼았는데도 미자 계와 왕자 비간이 있었다'라고 하니, 지금 성이 선하다고 말했는데, 그렇다면 저들은 모두 틀린 것입니까?" 맹자가 말했다. "그 실정으로 말하면 선하다고 할 수 있으니, 이것이 바로 선이다. 선하지 않은 짓을 하는 것으로 말하면 타고난 재질의 죄가 아니다. 측은지심은 사람마다 모두 가지고 있으며, 수오지심은 사람마다 모두 가지고 있으며, 공경지심은 사람마다 모두 가지고 있으며, 시비지심은 사람마다 모두 가지고 있으니, 측은지심은 인이요, 수오지심은 의요, 공경지심은 예요, 시비지심은 지이니, 인·의·예·지가 밖으로부터 나를 녹여서 들어오는 것이 아니요, 내가 본래 갖고 있는 것이지만 사람들이 생각하지 못할 뿐이다. 그러므로 '구하면 얻고, 버리면 잃는다'라고 했으니, 혹은 선과 악의 거리가 서로 배가 되고, 다섯 배가 되어 계산할 수 없는 것은 그 재질을 다하지 못했기 때문이다. 『시경』에 이르기를, '하늘이 여러 백성을 내시니, 사물이 있으면 법칙이 있다. 사람들이 마음에 항상된 본성을 가지고 있으니, 이 아름다운 덕을 좋아한다'라고 했는데, 공자가 말하길, '이 시를 지은 사람은 그 도를 알 것이다. 그러므로 사물이 있으면 반드시 법칙이 있으니, 사람들이 항상된 본성을 가지고 있으므로 이 아름다운 덕을 좋아한다'라고 했다."

「기의(記疑)」 11-6

『孟子』性善章, 註'孟子專指其發於性者言之, 故以爲才無不善, 程子兼指其稟於氣者言之, 則人之才固有昏明强弱之不同. 二說雖殊, 各有所當'.

『맹자』, (「고자상」 11-6) 성선장의 주자주에서 '맹자는 오로지 성으로부터 발한 것만 가리켜 말했으므로 재질에는 선하지 않음이 없다고 여겼다. 정자는 기에서 받은 것을 겸해서 가리켜 말했으니, 사람의 재질에는 본래 우매함과 총명함, 강함과 약함의 다름이 있다. 두 주장이 비록 다르지만, 각각 마땅한 바가 있다'라고 한 부분.[1]

愚意, 理氣妙合無間, 恐不容有發於性, 稟於氣之別, 未知如何. 且觀程張以後諸儒論性, 大略以爲本然之性無不善, 孟子所謂'性善', 是也. 氣質之性有善有不善, 孔子所謂'性相近', 是也. 此乃先儒定論, 後學但當遵守而已. 然凡看聖賢文字, 須研其思索, 論諸朋友, 有以自信, 然後方爲有益. 今以此章論議, 幷將先儒說話反覆參驗, 終不能無疑.

제가 생각건대, 리와 기는 묘하게 합하여 틈이 없으니 아마도 성

1) 『맹자』, 「고자상」 11-6, 주자주: "맹자는 오로지 성에서 드러난 것을 가리켜 말했으므로 재질은 '불선함이 없다'고 말했다. 정자는 기에서 받은 것을 겸하여 가리켜 말했으니, 사람의 재질은 참으로 혼명과 강약의 차이가 있다. … 맹자와 정자의 주장은 비록 다르지만 각각 해당하는 바가 있다."(蓋孟子專指其發於性者言之, 故以爲才'無不善', 程子兼指其稟於氣者言之, 則人之才, 固有昏明强弱之不同矣. … 二說雖殊, 各有所當)

에서 발한 것과 기에서 받은 것을 구별할 수 없을 것 같은데, 어떤지 모르겠습니다. 또 정자와 장자 이후 유학자들이 성을 논한 것을 살펴보건대, 대체로 본연지성은 선하지 않음이 없는데, 맹자가 말한 '성선'이 이에 해당합니다. 기질지성은 선이 있고 선하지 않음이 있는데, 공자가 말한 '성은 서로 가깝다'[2]가 이에 해당합니다. 이는 바로 선배 유학자들의 정론이니, 후학들은 다만 준수해야 할 것입니다. 그러나 무릇 성현의 글을 보면 반드시 그들이 사색한 것을 풀어내고, 벗들과 토론하여 자기 확신이 있은 연후에야 비로소 보탬이 있을 것입니다. 지금 이 장을 가지고 논의하고, 또 선배 유학자들의 이야기를 반복해서 참조하고 징험해보았으나 끝내 의심이 없을 수 없었습니다.

해설 최명길은 『맹자』를 읽고 또 읽어도 『집주』에 대한 의문이 사라지지 않는다고 토로한다. 그는 '리와 기가 묘하게 합해져 있으며 틈이 없기 때문에, 성에서 발한 것과 기에서 받은 것을 구별할 수 없다'라고 주장한다. 이로써 보건대, 최명길은 '리이든 기이든 모두 선에 중점을 두고 있는 것이고, 또 성을 본연지성과 기질지성으로 구별하는 것에 대해 반대한다'라고 추정해볼 수 있다.

蓋性一而已矣. 氣質之性, 便是本然之性, 豈容有二性? 竊詳此章, 公都子問'以堯爲君而有象, 以瞽瞍爲父而有舜', 孟子答曰'乃若其情, 則可以爲善', 是以爲雖以象與瞽瞍之頑戾, 論其情, 則未嘗無善端之萌也. 以此觀之, 孟子所謂性善, 未嘗不兼氣稟而言也. 下章又曰'非天之降才爾殊,

2) 『논어』, 「양화」 17-2: "공자가 말했다. '본성은 서로 비슷하나, 익히는 데서 서로 차이가 난다'."(子曰, '性相近也, 習相遠也')

其所以陷溺其心者, 然也', 是專言物欲之爲害, 而亦未嘗言氣稟之有不善也. 夜氣章曰'日夜之所息, 平旦之氣, 其好惡, 與人相近也, 幾希', 此則又分明挾氣而爲言, 而程張之論, 如是何也.

대개 성은 하나일 뿐입니다. 기질지성이 바로 본연지성입니다. 어찌 두 가지 성이 있을 수 있겠습니까? 제가 살펴보건대, 이 장에서 공도자가 '요를 군주로 삼았지만 상이 있었다. 고수를 아버지로 삼았지만 순이 있었다'라고 묻자, 맹자가 '그 정으로 말하면 선하다고 할 수 있다'3)라고 대답했는데, 이는 비록 상과 고수가 어리석고 사납지만, 그 정을 논하면 선한 단서의 맹아가 없던 적이 없다고 보는 것입니다. 이로써 살펴보면, 맹자가 말한 성선은 기를 받은 것을 겸하여 말하지 않은 적이 없습니다. 아래 장(「11-7」)에서 또 '하늘이 재질을 내림이 이와 같이 다른 것이 아니라, 그 마음을 빠뜨리는 것이 그렇게 만든 것이다'4)라고 하였는데, 이는 전적으로 물욕이 해가 됨을 말한 것이지, 또 기를 받은 것에 선하지 않음이 있음을 말한 적이 없습니다. 「11-8」「고자상」에서 '밤낮으로 자라나는 바와 새벽의 맑은 기에 그 좋아하고 미워함이 남들과

---

3) 『맹자』, 「고자상」 11-6: "혹자가 말했다. '본성이 선한 사람도 있고, 본성이 불선한 사람도 있다. 이 때문에 요를 군주로 삼았는데도 상이 있었고, 고수를 아버지로 삼았는데도 순이 있었고, 주왕을 형의 아들로 삼고 또 군주로 삼았는데도 미자 계와 왕자 비간이 있었다'. … 맹자가 말했다. '그 정으로 말하면 선하다고 할 수 있으니, 이것이 내가 말한 선이다'."(或曰, '有性善, 有性不善, 是故以堯爲君而有象, 以瞽瞍爲父而有舜, 以紂爲兄之子, 且以爲君, 而有微子啓·王子比干'. … 孟子曰, '乃若其情則可以爲善矣, 乃所謂善也')

4) 『맹자』, 「고자상」 11-7: "맹자가 말했다. '풍년에는 자제들이 의뢰함이 많고, 흉년에는 자제들이 포악해짐이 많다. 이는 하늘이 내린 재질이 이처럼 다르기 때문이 아니라 그 마음을 빠뜨리는 것이 그렇게 만들기 때문이다'."(孟子曰, '富歲, 子弟多賴, 凶歲, 子弟多暴, 非天之降才爾殊也. 其所以陷溺其心者然也')

서로 가까운 것이 얼마 되지 않는다'[5]고 하였는데, 이는 또한 분명 기를 겸해서 말을 한 것인데, 정자와 장자의 논의가 이와 같은 것은 어째서입니까?

해설 최명길은 요와 상, 고수와 순을 대비한다. 이들은 겉으로 드러난 기질이 완전히 다르다. 그리고 이들의 행위 양상은 마치 기질의 차이로부터 발생하는 것 같다. 그렇지만 최명길의 관점에서 보면, 기질이 다른 것 같은 요와 상, 고수와 순은 모두 사단이라는 선의 맹아를 갖고 있다. 그리고 사단은 기질로부터 아무런 영향을 받지 않을 뿐 아니라 기를 겸하고 있는 본성이다. 사단이 바로 기를 겸한 순선한 본성이다. 그렇다면 선하지 않음은 어디서 발생하는가? 최명길은, 선하지 않음이 재질로부터 발생하는 것이 아니라고 생각한다. 선하지 않음의 원인은 내부에 있는 것이 아니라 외부 대상이 그렇게 만드는 것이다. 선하지 않음은 외부 대상에게 나의 마음을 잠깐 빼앗기는 것이지 나의 타고난 재질이 나빠서 발생하는 것이 아니다. 이로써 보건대, 최명길은 재질이 어떠하든 사람은 누구나 동일한 마음을 갖고 있으며, 또 이 마음이 바로 선한 본성과 같다고 주장하는 것이다.

愚意, 人之爲生, 受天地之正理, 稟五行之全氣, 與萬物不同. 其間雖不無淸濁粹駁之不齊, 而其湛一淸虛之本體, 未嘗全喪, 故良心之在人, 無

---

5) 『맹자』, 「고자상」 11-8: "맹자가 말했다. '우산의 나무가 아름다웠는데, 대국의 교외에 있었다. 이 때문에 나무꾼들이 나무를 베어갔으니, 아름답게 될 수 있겠는가? 밤에 자라나고 비가 적셔주어서 싹이 자라지 않음이 없는데, 소와 양이 또 따라서 방목되니, 이 때문에 저처럼 민둥하게 되었다. 사람들은 민둥함을 보고서 아름다운 나무가 없었다고 생각한다. 이것이 어찌 산의 본성이겠는가?'"(孟子曰, '牛山之木, 嘗美矣, 以其郊於大國也. 斧斤伐之, 可以爲美乎. 是其日夜之所息·雨露之所潤, 非無萌蘖之生焉, 牛羊又從而牧之. 是以若彼濯濯也, 人見其濯濯也, 以爲未嘗有材焉, 此豈山之性也哉')

間智愚. 雖以下愚, 亦無不知善之可好, 惡之可惡, 如象往入舜宮, 便有忸怩之色, 可見良心之未泯. 其不能擴充是心, 卒陷於不義者, 慾蔽之耳. 恐不可歸咎於稟性之不善也. 若曰性本善而氣質有善有惡, 則是理氣自相隔斷. 有若分爲二物. 天地生物之理, 不應如此. 亦豈不有妨於聖人立教之本意乎? 愚於此不能無疑. 程書楊遵道所問似有所見, 而程子所答未甚分曉, 不能解愚見之惑. 楊說今並錄去, 幸商量見教.

제가 생각건대, 사람은 태어나면서 하늘과 땅의 바른 리를 받고, 오행의 온전한 기를 받아서 만물과 같지 않습니다. 그 사이에 비록 맑고 탁하고 순수하고 잡박함의 차이가 없지 않지만, 그 담일하고 청허한 본체는 완전히 잃어버린 적이 없습니다. 그러므로 사람에게 양심이 있다는 점은 지혜로운 자와 어리석은 자 사이에 차이가 없으니, 비록 하우라고 하더라도, 선은 좋아할 만하고 악은 싫어할 만함을 알지 못함이 없습니다. 예컨대 상이 순임금 궁에 들어가자마자 부끄러운 낯빛을 띤 데서 양심이 사라지지 않음을 알 수 있습니다. 상이 이 마음을 확충하지 못하고, 끝내 의롭지 못한 데 빠진 것은 욕망이 그것을 가린 것이지 부여받은 본성의 선하지 않음에 허물을 돌려서는 안 될 것 같습니다. 만약 성은 본래 선한데 기질에는 선이 있고 악이 있다고 말하면, 이는 리와 기가 본래 서로 사이가 막혀서 두 가지 물건으로 나누어지는 것 같습니다. 하늘과 땅이 만물을 낳는 이치는 응당 이와 같지 않으니, 또 어찌 성인이 가르침을 세운 본의에 방해되지 않겠습니까? 저는 이에 대해 의심이 없을 수 없습니다. 『유서』에서 양준도가 질문한 것은 소견이 있는 것 같은데, 정자의 답변은 그다지 분명하지 않아서 저의 의혹을 풀어주지 못합니다. 양준도의 주장을 지금 함께 기록해서 보내니, 헤아려보시고 가르쳐 주시길 바랍니다.

해설 최명길은 담일청허한 본체로서의 기를 양심이라고 규정한다. 양심은 지혜로운 자이든 어리석은 자이든 혹은 상지이든 하우이든 전혀 차이가 없는 것으로 선을 좋아하고 악을 싫어하는 마음이다. 그리고 선을 좋아하고 악을 싫어하는 마음이 제대로 작동하지 않는 까닭은 기능의 차이에 있는 것이 아니라 외부대상에 사로잡힌 욕망이 '내가 양심을 갖고 있다'라는 사실을 망각하게 만드는 데 있다. 만약 최명길이 양심의 기능 차이를 상정한다면 이는 개개인의 도덕성에 차이를 인정하는 것이니 궁극적으로 그 원인은 기질에서 찾을 수밖에 없을 것이다. 또 최명길이 양심과 별개로 존재하는 사람의 도덕적 보편성을 설정했다면 이는 리에서 그 보편성을 찾아야 할 것이다. 그런데 그는 『집주』에서 주장하는 기질의 차이를 인정하지 않을 뿐 아니라 양심 외에 별도로 존재하는 리를 주장하지도 않는다. 그는 리와 기를 양심이라는 체제 아래 하나로 통합하고 있다. 이로써 보건대, 최명길은 『집주』와 같이 이기심성(理氣心性)의 구도로 『맹자』를 독해하지 않는다. 이는 정자에게 반론을 제기한 양준도의 입장[6]을 옹호하는 지점에서 재차 확인할 수 있다.

問: "先生云'性無不善, 才有善不善', 楊雄 · 韓愈皆說着才. 然觀孟子意, 却似才亦無有不善, 及言所以不善處, 只是云'舍則失之', 不肯言初稟時有不善之才. 如云'非天之降才爾殊', 是不善不在才, 但'以凶歲陷溺之耳'. '又觀牛山之木, 人見其濯濯也, 以爲未嘗有材焉, 此豈山之性', 是山之性, 未嘗無材. 只爲斧斤牛羊害之耳. 又云'人見其禽獸也, 以爲未嘗有材焉, 是豈人之情也哉'. 所以無才者, 只爲'旦晝所爲, 又梏亡之耳'. 又云'乃若其情, 則可以爲善矣. 乃所謂善也, 若夫爲不善, 非才之罪也', 則是以情觀之, 而才未嘗不善. 觀此數處, 竊疑才是一箇爲善之資. 譬作

6) 최명길은 『이정유서』, 「19-37」 가운데 양준도의 주장을 부분 발췌하여 자신의 논거로 활용한다. 양준도는 '『맹자』 원문을 갖고 미루어 보면, 성(性), 정(情), 재(才) 모두 재질과 관련되어 있을 뿐 아니라 선하지 않음이 없다'고 주장하면서 정이천이 선악의 가능성을 재질에서 찾는 것을 반박한다.

一器械，須有器械材料，方可爲也．如云‘惻隱之心，仁也’云云，故曰‘求則得之，捨則失之，或相倍蓰而無算者，不能盡其才也’，則四端者，便是爲善之才．所以不善者，以不能盡此四端之才也．觀孟子意，似言性情才三者，皆無不善．亦不肯於所稟處說不善．今謂才有善不善，何也？…[7]”
先生云：“上智下愚，便是才，‘以堯爲君而有象，以瞽瞍爲父而有舜’，亦是才，然孟子只云‘非才之罪’者，蓋公都子正問性善，孟子且答他正意，不暇一一下之，又恐失其本意 ….”

양준도가 물었다. “선생께서 말씀하시길, ‘성은 선하지 않음이 없고, 재질에 선과 선하지 않음이 있다’고 했는데, 양웅과 한유는 모두 재질을 말했습니다. 그러나 맹자의 뜻을 살펴보면, 도리어 재질도 선하지 않음이 없는 것 같습니다. 선하지 않은 까닭을 말한 부분에 이르러서는 단지 ‘놓아버리면 잃어버린다’라고 말하였고, 처음 받을 때 선하지 않은 재질이 있다고 말하려고는 하지 않았습니다. 예컨대 ‘하늘이 내린 재질이 다른 것이 아니다’라고 말한 것은 선하지 않음이 재질에 있지 않고, 단지 ‘흉년에 그 마음을 빠뜨렸기 때문입니다.’ 또 ‘우산지목장을 살펴보면, 사람들은 그 민둥한 것을 보고서 거기에 재목이 없었다고 생각한다. 이것이 어찌 산의 성이겠는가?’[8]라고 하니, 이 산의 성은 재목이 없던 적이 없었는데, 단지 벌목 도구와 소, 양이 그것을 해칠 뿐입니다. 또 말하기를, ‘사람들은 그 금수 같은 짓을 보고서 거기에 재질이 없었다고 생각한다. 이것이 어찌 사람의 실정이겠는가?’[9]라고 하였는데, 재

7) 이곳과 다음 문장의 생략기호는 『이정유서』의 원문에서 생략된 것을 표시한 것이다.

8) 『맹자』, 「고자상」 11-8: “우산의 나무 … 사람들은 민둥함을 보고서 아름다운 나무가 없었다고 생각한다. 이것이 어찌 산의 본성이겠는가?”(牛山之木, … 人見其濯濯也, 以爲未嘗有材焉. 此豈山之性也哉?)

목이 없는 까닭은 단지 '아침과 낮으로 하는 바가 또 그것을 구속시켜서 없앴기 때문입니다.'[10] 또 말하길, '그 실정으로 말하면 선하다고 할 수 있다. 이것이 이른바 선이다. 만약 저렇게 선하지 않은 짓을 한다면 재질의 죄가 아니다'[11]라고 하였는데, 이는 실정으로 살펴본다면 재질은 선하지 않은 적이 없었다는 것입니다. 여기 여러 단락을 살펴보건대, 제 생각에 재는 선을 행하는 자질인 것 같습니다. 예컨대, 기계를 하나 제작한다면 반드시 기계의 재료가 있어야 비로소 만들 수 있는 것과 같습니다. 가령 '측은지심은 인이다'라고 운운했으므로, '구하면 얻고, 버리면 잃는다고 말하는 것이니, 혹은 선악의 거리가 서로 배가 되고, 다섯 배가 되어 계산할 수 없는 것은 그 재질을 다하지 못했기 때문이다'라고 말했습니다. 그렇다면 사단은 선을 행하는 재질이 됩니다. 선하지 않은 까닭은 이 사단의 재질을 다할 수 없었기 때문입니다. 맹자의 뜻으로 살펴보면, 성·정·재 세 가지는 모두 선하지 않음이 없음을 말한 것 같습니다. 또 품수한 곳에서 선하지 않음을 말하지 않으려고 한 것 같습니다. 지금 재는 선과 선하지 않음이 있다고 말하는 것은 어째서입니까? …"[12] 이천 선생이 답했다. "상지와 하우의 차이

---

9) 『맹자』, 「고자상」 11-8: "사람들은 금수 같은 모습을 보고서 훌륭한 재질이 없다고 생각하는데, 이것이 어찌 사람의 실정이겠는가?"(人見其禽獸也, 而以爲未嘗有才焉者. 是豈人之情也哉?)

10) 『맹자』, 「고자상」 11-8: "밤에 자라남과 아침의 맑은 기운에 그 좋아하고 싫어함이 남들과 서로 가까운 것이 얼마 되지 않는데, 낮에 하는 행실이 이것을 망쳐놓는다."(其日夜之所息·平旦之氣, 其好惡與人相近也者幾希, 則其旦晝之所爲, 有梏亡之矣)

11) 『맹자』, 「고자상」 11-6: "맹자가 말했다. '그 정으로 보자면 선하다고 할 수 있으니, 이것이 내가 말한 선이다. 불선을 하는 것으로 말하면 재질의 죄가 아니다'."(孟子曰, '乃若其情則可以爲善矣, 乃所謂善也. 若夫爲不善, 非才之罪也')

는 재질 때문이다. '요를 군주로 삼았지만 상이 있었다. 고수를 아버지로 삼았지만 순이 있었다'라는 것 또한 재질 때문입니다. 그런데 맹자가 단지 '재질의 죄가 아니다'라고 말한 것은 아마도 공도자가 성선을 단도직입적으로 물었는데, 맹자는 우선 그에게 곧장 의미를 일일이 분별해줄 겨를이 없었고, 또 아마도 질문의 본의를 잃어버린 것 같습니다.13) …14)"

해설 최명길은 『이정유서』, 「19-37」에서 '양준도가 이정에게 재질 또한 선한 것이 아니냐?'라고 질문한 구절이 『맹자』의 본의를 잘 파악한 것이라고 주장한다.

2. 「진심(盡心)-상(上)」 1장

孟子曰, "盡其心者, 知其性也. 知其性, 則知天矣. 存其心, 養其性,

---

12) 『이정유서』, 「19-37」, "혹자가 말했다. '선의 바탕은 본성이고, 선을 하고자 함은 정이고, 선을 할 수 있음은 재질이라고 하는데, 어떻게 생각합니까?'"(或云, '善之地便是性, 欲爲善便是情, 能爲善便是才, 如何?')

13) 『이정유서』, 「19-37」. 이 부분은 발췌 인용한 것이다.

14) 『이정유서』, 「19-37」, "예컨대 만장이 상이 순을 죽이려고 한 일을 물었다. 요임금은 이미 두 딸을 순에게 시집보냈고 번갈아 빈주가 되었다. 당시 이미 순은 거의 임금이 되었으니, 어찌 다시 지붕을 고치고 우물을 파는 일이 있었겠는가? 상은 두 형수에게 집을 다스리게 하려고 했다. 당시에 요임금이 제위에 있었는데, 상이 도리어 순을 죽여서 제거한 후에 요임금의 두 딸을 취하겠다고 계략을 세운 것에 대해 요는 간파하고 있지 않았을까? 요는 반드시 이런 일이 일어나지 않게 했을 것이다. 그렇다면 맹자가 일일이 변론할 겨를이 없어서 우선 아래와 같은 뜻으로 답했다."(如萬章問象殺舜事, 夫堯已妻之二女, 迭爲賓主, 當是時, 已自近君, 豈復有完廩浚井之事? 象欲使二嫂治棲, 當是時, 堯在上, 象還自度得道殺却舜後, 取其二女, 堯便了得否? 必無此事. 然孟子未暇與辨, 且答這下意)

所以事天也. 殀壽不貳, 修身以俟之, 所以立命也.”

맹자가 말했다. “그 마음을 다하는 사람은 자신의 본성을 알게 된다. 자신의 본성을 알면 하늘을 알게 된다. 자신의 마음을 보존하여 자신의 본성을 기름은 하늘을 섬기는 것이다. 요절하거나 장수하는 데에 의심하지 않고, 자신을 닦고 하늘의 명을 기다림은 명을 세우는 방법이다.”

「기의(記疑)」 13-1

盡心章註‘天又理之所從出’, 此語不能無疑. 天卽理也, 不容有分別. 若以性字易理字, 恐或穩帖. 蓋性者以人所稟受而言, 理則是公共之摠名. 其命名之意, 似稍不同也.

진심장의 주자주에서 ‘하늘은 또 리가 나온 근원이다’15)라고 했는데, 이 말은 의심하지 않을 수 없습니다. 하늘이 곧 리이니, 하늘과 리를 분별할 수 없습니다. 만약 ‘리’자를 ‘성’자로 바꾸면 온당할 것 같습니다. 성은 사람이 부여받은 것을 가지고 말한 것이고, 리는 공용공통의 총 명칭이기 때문에, 그 명명한 의미가 조금 다른 것 같습니다.

해설 최명길은 ‘성은 사람이 부여받은 것이고, 리는 공용공통의 총명칭이다’라고 주장한다. 이 말은 주희의 관점과 미묘한 차이가 있다. 만약 주희가

15) 『맹자』, 「진심상」 13-1 주희주: “마음은 사람의 신명으로, 모든 이치를 갖추어서 모든 일에 대응하는 것이다. 본성은 마음에 갖추어진 이치이고, 하늘은 이치가 나오는 근원처이다.”(心者, 人之神明, 所以具衆理而應萬事者也. 性則心之所具之理, 而天又理之所從以出者也)

최명길과 함께 대화를 나눈다면, 주희는 분명 '성은 사람이 부여받은 것이고'를 '사람이 부여받은 리를 가리켜 성이다'로 고쳐줄 것이다. 또 그는 '리는 공용공통의 총명칭이다'를 '리는 태극으로 만물이 부여받은 성의 본원이다'로 바로잡을 것이다.[16] 이 같은 논조는 조익의 답변 속에서도 엿보인다.

此章末端圓註'知天而不以夭壽貳其心, 智之盡也. 事天而能修身以俟死, 仁之至也'.[17]

이 장 말단의 주자주에서 '하늘을 알아서 요절과 장수로 자기 마음이 흔들리지 않음이 지를 다함이다. 하늘을 섬겨서 자신을 닦아 죽음을 기다릴 수 있음이 인의 지극함이다'라고 말했다.

愚意, '存心''養性'以下二章, 皆就行上作一滾說話. 今以'夭壽不貳'屬之知, 而與'盡心''知性'相應, 以'修身以俟'屬之行, 而與'存心''養性'相應,

---

16) 『어류』, 「94:25」: "물었다. '선생님이 태극을 설명하면서 이 성이 있으면 음양오행이 있다고 말씀하셨는데, 여기서 말한 성은 어떤 것입니까?' 대답했다. '이건 나의 예전 생각인데, 근자에 다시 따져보니 아닌 것 같다. 이 성이란 글자는 하늘에서 받은 것으로 말했다. 태극이라면 마땅히 리라고 말해야 하고, 이는 본래 바꿀 수 없는 것이다. 『역경』에서 말하기를, 일음과 일양을 도라고 하고, 이를 잇는 것을 선이라 하고, 이를 이루는 데에 이르러야 비로소 성이라고 한다고 하였다. 이는 하늘이 사람과 동물에게 부여한 것이자 사람과 동물이 하늘에서 받은 것이다."(問: '先生說太極有是性則有陰陽五行云云, 此說性是如何?' 曰: '想是某舊說, 近思量又不然. 此性字爲稟於天者言. 若太極, 只當說理, 自是移易不 得. 易言一陰一陽之謂道, 繼之者則謂之善, 至於成之者方謂之性. 此謂天所賦於人物, 人物所受於天者也') 寓(61이후).

17) 『맹자』, 「진심상」 13-1 주자주: "하늘을 알아 요절과 장수로 그 마음을 의심하지 않음이 지혜의 지극함이요, 하늘을 섬겨 자신을 닦아 죽음을 기다릴 수 있음이 인의 지극함이다."(知天而不以夭壽貳其心, 智之盡也, 事天而能修身以俟死, 仁之至也)

則竊恐過於分劈. 孟子立言本意或不如此, 未知如何.

제가 생각건대, '존심양성' 아래 두 장은 모두 행위의 차원에서 하나로 뒤섞어 말한 것입니다. 지금 '요절과 장수로 마음이 흔들리지 않는다'라는 것을 지에 소속시켜서 '진심지성'과 서로 대응시키고, '자신을 닦아서 죽음을 기다린다'라는 것을 행에 소속시켜서 '존심양성'과 서로 대응시킨 것은, 제 생각에는 너무 지나치게 분석한 것 같습니다. 맹자가 말한 본래 뜻이 아마도 이와 같지 않을 것 같습니다. 어떨지 모르겠습니다.

해설 이 말의 요지는 '『집주』에서 요수불이(夭壽不貳)와 수신이사(修身以俟)를 각각 진심지성(盡心知性)과 존심양성(存心養性)으로 나누고, 이 구절들을 다시 지(知)와 행(行)으로 분속시키는 것이 지나치다'는 것이다. 최명길의 관점에서 보면, 요절과 장수로 마음이 흔들리지 않는 것이든 자신을 닦아서 죽음을 기다리는 것이든 모두 행위의 차원에 속하는 것이다. 게다가 『맹자』에서 본성과 마음을 명확하게 구별하고 있지 않음에도 불구하고, 『집주』에서 이 구절들을 지와 행으로 분속하는 것은 맹자의 본래 취지와 맞지 않는 것이다.

此章程張諸賢之論, 不專屬知, 而以'知性''知天'爲'盡心'之效. 朱子以爲'物格''知止'之效而以'知性'居'盡心'之前. 此尤可疑. 蓋學問緊要, 專在'盡心'上. '博學''詳說', 所以求明乎此心也. '擴充四端', 所以求盡乎此心也. 至於誠立明通本體瑩然, 則性與天不外是矣. 此所謂'下學而上達', 曾子所以一唯於積學之後者也. 未能盡心而先欲從事於性與天之妙, 則浩浩茫茫都無下手處, 不幾於工夫倒置乎. 愚意從程說爲是, 未知如何.

이 장에서 정자[18], 장자[19], 현인들의 논의는 오로지 지에만 소속시키지 않고 '지성지천'을 '진심' 공부의 효과로 삼았습니다. 그런데 주자는 '마음을 다한다'를 '사물이 궁구되다'와 '그칠 데를 알다'의 공부 효과로 삼아서 '성을 알다'를 '마음을 다한다'의 앞에 두었습니다. 이는 더욱 의심할 만합니다. 왜냐하면 학문의 핵심은 '마음을 다하다'라는 데 있기 때문입니다. '넓게 배우다'와 '상세하게 말하다'[20]는 것은 이 마음을 밝히려는 것이고, '사단을 확충한다'는 이 마음을 다하길 구하기 위한 것입니다. 성실함이 확립되고 밝음이 통하여 본체가 밝아지는 데 이르면 성과 하늘은 이를 벗어나지 않습니다. 이것이 이른바 '아래로 사람의 일을 배워서 위로 하늘의 이치에 통달한다'[21]는 것이고, 증자가 학문을 쌓은 후에 재빨리 '예'[22]라고 대답한 까닭입니다. 아직 마음을 다할 수 없는데,

---

18) 『유서』, 「25-45」: "맹자가 말했다. '그 마음을 다하는 사람은 그 본성을 안다. 그 본성을 알면 하늘을 안다'. 마음, 본성, 하늘 세 가지는 다르지 않다." (孟子曰: '盡其心者, 知其性也. 知其性則知天矣'. 心也, 性也, 天也, 非有異也)

19) 『장자어록』, 「2-55」: "자하는 아직 완전하게 자신을 돌아보지 못한 부분에서 다시 자신을 돌아볼 수 있었다. 고자는 머물고 도달한 부분에서 아직 미치지 못한 부분을 말했고, 맹자는 머물고 도달한 부분에서 형언하기 어려운 부분을 말했다. 그런즉 고자가 보고 말한 것과 맹자가 지키고 보는 것을 알 수 있다. 명을 알지 못하면 큰 것을 믿음이 없으므로 명이 선 이후에 마음이 성실해진다. 성실하면 진실하다. 태허는 하늘의 진실함이다. 만물은 태허에서 만족을 얻고, 사람 또한 태허에서 나온다. 태허는 마음의 진실함이다."(子夏未盡反身處, 可更求之〈題不動心章〉. 告子所止到已言所不及處, 孟子所止到已所難名處, 然則告子所見所言與孟子所守所見, 可知矣. 不知命〈同上〉, 則大無信, 故命立而後心誠〈題盡心章〉, 誠則實也. 太虛者, 天之實也. 萬物取足於太虛, 人亦出於太虛, 太虛者, 心之實也)

20) 『맹자』, 「이루상」 8-15: "맹자가 말했다. '널리 배우고 상세하게 말함은 돌이켜서 요약함을 뜻한다'."(孟子曰, '博學而詳說之, 將以反說約也')

21) 『논어』, 「헌문」 14-37: "자공이 말했다. '"어찌하여 선생님을 알아주는 이가 없습니까?' 공자가 말했다. '하늘을 원망하지 않고, 다른 사람을 탓하지 않고, 세상사를 배우면서 하늘의 이치를 통달하였으니, 나를 알아주는 이는 하늘일 것이다'."(子貢曰, '何爲其莫知子也'. 子曰, '不怨天, 不尤人, 下學而上達, 知我者, 其天乎') 원문의 맥락상, 하학은 진심(盡心)을, 상달은 지천(知天)을 나타내는 것 같다.

먼저 성과 하늘의 오묘함을 일삼으려고 한다면 넓고 망망하여 전혀 착수할 곳이 없게 되니, 거의 공부의 순서가 바뀐 것이 아니겠습니까? 제 생각에는 정자의 주장을 따르는 것이 옳을 것 같은데, 어떤지 모르겠습니다.

程子曰, "心具天德, 心有不盡, 則便是天德處, 有未盡, 何緣知性知天? 盡己心, 則能盡人盡物, 與天地參, 贊化育, 則直養之而已."

정자가 "마음은 하늘의 덕을 갖추고 있는데, 마음에 다하지 못함이 있다면 이는 하늘의 덕을 다하지 못함이 있는 것이니, 어떻게 성을 알고 하늘을 알겠는가? 자기 마음을 다하면 다른 사람의 성을 다 발휘하게 할 수 있고 사물의 성을 다 발휘할 수 있게 한다. 하늘·땅과 함께 참여하여 만물을 만들어 길러내는 데 도울 수 있으니[23], 곧게 기를 수 있다"[24]라고 했다.

---

22) 『논어』, 「헌문」 4-15: "공자가 말했다. '삼아! 우리의 도는 하나의 이치로 만 가지를 꿰뚫어 보는 것이다'. 증자가 대답했다. '네'."(子曰, '參乎, 吾道, 一以貫之', 曾子曰, '唯')

23) 『중용』 22장: "오직 천하의 지극히 성실한 사람만이 그 성을 다할 수 있다. 그 성을 다할 수 있으면 사람의 성을 다할 수 있고, 사람의 성을 다할 수 있으면 사물의 성을 다할 수 있고, 사물의 성을 다할 수 있으면 천지의 화육을 도울 수 있다. 천지의 화육을 도울 수 있으면 천지와 함께 참여할 수 있다." (惟天下至誠, 爲能盡其性, 能盡其性, 則能盡人之性, 能盡人之性, 則能盡物之性, 能盡物之性, 則可以贊天地之化育, 可以贊天地之化育, 則可以與天地參矣)

『유서』, 「18-2」: "물었다. '사람들이 하는 말 중에 사람의 도를 다한 것을 인이라 하고, 하늘의 도를 다한 것을 성이라고 하는데, 이 말은 어떻습니까?' 대답했다. '이 말은 본래 병통이 없다. 그러나 의미를 부여하면 옳지 않다. 어찌 사람의 도를 알면서 하늘의 도를 모르는 경우가 있겠는가? 도는 한 가지이다. 어찌 사람의 도는 사람의 도이고 하늘의 도는 하늘의 도이겠는가? 『중용』에서 말하기를, 자기의 성을 다하면 사람의 성을 다할 수 있고, 사람의 성

해설 최명길은 주희의 논리를 따르지 않는다. 그는 이에 대한 근거로 정자(程子), 장자(張子) 등의 주장을 제시한다. 주희는 앎을 가장 소중한 공부 방법이라고 생각한다. 이 때문에 그는 '성을 알다(知性)'를 '마음을 다하다(盡心)'보다 앞세운다. 최명길의 시각에서 보면, 이는 현인들의 주장과 다를 뿐 아니라 『맹자』의 원래 취지와도 어긋나는 것이다. 공부는 모두 자신의 마음을 확립하는 것과 관련되어 있다. 자신의 마음이 확립되면 본체가 밝혀진다. 그리고 본체가 밝혀지면 성을 알고 하늘을 아는 것은 이를 벗어나지 않게 된다. 예컨대 아래로 사람의 일을 배우고 위로 하늘의 이치에 통달하는 것과 같다. 쇄소응대(灑掃應對)와 같은 소소한 일상공부로부터 시작하지 않으면 그 마음이 고원한 데로 흘러가서 공부에 착수조차 하지 못하게 되는 것이다. 따라서 이 구절은 주희의 공부 방법을 비판하는 것일 뿐 아니라, 또 주희가 『맹자』를 오독하는 것이라고 꼬집는 것이라고 할 수 있다.

3. 「진심(盡心)-하(下)」 24장

孟子曰, "口之於味也, 目之於色也, 耳之於聲也, 鼻之於臭也, 四肢

을 다하면 사물의 성을 다할 수 있고, 사물의 성을 다하면 천지의 화육을 도울 수 있다고 하였다. 이 말에서 사람의 도와 하늘의 도가 어떤 관계인지를 알 수 있다'."(問曰: '人有言, 盡人道謂之仁, 道天道謂之聖, 此語何如?' 曰: '此語固無病, 然措意未是, 安有知人道而不知天道者乎? 道一也, 豈人道自是人道, 天道自是天道, 中庸言盡己之性, 則能盡人之性, 能盡人之性, 則能盡物之性, 能盡物之性, 則可以贊天地之化育, 此言可見矣')

24) 『이정유서』, 「5-27」: "마음이 하늘의 덕을 갖추고 있다. 마음에 다하지 못하는 부분이 있으면 하늘의 덕을 다할 수 없는 부분이 있게 되니, 무엇을 인연으로 본성을 알고 하늘을 알겠는가? 자기 마음을 다하면 사람의 마음을 다할 수 있고 사물의 마음을 다할 수 있으니, 이는 천지의 함께 참여하여 화육을 도울 수 있는 것이다. 천지의 화육을 도울 수 있다면(어떤 판본에는 '찬'자가 없다.) 곧장 이를 기를 수 있다."(心具天德, 心有不盡處, 便是天德處未能盡, 何緣知性知天? 盡己心, 則能盡人盡物, 與天地參, 贊化育. 贊〈一本無贊字〉. 則直養之而已)

之於安佚也, 性也, 有命焉, 君子不謂性也. 仁之於父子也, 義之於君臣也, 禮之於賓主也, 智之於賢者也, 聖人之於天道也, 命也, 有性焉, 君子不謂命也."

맹자가 말했다. "입과 맛의 관계, 눈과 외부 대상의 관계, 귀와 소리의 관계, 코와 냄새의 관계, 사지와 안일의 관계는 본성이나, 명에 달려 있다. 그러므로 군자는 이것을 성이라고 하지 않는다. 인과 부자의 관계, 의와 군신의 관계, 예와 빈주의 관계, 지와 현자의 관계, 성인과 천도의 관계는 명이나, 본성에 달려 있다. 그러므로 군자는 명이라고 하지 않는다."

「기의(記疑)」 14-24

"仁之於父子也, 義之於君臣也, 禮之於賓主也, 知之於賢否也, 聖人之於天道也, 命也, 有性焉. 君子不謂命也." 程子曰'仁義禮智天道在人, 則賦於命者, 所稟有淸濁厚薄. 然而性善可學而盡, 故不謂之命也', 朱子亦從此說.

"인이 어버이와 자식에 대한 것, 의가 군주와 신하에 대한 것, 예가 손님과 주인에 대한 것, 지가 능력 있는 자와 그렇지 않은 자에 대한 것, 성인이 하늘의 법도에 대한 것은 명이 있으나 성에 있다. 군자는 명이라고 하지 않는다."[25] 정자가 '사람에게 있는 인

25) 『맹자』, 「진심하」 14-24: "인이 부자 관계에 대해서, 의가 군신 관계에 대해서, 예가 빈주 관계에 대해서, 지가 현자 관계에 대해서, 성인이 천도에 대해서 명이나, 본성에 있다. 군자는 명이라고 말하지 않는다."(仁之於父子也, 義之於君臣也, 禮之於賓主也, 智之於賢者也, 聖人之於天道也, 命也, 有性焉, 君子不謂命也)

의예지와 하늘의 법도는 하늘의 명에서 부여한 것인데, 품수한 것에는 맑고 탁하고 두텁고 박함이 있다. 그러나 본성이 선함은 배워서 다할 수 있으므로 명이라고 하지 않는다'[26]라고 했고, 주자 또한 이 주장을 따랐습니다.

愚按, 仁義禮智固可如此說. 聖人天道一段, 終覺有碍. 聖人豈可以氣稟清濁言之耶? 反覆思量未曉所謂, 竊疑孟子本意, 非指氣稟而言, 乃言其所遇之有幸不幸耳. 孝如大舜而父有瞽瞍, 忠如三仁而君有商紂, 此人倫之變也. 堯湯遭水旱, 孔子厄陳蔡, 此天道之變也. 然皆不以所遇之不幸委之於命, 而各盡其所性之當然. 此則所謂君子不謂命者也. 如是爲言, 似稍可通, 未知如何.

제가 생각건대, 인의예지는 진정 이와 같이 말할 수 있습니다. '성인과 하늘의 법도' 한 단락은 끝내 걸리는 것이 있는 듯합니다. 성인을 어찌 기품의 맑고 탁함으로 말할 수 있겠습니까? 반복해서 생각해보더라도 말한 바를 모르겠습니다. 이른바 제 생각에 맹자의 본래 뜻은 기품을 가리켜 말한 것이 아니라 그 만나는 바의 행·불행이 있음을 말한 것일 뿐입니다. 위대한 순의 효성으로도 고수와 같은 아버지가 있었고, 세 사람의 어진 신하의 충성스러움에도 상나라 주와 같은 군주가 있었다. 이는 인륜의 매우 특수한 상황

26) 『이정유서』, 「19-59」: "감각기관과 사지의 욕구는 본성이지만, 각기 직분이 있다. 우리가 반드시 이 작용을 일으킬 수 있다고 말해서는 안 되니, 이것이 명이다. 인의예지와 천도는 사람의 경우에 대해서 명에서 받은 것이고, 받은 데에 두텁고 박함이 있으니, 이것이 명이다. 그러나 본성에 있는 것은 배울 수 있으므로 군자를 명이라고 말하지 않는다."(口目耳鼻四支之欲, 性也, 然有分焉, 不可謂我須要得, 是有命也. 仁義禮智天道在人, 賦於命有厚薄, 是命也, 然有性焉, 可以學, 故君子不謂命)

입니다. 요와 탕은 홍수와 가뭄을 만났고, 공자는 진나라와 채나라 사이에서 곤란을 당했습니다. 이는 하늘의 법도에 특수한 상황입니다. 그러나 모두 만난 바의 불행을 운명으로 돌리지 않고, 각자 성의 당연함을 다했습니다. 이는 이른바 군자가 명이라고 하지 않는다는 것입니다. 이와 같이 말하면 조금 통할 수 있을 것 같은데, 어떤지 모르겠습니다.

해설 이 구절을 『집주』의 관점으로 해석하면, 인의예지를 논한 부분은 납득할 만하다. 그렇지만 성인과 천도의 관계는 이해하기 어렵다. 예컨대 사람은 하늘로부터 인의예지를 품수했다는 측면에서 명(命)을 논할 수 있고, 또 인의예지의 실현 여부는 각기 품수한 기질의 차이로 인해서 결과가 달라질 수 있다. 다만 해당 구절의 구조상, 인의예지에 대한 해석 방법은 성인과 천도의 관계에도 적용되어야 한다. 이 같은 도식을 해당 구절에 적용하면, 성인 또한 기품의 청탁으로 논의되어야 한다. 이 지점이 바로 최명길이 정자나 『집주』의 관점을 받아들일 수 없는 까닭이다. 최명길은 '명(命)'을 품수의 의미로 해석하지 않는다. 예컨대 순과 같은 성인이라고 하더라도, 고수나 상과 같은 선하지 않은 사람과 인륜관계를 형성할 수 있다. 이는 순이 성인이라는 사실과 전혀 무관한 것이다. 최명길은 성인의 곤란한 상황을 행(幸)과 불행(不幸)의 구도로 해석한다. 그리고 그는 '어떤 누구도 이 상황을 피할 수 없기 때문에, 이를 운명(命)이다'라고 주장한다. 그렇다면 불행한 운명에 처한 사람은 어떻게 해야 하는가? 아무것도 하지 말아야 하는가? 만약 아무것도 하지 않는다면 그 사람은 윤리적 책임을 피할 수 있는가? 최명길은 명을 어찌할 수 없는 외부조건으로 본 것이다. 그리고 그는, 설령 불행한 운명에 처했다고 하더라도 사람은 마땅히 할 일을 해야 한다고 주장한다. 최명길은 사람의 윤리적 당위성을 인의예지, 즉 본성에 두었다. 따라서 최명길은 명을 운명으로 해석함으로써 해당 구절 해석의 논리적 일관성을 유지하려 했다고 할 수 있다.

趙飛卿答書 浦渚先生

조비경의 답서. 포저 선생.

初段'性善章'云云

첫 번째 부분에서 '『맹자』, 성선장(11-6)'을 말한 부분.

孟子程子之言, 所指各殊, 故其言不得不異也. 然其言皆是也. 孟子蓋爲人不知性之本善, 各徇其意之所便, 而不務爲善, 故專言性善, 欲使人知性之善也. 夫性之本, 則善而已. 聖人與衆人, 其本性, 則一也. 孟子之所指卽此也. 性雖本同, 氣稟有異. 蓋性本一理也. 理豈有不同哉. 至合於氣而爲人爲物, 則其氣淸濁粹駁, 有萬不同, 由其所合之氣不同, 故性亦不能不異. 程子所謂氣質之性, 是也. 譬之水焉, 水之本, 則淸而已. 至混於泥沙, 則爲濁. 其淸者, 本然之性也. 帶泥而濁者, 氣質之性也. 人之智愚賢不肖, 萬殊, 此非由氣質之殊耶. 其有愚不肖, 非氣質有汚濁之驗耶. 雖其愚不肖者, 或時有善心之發, 此非其性本善之驗耶? 孟子亦云'雖有不同, 則地有肥磽, 雨露之養, 人事之不齊也'. 夫地之肥磽, 如氣質之淸濁, 雨露之養, 如世敎之明晦, 人事之不齊, 如學與不學 · 修與不修也. 然則孟子亦不謂氣質皆同也. 台意, 謂人之爲惡, 但有物欲之害而已. 氣質爲累, 則無之. 如是, 則聖人與凡人, 其氣一也. 此決不然也.

楊遵道之問，可謂切問也．然不知孟子程子所言才字所指，自不同也．孟子所謂才者，指四端之能爲善也．所謂'乃若其情，則善矣．非才之罪也'．不能盡其才也，皆謂四端也．程子所謂才，則乃指凡人所以發用作爲者而言也，故謂有善有不善．凡人所以作爲者，乃氣質之爲也．由其氣質之殊，而善惡不同也．

맹자와 정자의 말은 가리키는 대상이 각각 다르므로 그 말이 다르지 않을 수 없지만, 그 말은 모두 옳습니다. 맹자는 아마도 사람은 성이 본래 선함을 알지 못하기 때문에 각각 자신의 편한 마음을 따라서 선을 행하길 힘쓰지 않으므로 오로지 성선만을 말해서 사람들에게 성의 선함을 알게 하고자 한 것입니다. 무릇 성의 본원은 선할 뿐입니다. 그래서 성인과 보통 사람은 그 본성이 동일합니다. 맹자가 가리킨 바가 바로 이것입니다. 성은 비록 본래 동일하지만 품수한 기에는 다름이 있습니다. 성은 본래 하나의 리입니다. 리에 어찌 같지 않음이 있겠습니까? 기와 합하여 사람이 되고 동물이 되는 데 이르면, 그 기는 맑고 탁하고 순수하고 잡박하여 만 가지로 같지 않음이 있습니다. 그 합한 기가 같지 않음으로 말미암기 때문에 성 또한 다르지 않을 수 없습니다. 정자가 말한 기질지성이 이것입니다. 물에 비유하자면, 물의 본원은 맑을 뿐입니다. 진흙이나 모래가 섞이면 탁해집니다. 그 맑은 것이 본연지성입니다. 진흙이 끼어서 탁해지는 것이 기질지성입니다. 사람의 지혜롭고 어리석고 어질고 못남이 만 가지로 나뉘는데, 이것은 기질의 차이로 말미암는 것이 아니겠습니까? 어리석고 못남이 있는 것은 기질이 더럽고 탁한 증거가 아니겠습니까? 비록 어리석고 못난 자라고 하더라도, 혹 어떤 때에는 선한 마음이 드러납니다. 이것은 성이 본래 선하다는 징험이 아니겠습니까? 맹자는 또한 말하길,

'비록 같지 않음이 있지만, 같지 않음은 땅에는 비옥함과 척박함이 있고, 비와 이슬의 기름이 있고, 사람의 노력에는 차이가 있다'라고 했습니다. 무릇 땅의 비옥함과 척박함은 기질의 맑음과 탁함과 같고, 비와 이슬의 기름은 세상에 대한 가르침이 밝혀짐과 어두워짐과 같고, 사람의 노력에 차이가 있음은 배움과 배우지 않음, 닦음과 닦지 않음이 있는 것과 같습니다. 그렇다면 맹자 또한 기질이 모두 같다고 여긴 것은 아닙니다. 대감께서는 사람이 악을 짓는 것은 다만 물욕의 해가 있을 뿐이요, 기질의 구속됨이 없다고 생각하신 것입니다. 이와 같다면 성인과 범인은 그 기가 동일합니다. 이는 결단코 그렇지 않습니다. 양준도의 물음은 절실한 질문이라고 말할 수 있습니다. 그러나 맹자와 정자가 말한 '재'자가 지시하는 바가 본래 동일하지 않음을 모른 것입니다. 맹자가 말한 재는 사단이 선을 행할 수 있음을 가리킨 것입니다. 이른바 '그 정으로 말하면 선하다고 할 수 있다. 이것이 이른바 선이다. 재질의 죄가 아니다'[27]라는 것입니다. 그 재를 다할 수 없는 것은 모두 사단을 말합니다. 정자가 말한 재는 바로 보통 사람이 반응해서 행하는 것을 말합니다. 그러므로 선함도 있고 선하지 않음도 있습니다. 보통 사람이 행하는 것은 바로 기질에 의한 것입니다. 기질의 다름으로 말미암아 선함과 악함이 달라집니다.

해설 조익은 성과 마음을 구별한다. 성은 선하지만, 마음은 꼭 선을 행하길 힘쓰려고 하지 않는다. 성인과 보통 사람의 동일성은 성에 있지 마음에 있지 않다. 성인과 보통 사람의 본성이 동일한 까닭은 본성이 바로 리이기 때

27) 『맹자』, 「고자상」 11-6: "맹자가 말했다. '그 정으로 보자면 선하다고 할 수 있으니, 이것이 내가 말한 선이다. 불선을 하는 것으로 말하면 재질의 죄가 아니다'."(孟子曰, '乃若其情則可以爲善矣, 乃所謂善也. 若夫爲不善, 非才之罪也')

문이다. 그리고 성인과 보통 사람의 마음이 동일하지 않은 까닭은 품수한 기가 다르기 때문이다. 또 품수한 기의 차이로 말미암아 사람과 사람, 사람과 동물의 차이도 발생하게 된다. 따라서 성인이든 보통 사람이든 사람의 동일한 본성은 본연지성이다. 그리고 품수한 기질로부터 발생하는 사람과 사람의 차이를 기질지성이라고 명명하는 것이다. 그렇다면 조익은 선하지 않음의 원인을 기질에서 찾은 것이다. 이는 외부 대상을 좇아가는 욕망이 선한 마음을 망각하게 만든다는 최명길의 구도와 확연히 다른 것이다. 최명길의 시각에서 보면, 선함은 나를 변화시키는 문제라기보다 '양심에 대한 각성' 혹은 '외부 대상을 좇는 욕망을 끊어냄'의 문제와 깊은 관련이 있다. 이에 반해 조익의 선함은 나의 기질을 변화시키는 데 달려 있다. 그리고 이 변화는 양심에 대한 각성과 같은 간이한 방법보다 학습과 함께 이루어지는 부단한 자기 노력의 결과물이다. 예컨대 땅의 비옥함과 척박함은 자신의 기질과 관련된 것이고, 비와 이슬의 기름은 세상의 가르침과 연결된 문제이다. 이는 본성(理)과 마음(氣)을 분리해서 생각하는 것이다. 그리고 마음은 리를 학습함으로써 기질 변화를 이룰 수 있다.

'天又理之所從出'云云.

'하늘은 또 리가 나온 근원입니다'라고 한 부분.

理之本原, 則太極, 是也. 此理在陰陽中, 則爲陰陽之理. 在五行, 則爲五行之理. 在萬物, 則爲萬物之理. 在萬物者, 亦謂之理而非理之本也. 此註, 初云'心之神明, 具衆理', 又云'性者, 心所具之理', 故云'天又理之所從出'. 此理字, 乃指性言也. 因上文言'性者所具之理'而言也. 非謂理之本也, 恐不爲害也.

리의 본원이 곧 태극이라고 한 것이 이에 해당합니다. 이 리가 음양 가운데 있으면 음양의 리가 되고, 오행에 있으면 오행의 리가 되고, 만물에 있으면 만물의 리가 됩니다. 만물에 있는 것은 또 리라고 하지 리의 본원이 아닙니다. 이 주에서 처음에 '마음의 신명은 뭇 이치를 갖추고 있다'고 하고, 또 '성이란 마음에 갖추어진 리이다'고 하고, '하늘은 또 리가 나오는 근원이다'고 했습니다. 여기서 '리'자는 바로 성을 가리켜 말한 것입니다. 그래서 위의 문장에서 '성은 마음에 갖추어진 리를 가지고 말한 것이다'라고 했지 '리의 근원이다'고 말하지 않았으니, 아마도 해가 되지 않을 것 같습니다.

해설 조익은 '리의 본원은 태극이다'라고 주장한다. 하늘의 관점에서 보면, 리는 태극으로 만물의 본원을 나타내는 것이다. 만물의 관점에서 보면, 리는 각 개체에 부여된 본성을 뜻하는 것이다. 이는 리를 형이상과 형이하의 차원으로 나누는 것이다. 즉 형이상의 차원에서 하늘은 리의 본원이고, 형이하의 차원에서 리는 만물에 부여된 것으로 본성이다. 그리고 사람의 차원에서 보면, 성은 마음속에 갖추어진 리가 되는 것이다. 즉 사람의 성은 리(性卽理)이지 리의 본원이라고 하지 않는다. 따라서 조익은 『집주』의 논리를 충실히 따른다고 할 수 있다. 그리고 존심양성(存心養性)과 진심지성(盡心知性)에 대한 논의 속에서도 두 사람이 『집주』에 대해서 상반된 견해를 제시하는 것을 볼 수 있다.

此章末端圜註云云.

'이 장 말단 집주'를 말한 부분.

此章第一·第二兩節, 分明分知行言, 末節摠括上兩節, 故註分屬之, 有何疑也. 蓋'夭壽不貳'乃意也, 非事也, 不屬於行. 修身乃事也, 屬於行.

非'知性, 知天'者, 安能不貳於夭壽乎. 故'夭壽不貳', '知性, 知天'之效也, 而可謂智之盡也. '修身, 俟死', 卽是'存養, 事天'之事也, 故此節卽合上兩節而總說之也. 凡古今行義之高, 必由其智識之明, 故古人學問之道, 必先乎'致知.' '存心, 養性, 事天.' 非'盡心, 知性, 知天'者, 安能然乎? '修身, 俟死', 非'夭壽不貳'者, 安能然乎? 此章, 乃賢聖爲學用功宗旨, 而其功自有先後如此, 聖賢言語, 其意精密, 一兩句間, 亦自有意義曲折, 不可泛然看也.

이 장의 첫 번째, 두 번째 양절은 분명 지와 행을 나누어 말했습니다. 마지막 절은 위의 두 절을 총괄하였기 때문에 주에서 분속하였으니 무슨 의심이 있겠습니까? 대개 '요절과 장수로 마음이 흔들리지 않는다'는 뜻이지 일이 아니니, 행에 속하지 않습니다. '자신을 닦음'은 일이니, 행에 속합니다. '성을 알고 하늘을 아는' 사람이 아니라면 어찌 요절과 장수로 마음이 흔들리지 않을 수 있겠습니까? 그러므로 '요절과 장수로 마음이 흔들리지 않는다'는 '성을 알고 하늘을 안' 공효로 '지의 극진함'이라고 말할 수 있습니다. '자신을 닦아서 죽음을 기다린다'는 바로 '마음을 보존하고 성을 기르고 하늘을 섬긴다'는 일입니다. 그러므로 마지막 절은 위의 양절을 합하여 총괄적으로 설명한 것입니다. 무릇 옛날이나 지금이나 의리를 행하는 고상함은 반드시 그 지식의 밝음으로 말미암기 때문에 옛사람들의 학문하는 방법은 반드시 '앎을 지극히 한다'를 우선으로 삼습니다. '마음을 보존하고 성을 기르고 하늘을 섬긴다'는 '마음을 다하고 성을 알고 하늘을 아는' 사람이 아니라면 어찌 그렇게 할 수 있겠습니까? '자신을 닦아서 죽음을 기다린다'는 '요절과 장수로 마음이 흔들리지 않는' 사람이 아니라면 어찌 그렇게 할 수 있겠습니까? 이 장은 바로 성현이 학문을 할 때 힘을 쓰는 근본 취지이니, 그 공부는 본래 선후의 순서가 이와 같습니다. 성현의 말씀은 그 뜻이 정밀하여 한두 구절 사이에 또 자연히 곡진한 의미가 있으므로 범범하게 보아서는 안 됩니다.

해설 조익은 '요절과 장수로 마음이 흔들리지 않는다(夭壽不貳)'가 행의 차원에 속하지 않음을 입증한다. 그는 '마음이 흔들리지 않음은 뜻과 관련된 것이다'고 주장한다. 이는 뜻을 아직 행위로 드러나지 않은 내면의 심리상태로 보는 것이다. 그리고 그는 '자신을 닦아서 죽음을 기다린다(修身以俟)'가 행위와 관련된 것이라고 말한다. 이는 내면의 심리적 안정으로부터 발생한 결과라고 할 수 있다. 조익의 관점에서 볼 때, 장수와 요절로 인해서 마음이 흔들리지 않는 사람은 운명을 받아들일 줄 안다. 이는 성과 하늘의 이치를 꿰뚫고 있기 때문이다. 그리고 자신을 닦음은 수양과 관련된다. 수양은 마음을 보존하고 성을 기르는 것이다. 이는 하늘로부터 마음속에 부여받은 본성, 즉 리를 기르는 것이다. 따라서 자신을 닦아서 죽음을 기다림(修身以俟)은 '하늘을 섬기는 데(事天)'까지 이어지는 것이다. 그리고 조익이 '예나 지금이나 의리를 행하는 데 가장 우선이 앎을 지극히 하는 것이다'라고 말한 것으로 미루어 보면, 이 같은 도식은 주희의 선지후행(先知後行)을 충실히 따르는 것이라고 할 수 있다.

'此章程張諸賢之論'云云.
'이 장은 정자, 장자, 그리고 현인들의 논의'를 말한 부분.

'盡心'字泛然言之, 則惟盡得此心之理者, 是也, 與'盡性'字相似. 程子之言, 乃此意也. 世俗所謂'盡心', 則謂凡事盡其誠心而爲之也. 此則與'存心, 養性'對言, 分明以知言也. 此, 朱子所以專以知言也. 蓋朱子之意,以心字爲心之知識, 必盡知其所當知, 其知無不盡者, 乃謂之'盡心'也. 惟如是, 故謂'知性'在'盡心'之前, 蓋謂知其性之理, 其知乃盡也, 故以'盡心'爲'知至', '知性'爲'格物'也. 蓋其或以'知性'爲後, 或以'知性'爲先, 則未知孰是. 其以知言, 則恐其必然也.

'마음을 다한다'라는 글자를 범범하게 말하면 오직 이 마음의 이치를 다한다는 것이 이것이니, '성을 다하다'라는 글자와 비슷합니다. 정자의 말이 바로 이런 의미입니다. 세속에서 말하는 '마음을 다한다'는 것은 모든 일에서 그 성실한 마음을 다하여 행하는 것을 의미합니다. 이는 '마음을 보존하여 성을 기른다'는 것과 상대하여 말한 것으로, 지의 측면에서 말한 것이 분명합니다. 이것이 주자가 오로지 지의 측면에서 말한 까닭입니다. 주자의 의도는 '심'자를 마음의 지식으로 생각하여 마땅히 알아야 할 것을 반드시 다 알고자 한 것이고, 앎을 다하지 않음이 없다는 것을 바로 '마음을 다한다'는 것이라고 말한 것입니다. 오직 이와 같으므로 '성을 알다'가 '마음을 다한다' 앞에 있다고 여긴 것입니다. 성의 리를 아는 것을 그 앎을 다한다고 생각했기 때문에 '마음을 다한다'를 '앎이 지극하다'는 것으로 여기고, '성을 알다'를 '사물의 이치를 궁구하다'는 것으로 생각하는 것입니다. 대개 어떤 사람은 '성을 알다'를 뒤에 두고, 어떤 사람은 '성을 알다'를 앞이라고 여기는데, 어떤 것이 옳은지 모르겠습니다. 지로써 말한 것은 반드시 옳은 것 같습니다.

해설 조익은 본체로서 마음보다 지식의 측면에서 마음을 이해한다. 조익은 '심(心)'자를 마음의 지식으로 이해한다. 그리고 그는 이에 대해 주희의 의도를 반영한 것이라고 주장한다. 여기서 마음의 지식은 마땅히 알아야 할 것이다. 또 '마음을 다한다(盡心)'는 지식을 다 알아서 빠짐이 없는 것을 나타낸다. 이 같은 구도에서 마음의 지식을 다 알지 못하면 '마음을 다한다'라는 말이 성립될 수 없다. 그리고 마음의 지식은 심리상태가 아니라 사물의 이치이다. 따라서 '마음을 다한다'는 '성을 알다(知性)', 즉 사물의 이치를 궁구하는 것을 우선으로 하는 것이다. 또 이는 조익이 『맹자』, 「13-1」의 집주와 경학 해석 경향이 일치함을 보여주는 것이다.

'聖人之於天道也'云云.

'성인이 천도에 대한 것'을 말한 부분.

'智之於賢否也'以上四句, 其意分明. '聖人之於天道'一句, 果似有碍然. 此句與上四者並言, 則其意應是與上文不異. 古人之言, 或有辭語不周足, 而其意可推而知者, 以上意推之, 則恐是言聖人於天道脗合, 而下聖人者, 不能然, '此命也'云爾. 而如來諭者, 亦恐爲可也

'지가 능력 있는 사람과 그렇지 않은 자에 대한 것'까지 네 구절의 의미는 분명합니다. '성인이 하늘의 법도에 대한 것', 이 한 구절은 과연 막히는 것이 있는 듯합니다. 이 구절은 위의 네 구절과 함께 말한 것으로, 그 의미는 응당 위의 문장과 다르지 않습니다. 옛사람의 말은 혹 두루 갖추어져 있지 않지만, 그 의미를 추론해서 알 수 있는 경우가 있습니다. 위의 뜻으로 미루어 보면 성인은 천도와 꼭 들어맞지만, 성인보다 못한 이들은 그렇지 못함을 말하여 '이것은 명이다'고 말했습니다. 보내오신 편지의 내용도 괜찮은 것 같습니다.

해설 조익이 '옛사람의 말은 혹 두루 갖추어져 있지 않지만 그 의미를 추론해보면 알 수 있다'고 말한 것으로 미루어 보면, 그는 명에 대해 여전히 정자의 해석 방법을 따른다고 할 수 있다. 즉 조익은 명을 품수의 의미로 받아들인다. 성인과 보통 사람이 천도와 꼭 들어맞는지 여부가 바로 온전한 기질의 품수여부로 나뉘기 때문이다. 보통 사람의 기질은 온전하지 않다. 이 때문에 보통 사람은 인의예지를 실현하는 데 힘써야 한다. 이에 반해 성인의 기질은 온전하다. 따라서 성인은 언제나 천도와 부합한다. 이는 조익이 주희의 논리를 충실히 따르는 것이라고 할 수 있다.

(이해임 역)

대학기의
大學記疑

1.

大學之道, 在明明德, 在親民, 在止於至善.

대학의 도는 명덕을 밝힘에 있으며, 백성을 친함에 있으며, 지선에 그침에 있다.

「기의(記疑)」 1-1

首章. '明德'者, 本心之德也.

제1장. '명덕'은 본심의 덕이다.

按, 本註以'虛靈不昧具衆應萬'爲言, 則是專以心言, 而不言其所有之德, 此爲可疑.

생각건대, 주자의 본주에서 '(명덕을) 허령하고 어둡지 아니하여 중리(衆理)를 갖추고 만사에 응하는 것'1)으로 말한 것은 오로지 마음을 가지고 말한 것이지, 마음이 지닌 덕을 말하지 않았다. 이것은 의심스럽다.

---

1) 『대학장구(大學章句)』, '明德'에 대한 주희주: "명덕은 사람이 하늘에서 얻은 것으로, 허령하고 어둡지 않아서 온갖 리를 갖추고 만사에 응하는 것이다. 다만 기품에 구애되고 인욕에 가려지게 되면 때로 어두울 적이 있다. 그러나 그 본체의 밝음은 일찍이 쉬지 않는다. 그러므로 배우는 자는 마땅히 그 발하는 바를 인하여 마침내 밝혀서 그 처음을 회복해야 한다."(明德者, 人之所得乎天, 而虛靈不昧, 以具衆理而應萬事者也. 但爲氣稟所拘, 人欲所蔽, 則有時而昏; 然其本體之明, 則有未嘗息者. 故學者當因其所發而遂明之, 以復其初也)

해설 주희는 『대학』의 '명덕'을 "허령하고 어둡지 않아서 중리를 갖추고 만사에 응하는 것"[2]으로 풀이한다. 최명길은 주희의 이러한 해석에 대해 '오로지 마음을 가지고 말했을 뿐, 마음이 지닌 덕을 말하지 않았다'는 의문을 제기한다. '마음'과 '마음이 지닌 덕'을 구분하는 입장에서 『대학』의 '명덕'을 마음이 아니라 마음이 지닌 덕으로 이해한 것이다. 최명길은 '명덕'을 '본심의 덕', '본심이 지닌 환하고 밝은 덕'[3]으로 풀이한다. '본심'은 본래적으로 부여받은 마음으로 기질이나 습관에 물들지 않은 순수한 도덕심을 가리킨다. '광명'은 이 도덕 본심이 환하게 밝다는 것으로, 선과 악을 밝게 지각할 수 있다는 의미를 지닌다. '덕'은 본심이 지니고 있는 '덕성'을 가리킨다. 이 '밝은 덕성(명덕)'은 선의 지극한 실천을 통하여 온전해진다.[4] 따라서 최명길은 명덕을 도덕 본심이 지닌 선악을 밝게 변별하고 선을 실천할 수 있는 능력으로 이해하고 있음을 알 수 있다.

「기의(記疑)」 1-2

'至善'者, 義理當然之極也.

'지선'은 의리의 당연한 표준이다.

按, 本註'事理'二字, 可疑. 蓋在物爲理, 處物爲義. 隨事制宜而盡其當然

---

2) 『대학장구』, '明德'에 대한 주희주: "명덕은 사람이 하늘에서 얻은 것으로, 허령하고 어둡지 않아서 온갖 리를 갖추고 만사에 응하는 것이다."(明德者, 人之所得乎天, 而虛靈不昧, 以具衆理而應萬事者也)

3) 『지천선생속집(遲川先生續集)』 권7, 「思問錄」, 「大學管見」, 516b: "명덕은 본심의 광명한 덕이다."(明德者, 本心光明之德)

4) 『지천선생속집』 권7, 「思問錄」, 「大學管見」, 516b: "선을 행하되 지극한 데까지 나가기를 추구하지 않는다면 명덕의 본체가 끝내 온전하지 못함이 있을 것이다."(爲善而不求造於極致, 則明德之體, 終有未全)

之則, 是謂至善. 專爲求至善於事物之間, 則恐或有弊.

생각건대, 주자 본주의 '사리(事理)' 두 글자[5]는 의심스럽다. 대개 물에 있는 것은 리(理)이고, 물을 처리하는 것은 의(義)이다. 일에 따라 마땅함을 제정하여 그 당연법칙을 다하는 것, 이것을 지선이라고 한다. 지선을 오로지 사물에서 구한다면 아마도 폐단이 생기게 될 것이다.

해설 주희는 '지선(至善)'을 '사리의 당연한 표준(事理當然之極)'[6]이라고 풀이한 바 있다. 그런데 최명길은 주희가 '지선'을 '사리(事理)'로 풀이한 것에 의문을 제기한다. 그는 정이가 "사물에 있는 것이 리이고, 사물에 대처하는 것이 의이다"[7]라고 말한 것에 의거하여 대상 사물에 있는 '사리'와 그 사물에 대처하는 주체 내면의 '의리'를 구분한다. 그리고 일에 따라 마땅함을 제정하고 그 당연한 법칙을 다 실현하는 것을 지선으로 규정한다. 만일 주희처럼 지선을 '사리'로 이해하여 오로지 사물에서 지선을 구한다면 혹 폐단이 생길 것이라고 우려한다. 일에 따라 마땅함을 제정하는 것은 사람 마음이 사물에 대처하는 과정에서 형성되는 것으로서 그것이 바로 의리이다. 지선이란 바로 이 '의리의 당연함을 지극히 하는 것'이다. 따라서 지선을 구하려면 외부 사물이 아니라, 사물과의 관계에서 마음이 제정한 의리가 무엇인지를 알고, 그

5) 『대학장구』, '止於至善'에 대한 주희주: "그친다는 것은 반드시 여기에 이르러 옮기지 않는 뜻이요, 지선은 사리의 당연한 표준이다. 이는 명명덕과 신민을 다 마땅히 지선의 경지에 그치어 옮기지 않음을 말한 것이니, 반드시 그 천리의 극을 다함이 있고, 조금이라도 인욕의 사사로움이 없는 것이다."(止者, 必至於是而不遷之意. 至善, 則事理當然之極也. 言明明德·新民, 皆當至於至善之地而不遷. 蓋必其有以盡夫天理之極, 而無一毫人欲之私也)

6) 『대학장구』, '至善'에 대한 주희주: "지선은 사리의 당연한 표준이다."(至善, 則事理當然之極也)

7) 『이천역전(伊川易傳)』 권4: "사물에 내재하는 것이 리이고, 사물에 대처하는 것이 의이다."(在物爲理, 處物爲義)

것을 실천해야 한다.

2.

知止而后有定, 定而后能靜, 靜而后能安, 安而后能慮, 慮而后能得.

그칠 데를 안 뒤에 정해짐이 있으니, 정해진 뒤에 고요할 수 있고, 고요한 뒤에 편안할 수 있고, 편안한 뒤에 사려할 수 있고, 사려한 뒤에 얻을 수 있다.

「기의(記疑)」 1-3

第二章. '知止而后有定'云云, 本註'安謂所處而安. 慮謂處事精詳'.

제2장. '그칠 데를 안 뒤에 정해짐이 있다' 운운한 것에 대해, 주자의 본주에서 '안(安)은 처한 바에 편안함을 말한다. 려(慮)는 일을 처리하기를 정밀하고 상세히 함을 말한다'[8]고 한 부분.

愚按, '安'者, 定靜之極, 非指隨處而安. '慮'者, 察識之謂, 未便及於處事也. 此二語亦不能無疑.

---

8) 『대학장구』, '安而后能慮'에 대한 주희주: "지(止)는 마땅히 그쳐야 할 바의 곳이니, 바로 지선이 있는 곳이다. 이것을 안다면 뜻에 일정한 방향이 있게 된다. 고요함은 마음이 망령되이 움직이지 않음을 말하고, 편안함은 처한 바에 편안함을 말하고, 사려는 일을 처리하기를 정밀하고 상세히 함을 말한다."(止者, 所當止之地, 卽至善之所在也. 知之, 則志有定向. 靜, 謂心不妄動. 安, 謂所處而安. 慮, 謂處事精詳)

생각건대, '안(安)'이라는 것은 안정되고 고요함이 지극한 것이지 처하는 곳에 따라 편안함을 가리키는 것이 아니다. '려(慮)'라는 것은 살펴서 안다는 말로서 아직 일을 처리하는 데까지는 미치지 않은 것이다. 이 두 가지 문구도 의심이 없을 수 없다.

해설 지지(知止)-유정(有定)-능정(能靜)-능안(能安)-능려(能慮)-능득(能得) 가운데 '능안'과 '능려'에 대한 주희 주석에 이의를 제기하고 있다. 주희는 정(靜)-안(安)-려(慮)를 각각 심(心)-신(身)-행사(行事)의 영역에 분속시킨다. '정'은 마음의 고요함을 말한 것이고, '안'은 몸의 편안함을 말한 것이며[9], '려'는 일을 처리하는 행사가 정밀하고 상세함을 말한 것이다.

반면에 최명길은 정(靜)-안(安)-려(慮)를 모두 마음에서 이루어지는 것으로 이해한다. 주희가 '려'를 인식의 영역이 아니라, 일을 처리하는 실천의 영역에 둔 데에는 그 까닭이 있다. 지선(至善)의 소재인 물리(物理)에 대한 인식이 이미 '지지(知止)' 단계에서 이루어졌기 때문이다. 따라서 '려'를 살펴서 아는 인식의 단계가 아니라, 리에 따라 일을 정밀하고 상세하게 처리하는 실천의 영역에서 이루어지는 것으로 본 것이다. 반면에 최명길은 '지지(知止)'에서 의리 인식이 이루어지는 것으로 보지는 않는다. '지지'는 마땅히 그쳐야 할 바가 의리에 있다는 사실을 아는 것이다. 의리 인식은 '려(慮)' 단계에서 이루어진다. 즉 마땅히 그쳐야 할 바가 의리에 있음을 알게 되면 지향해야 할 방향이 정해져서 마음이 고요하고, 편안하게 된다. 마음이 고요하고 편안한 상태에서 일에 따라 마땅함이 무엇인지를 정밀히 살펴서 의리를 제정할 수 있다. 그런 뒤에 일을 의리에 맞게 처리할 수 있다. 이러한 의리 인식과 실천을 통해서 지선이 확보된다.

---

9) 『주자어류(朱子語類)』 14:135: "이것은 본래 하나의 뜻이다. 다만 고요함은 마음에 대해 말한 것이요, 편안함은 몸에 대해 말한 것이다."(這箇本是一意. 但靜是就心上說, 安是就身上說)

3.

古之欲明明德於天下者, 先治其國, 欲治其國者, 先齊其家, 欲齊其家者, 先脩其身, 欲脩其身者, 先正其心, 欲正其心者, 先誠其意, 欲誠其意者, 先致其知, 致知在格物.

옛날에 천하에 명덕을 밝히고자 한 자는 먼저 그 나라를 다스리고, 그 나라를 다스리고자 한 자는 먼저 그 집안을 가지런히 하고, 그 집안을 가지런히 하고자 하는 자는 먼저 그 몸을 닦고, 그 몸을 닦고자 하는 자는 먼저 그 마음을 바르게 하고, 그 마음을 바르게 하고자 하는 자는 먼저 그 뜻을 성실하게 하고, 그 뜻을 성실하게 하고자 하는 자는 먼저 그 앎을 지극히 하였으니, 앎을 지극히 함은 사물의 이치를 궁구함에 있다.

「기의(記疑)」 1-4

第三章. 註'格至'也.

제3장. 주자주에서 '격(格)은 지(至)이다'[10]라고 한 부분.

---

10) 『대학장구』, 경1장 '致知在格物'에 대한 주희주: "치는 지극한 데까지 미루는 것이다. 지(知)는 식(識)과 같다. 나의 지식을 지극한 데까지 미루어 그 아는 바가 다하지 않음이 없고자 하는 것이다. 격은 이르는 것이요, 물은 사(事)와 같다. 사물의 이치를 궁구하여 그 지극한 곳에 이르지 않음이 없고자 하는 것이다."(致, 推極也. 知, 猶識也. 推極吾之知識, 欲其所知無不盡也. 格, 至也. 物, 猶事也. 窮至事物之理, 欲其極處無不到也)

愚按, 格字訓詁非一, 爲至爲正爲窶格, 隨文異義而皆不合此章之義. 李善『文選』註「蒼頡篇」曰'格量度之也.' 若以此爲此章之訓, 尤以襯切. 蓋格物之學, 只是量度事理之宜, 而明吾之知識而已.

내가 생각건대, '격(格)'자의 훈고는 하나가 아니라 '이르다(至)', '바르게 하다(正)', '가로 막다(窶格)'라는 것이 있어서 문장에 따라 의미가 다르지만, 이것들은 모두 이 장의 뜻에는 부합하지 않는다. 이선(李善)이 『문선(文選)』에서 「창힐편」을 주석하면서 '격은 헤아리는 것(量度)이다'라고 하였는데, 이것을 이 장의 훈고로 삼는다면 더욱 적절할 것이다. 대개 격물지학은 단지 사리의 마땅함을 헤아려서 나의 지식을 밝히는 것일 따름이다.

해설 '격물'에 대한 이해에서 주자학과 다른 점이 있다. 하나는 '격물'의 '물'을 '물리'가 아니라 '사리의 마땅함'이라고 풀이한다는 점이다. 최명길에게 '사리의 마땅함'은 사사물물에 선험적으로 내재해 있는 것이 아니라, 사람이 구체적인 일을 만났을 때 정밀히 성찰하여 창출해 내는 것이다. 다른 하나는 '격물'의 '격'을 궁구하여 이르는 것이 아니라, 헤아리는 것으로 풀이한 점이다. 궁구하여 이르는 것은 인식 대상의 이치에 대한 탐구 행위이다. 반면에 헤아리는 것은 주체 안에서 스스로 헤아려 알아내는 창조적인 인식활동이다.

4.

『詩』云'瞻彼淇澳, 菉竹猗猗. 有斐君子, 如切如磋, 如琢如磨. 瑟兮僩兮, 赫兮喧兮. 有斐君子, 終不可諠兮!' 如切如磋者, 道學也, 如琢如磨者, 自脩也, 瑟兮僩兮者, 恂慄也, 赫兮喧兮者, 威儀也, 有斐君子, 終不可諠兮者, 道盛德至善, 民之不能忘也.

『시경』에 이르기를 '저 기수 모퉁이를 보니, 푸른 대나무가 무성하구나! 문채 나는 군자여, 잘라놓은 듯하고, 간 듯하며, 쪼아놓은 듯하고, 간 듯하다. 엄밀하고 굳세며, 빛나고 점잖으니, 문채 나는 군자여, 끝내 잊을 수 없다'고 하였다. 잘라놓은 듯하고, 간 듯하다는 것은 학문을 말한 것이요, 쪼아놓은 듯하고, 간 듯하다는 것은 스스로를 닦음이요, 엄밀하고 굳세다는 것은 마음이 두려워함이요, 빛나고 점잖다는 것은 위의요, 문채 나는 군자를 잊을 수 없다는 것은 성덕과 지선을 백성이 잊지 못함을 말한 것이다.

「기의(記疑)」 3-1

'瞻彼淇澳'章. "'如切如磋'者, 道學也. '如琢如磨'者, 自脩也."

'첨피기욱'장. "'잘라놓은 듯하고 간 듯하다(如切如磋)'는 것은 학문을 말한 것이요, '쪼아놓은 듯하고 간 듯하다(如琢如磨)'는 것은 스스로를 닦는 것이다"라고 한 부분.

按, 以治骨角喩學, 治玉石喩自修, 何也? 竊疑骨角軟而易治, 玉石堅而難治. 學之爲道, 非知之難而行之難, 故喩之如此.

생각건대, 뼈와 뿔을 다듬는 것으로 학문에 비유하고, 옥과 돌을 다듬는 것으로 스스로를 닦음에 비유한 것은 어째서인가? 가만히 생각해보면 뼈와 뿔은 부드러워서 다듬기가 쉽고, 옥과 돌은 견고하여 다듬기가 어렵다. 배우는 길은 아는 것이 어려운 것이 아니라 행하는 것이 어렵기 때문에 비유가 이와 같은 것이다.

해설 사리의 당연함을 알아내는 탐구보다 자기 수양과 실천이 더 어렵다는 것을 밝히고 있다. 의리가 무엇인지 아는 것이 어려운 것이 아니라, 자기를 다듬어 의리를 실천하는 것이 더 어렵고 중대한 일이다. 이 '도학'과 '자수'를 밝히는 것이 '명명덕'의 지향점이다.

5.

『詩』云'於戲前王不忘!' 君子賢其賢而親其親, 小人樂其樂而利其利, 此以沒世不忘也.

『시경』에 이르기를 '아아! 전왕을 잊지 못한다'고 하였다. 군자는 그 어짊을 어질게 여기고 그 친한 이를 친히 여기며, 소인은 그 즐겁게 해주심을 즐거워하고 그 이롭게 해주심을 이롭게 여기니, 이 때문에 세상에 없어도 잊지 못하는 것이다.

「기의(記疑)」 3-2

'君子賢其賢而親其親, 小人樂其樂而利其利'.

'군자는 그 어짊을 어질게 여기고 그 친한 이를 친하게 여기며, 소인은 그 즐겁게 해주심을 즐거워하고 그 이롭게 해주심을 이롭게 여긴다'고 한 부분.

此章本註文義可疑. 愚謂此章言文王之所以爲治也. 蓋前王之治於君子, 則有以教之, 於小人, 則有以養之. 修學校之政, 使之各盡其親親尊賢之道者, 所以教君子也. 正溝洫之制, 使之各遂其父母妻子樂者, 所以養小人也. 此文王之新民所以止於至善, 而沒世不忘也.

이 장의 본주 문장[11]의 의미는 의심스럽다. 나는 이 장은 문왕이 세상을 다스린 방법을 말한 것이라고 생각한다. 대개 전왕의 다스림은 군자에 대해서는 가르친 것이 있으며, 소인에 대해서는 길러준 것이 있다. 학교의 정책을 수립하여 군자들로 하여금 어버이를 친하고 어진 이를 받드는 도리를 다하게 한 것이 군자를 가르친 것이며, 구혁(溝洫)을 바르게 하여 소인들로 하여금 각자 자기 부모와 처자를 즐겁게 한 것이 소인을 기른 것이다. 이것이 문왕이 백성을 새롭게 하심이 지선에 그쳐서 돌아가셨는데도 잊지 못하는 까닭이다.

해설 「열문」편의 '현기현이친기친, 락기락이리기리'에 대한 해석에서 주자와 크게 다르다. 주자는 '군자는 전왕의 어짊을 어질게 여기고, 친애해 주신 은혜를 친하게 여기며, 소인은 그 즐겁게 해주신 것을 즐겁게 여기고, 그 이롭게 해주신 것을 이롭게 여긴다'고 풀이한다. '기(其)'가 전왕인 문왕을 가리키는 것으로 본 것이다. 반면에 최명길은 군자와 소인에 대한 문왕의 정치 행위로 이해한다. 군자에 대해서는 가르침을 베풀어 자신의 부모를 친하게 여기고 어진 이를 어질게 여기게 했으며, 소인에 대해서는 농지의 구획을 바르게 나누어 민생을 안정시켰다. 군자를 가르치고 민생을 안정시키는 것이 신민의 극치이다.

---

11) 『대학장구』, 전3장 '前王不忘'에 대한 주희주: "전왕은 문왕과 무왕을 이른다. 군자는 후현과 후왕을 이르고, 소인은 후민을 이른다. 이는 전왕이 백성을 새롭게 한 것이 지선에 그쳐서 천하 후세 사람들로 하여금 한 물건이라도 제 마땅한 자리를 얻지 못함이 없게 하였기 때문에 이미 돌아가셨는데도 사람들이 그를 사모하여 더욱 오래도록 잊지 못함을 말한 것이다."(前王, 謂文武也. 君子, 謂其後賢後王. 小人, 謂後民也. 此言前王所以新民者止於至善, 能使天下後世無一物不得其所, 所以既沒世而人思慕之, 愈久而不忘也)

「기의(記疑)」 3-3

按, 此二章, 舊本在誠意章下, 程子置之平天下章末, 甚穩貼. 朱子移置止至善章, 則爲以類相從矣. 然竊詳文體, 或疑舊本亦自別有所以. 愚意八條之中, 誠意最爲喫緊, 故曾門弟子, 別爲立傳, 置經一章之下. 又以淇澳詩, '道學自修'四字, 該盡格致正修之功, 故引之以明明德之止至善. 烈文篇'親賢樂利'四字, 備言聖人致治之方, 故引之以明新民之止至善, 所以摠結經文之意也. 其下諸傳, 又出他門人之手, 所以發其未盡之蘊, 細看諸傳文體, 又與誠意章不同者, 無乃以此歟! 姑錄所見以俟知者.

생각건대, 이 두 장은 구본에는 '성의'장 아래에 있었다. 정호가 이것을 '평천하'장 말미에 둔 것은 매우 합당하다. 주자가 '지어지선'장에 옮겨둔 것은 같은 부류끼리 서로 따르게 하기 위해서였다. 그러나 가만히 문체를 살펴보니 구본도 저절로 달리 이유가 있는 듯하다. 내 생각으로는 팔조목 가운데 성의가 가장 긴요하기 때문에 증자의 문인제자들이 따로 전을 세워 경1장의 아래에 둔 것이다. 또 '기욱'시의 '도학자수(道學自修)' 네 글자로써 격물치지와 정심수신의 공부를 다 갖추었기 때문에 그것을 인용하여 명덕이 지선에 그치는 것을 밝혔고, 「열문」편의 '친현락리(親賢樂利)'의 네 글자를 가지고 성인이 세상을 다스리는 방법을 다 갖추어 말하였으므로 그것을 인용하여 신민이 지선에 그치는 것을 밝혀서 경문의 뜻을 총괄한 것이다. 그 아래 여러 전은 또 다른 문인의 손에서 나온 것으로, 그 미진한 뜻을 밝혔다. 여러 전의 문체를 세밀히 살펴보건대, 또 '성의'장과 같지 않은 것도 이 때문이 아니겠는가? 잠시 소견을 기록하여 식견이 있는 사람을 기다린다.

해설 최명길은 「고본대학」 체제도 그 나름대로 정합성을 지니고 있다고 본다. 그래서 「대학」에 관한 자신의 생각을 밝힌 「대학관견」에서는 「대학」고본 체제에 따라 자신의 견해를 밝히는 방식을 취하였다. 그리고 '도학자수'가 명명덕의 극치이고, '친현락리'가 신민의 극치라고 이해한다.

6.

子曰'聽訟, 吾猶人也, 必也使無訟乎!' 無情者不得盡其辭. 大畏民志, 此謂知本.

공자가 '송사를 다스림은 내 남과 같이 하지만, 반드시 백성들로 하여금 송사함이 없게 하겠다'라고 하였다. 실정이 없는 자가 그 거짓말을 다하지 못하게 함은 백성의 마음을 크게 두렵게 하기 때문이니, 이것을 일러 근본을 안다고 한다.

「기의(記疑)」 4

聽訟章. 按, 此章舊本在'止於信'下, 伯程子置平天下章, 叔程子置經文之末, 俱欠穩當. 朱子又以爲本末章之傳, 則又涉可疑. 三綱八條之外, 豈合別有一傳? 此愚之不能無疑者也. 與其移之而未得穩當, 恐不若仍舊之爲愈. 蓋聽訟之上, 又有無訟一節, 可見義理之無窮. 學者不可安於小成, 而不求至善之所在, 此舊本之本意也. 但孔子無訟之訓, 乃正本淸源之意, 而此章乃以'大畏民志'爲言, 則是聖人之政, 但能使之無訟, 而不能止其欲訟之心, 亦未得爲至善. 恐非孔子之本意. 疑則闕之, 無乃宜乎?

'청송'장. 생각건대, 이 장은 구본에는 '지어신(止於信)' 아래에 있었다.[12] 정명도는 그것을 '평천하'장에 두고, 정이천은 경문의 끝에 두었는데 모두 온당하지 못하다.[13] 주자가 또 그것을 '본말'장의 전으로 삼은 것은 더욱 의심스럽다. 삼강령과 팔조목 이외에 어찌 따로 하나의 전이 있겠는가? 이것이 내가 의심하지 않을 수 없는 것이다. 그것을 옮겨서 온당하지 못한 것보다는 그대로 놔두는 것이 더 나은 듯하다. 송사를 다스림(聽訟) 위에 또 송사함이 없게 한다(無訟)는 한 구절을 둔 것에서 의리가 무궁함을 볼 수 있다. 배우는 사람은 작은 성취에 만족하여 지선이 어디에 있는지를 찾지 않아서는 안 되니, 이것이 구본의 본뜻이다. 다만 공자의 '송사함이 없게 할 것이다'는 가르침은 바로 근본을 바르게 하고 근원을 맑게 하려는 뜻이다. 그런데 이 장에서 곧 '백성의 마음을 크게 두렵게 한다(大畏民志)'는 것을 가지고 말하였는데, 이것은 성인의 정치가 단지 소송이 없게는 할 수 있으되 그 소송을 일으키고자 하는 마음을 그치게 할 수는 없다는 것으로 또한 아직 지선이 되지는 못한 것이니, 아마도 공자의 본뜻은 아닌 듯하다. 의심스러우면 그대

---

12) 「대학」 고본에는 다음과 같이 되어 있다. "『시경』에 '심원하신 문왕(文王)이여, 덕이 계속 빛나고 공경하여 머무르는 바를 편안하게 여기셨네'라고 하였다. 군주가 되어서는 인자함(仁)에 머물렀고, 신하가 되어서는 공경함(敬)에 머물렀고, 자식이 되어서는 효도함(孝)에 머물렀고, 부모가 되어서는 자애로움(慈)에 머물렀고, 나라 사람들과 교제할 때에는 신의가 있음(信)에 머물렀다. 공자께서 말씀하셨다. '송사를 듣는 것은 나도 남과 같지만, 반드시 송사가 없게 할 것이다'. 실정이 없는 자가 그 거짓말을 다하지 못하게 함은 백성의 마음을 크게 두렵게 하기 때문이니, 이것을 일러 근본을 안다고 한다."(詩云 '穆穆文王, 於緝熙敬止!' 爲人君, 止於仁. 爲人臣, 止於敬. 爲人子, 止於孝. 爲人父, 止於慈. 與國人交, 止於信. 子曰'聽訟, 吾猶人也, 必也使無訟乎!' 無情者不得盡其辭. 大畏民志, 此謂知本)

13) 「대학관견」에서는 "이 장을 정명도가 '평천하'장의 아래에 둔 것은 문체가 맞지 않고, 정이천이 경1장에 둔 것은 말의 뜻이 연결되지 않는다"고 비판한다.

로 놔두는 것이 마땅하지 않겠는가?

해설 최명길의 학문 태도가 잘 드러난 대목이다. 최명길은 『대학』에 대한 주석가들의 주석만이 아니라, 「대학」 본문 자체에 대해서도 비판적 인식 태도를 지닌다. 바로 '청송'장에 '대외민지'라는 말이 공자의 본뜻과는 거리가 있다고 여긴 것이다. '대외민지'는 백성들을 두렵게 해서 송사가 없게 하는 것이다. 그러나 그것은 백성들이 아예 소송을 일으키고자 하는 마음이 없는 것과는 크게 다르다. 공자의 본뜻은 근원적으로 백성들의 마음을 바르고 맑게 해서 다툼을 일으키지 않게 하려는 데 있다.

7.

此謂知本, 此謂知之至也.

이것을 일러 근본을 안다고 하고, 이것을 일러 앎이 지극하다고 한다.

「기의(記疑)」 5

'此謂知本, 此謂知之至也'.

'이것을 일러 근본을 안다고 하고, 이것을 일러 앎이 지극하다고 한다'고 한 부분.

按, 此二句, 明道因舊本置諸經一章之末, 伊川置諸聽訟章之下, 而以'此謂知本'四字爲衍. 至朱子始以爲上有闕文, 而別立傳以補之. 竊詳文義,其謂闕文者, 是也. 但補亡章, 似未免有向外浮泛之弊. 看或問所載小註, 則朱子本意, 似無偏於外物之弊, 而細看此章, 終涉未安, 與語錄微有相反處. 竊不能無疑焉.

생각건대, 이 두 구를 정명도는 구본(舊本)을 따라 경1장 끝에 두었고, 정이천은 '청송'장의 아래에 두고는 '차위지본(此謂知本)' 네 글자를 연문(衍文)으로 보았다. 주자에 이르러 비로소 '차위지지지야(此謂知之至也)' 앞에 빠진 글이 있다고 여겨서 따로 전을 세워 보충하였다. 문의를 세밀히 살펴보면 그가 빠진 글이 있다고 한 것은 옳다. 그러나 '보망'장은 외부로 향해 떠도는 폐단을 면치 못한 듯하다.[14) 『대학혹문』에 실린 소주[15)를 보면 주자의 본뜻은 외물에 치우치는 폐단이 없는 듯하지만, 이 장을 세밀히 보면 끝내 온당하지 못하니 어록과 미세하게 상반된 곳이 있다. 생각해 보건대 의심이 없을 수 없다.

愚謂, 自古聖人教人之法, 不過曰知行二者而已. 而二者之功相須竝進, 而其所謂知者, 不過誦習詩書禮樂之文, 講論孝悌仁義之實, 卞別公私義利之分, 以爲着實受用之地而已. 稽諸經傳, 堯舜禹相傳, 則曰'精一執中', 所謂精者, 精察於天理人欲之分也. 一者, 一之以道心之正也. 「文言」曰'知至至之, 可與幾也', '知終終之, 可與存義', 此言知行之不可偏

14) 주희의 격물법이 외부사물의 이치 탐구에 매몰될 위험이 있음을 경고한 것이다.

15) 『대학혹문(大學或問)』, '又曰致知之要, 當知至善之所在'에 대한 주희의 소주: "천하의 리가 앞에 가득 차서 귀로 듣고 눈으로 보는 것이 사물이 아님이 없다. 어떻게 그것을 궁구하겠는가? 모름지기 마음에서 살펴야 하니, 이 마음의 리가 이미 밝혀진 뒤에 사물이 있는 데에서 좇아 살핀다면 범람하는 데 이르지 않을 것이다."(天下之理偪塞滿前, 耳之所聞, 目之所見, 無非物也. 若之何而窮之哉? 須當察之於心, 使此心之理既明然後, 於物之所在, 從而察之, 則不至於汎濫矣)

廢也. 以至孔門所以爲教者, 則曰'興於詩, 立於禮, 成於樂', 詩也禮也樂也, 皆講學之事, 而興也立也成也, 皆踐實之效也. 曰'博學於文, 約之以禮', 此亦言知行並進之方也.

생각건대, 예로부터 성인이 사람을 가르치는 방법은 지행(知行) 두 가지를 말하는 데 지나지 않았을 따름이다. 두 가지 공부는 서로 의지해서 함께 나아가는 것이다. 이른바 '지'라는 것은 시서예악의 문장을 외워서 익히고, 효제와 인의의 실질을 강론하고, 공사(公私) 의리(義利)의 구분을 변별하여 착실하게 받아들여 쓰는 바탕일 따름이다. 그것을 경전에서 헤아려보면, 『서경』에서 요임금 순임금 우임금이 서로 전하면서 '정일집중(精一執中)'이라고 하였는데, 이른바 '정(精)'이라는 것은 천리와 인욕의 구분을 정밀히 살피는 것이요, '일(一)'이라는 것은 도심의 바름을 한결같이 유지하는 것이다. 『주역』「문언전」에서 '이를 줄을 알아서 이르면 더불어 기미를 알 수 있고, 마칠 줄을 알아서 마치면 더불어 의를 보존할 수 있다'고 하였는데, 이것은 지와 행 가운데 어느 한쪽을 폐할 수 없음을 말한 것이다. 공자 문하에서 가르침으로 삼은 것에 이르면 '시에서 흥기하고, 예에서 서며, 악에서 완성된다'[16]고 하였는데, '시'와 '예'와 '악'은 모두 강학하는 일이고, '흥'과 '입'과 '성'은 모두 실천이 이루어낸 효과이다. '학문을 널리 배우고, 예로써 단속한다'[17]고 하였는데, 이것도 지와 행이 함께 나아가는 방법을 말한 것이다.

---

16) 『논어』, 「태백(泰伯)」: "시에서 흥기시키고, 예에서 서며, 악에서 완성한다." (興於詩, 立於禮, 成於樂)

17) 『논어』, 「옹야(雍也)」: "군자가 문(文)을 널리 배우고 예로써 요약한다면 또한 (도에) 어긋나지 않을 것이다."(君子博學於文, 約之以禮, 亦可以弗畔矣夫!)

至其門人問答之語, 則問孝問仁問智問崇德卞惑問士問君子問善人問爲政問爲邦, 師之所以爲教, 弟子之所以爲學, 無非切實之事. 至於季路問事鬼神, 則拒之曰'未能事人, 焉能事鬼.' 子貢之言, 則曰'夫子之文章, 可得以聞也. 夫子之言性與天道, 不可得以聞也.' 夫子之自稱, 則曰'三十而立, 四十而不惑, 五十而知天命', 蓋學者之所當講論者, 專在於身心踐實之事, 而天人性命之源, 義理精微之蘊, 子貢之徒所不得聞, 要之眞積力久, 親造其境, 然後自然有以融會貫通. 此曾子所以曰'惟'於一貫之旨也.

그 문인이 문답한 말에 이르면 '효'·'인'·'지'·'덕을 숭상함'·'의혹을 변별함'·'선비'·'군자'·'선인(善人)'·'정치를 하는 방법'·'나라를 다스리는 법'에 대해서 물었으니, 선생이 가르치고 제자가 배운 내용이 절실한 일이 아님이 없었다. 계로가 귀신을 섬기는 일에 대해 묻자, '아직 사람을 섬기지 못하는데 어찌 귀신을 섬길 수 있겠는가'[18]고 하여 거절하였으며, 자공의 말 가운데 '부자의 문장은 들을 수 있었으나 부자께서 성과 천도에 대해 말씀하시는 것은 들을 수 없었다'[19]고 하고, 공자가 스스로를 일컬으면서 '삼십에 서고, 사십에 미혹되지 않았으며, 오십에 천명을 알았다'[20]고 하였

---

18) 『논어』, 「선진(先進)」: "계로가 귀신을 섬김에 대해 물었다. 공자가 말했다. '아직 사람을 잘 섬기지 못하는데 어떻게 귀신을 섬길 수 있겠는가?'"(季路問事鬼神. 子曰, '未能事人, 焉能事鬼?')

19) 『논어』, 「공야장(公冶長)」: "자공이 말했다. '부자의 문장은 들을 수 있으나, 부자께서 성과 천도를 말씀하시는 것은 들을 수 없다'."(子貢曰, '夫子之文章, 可得而聞也; 夫子之言性與天道, 不可得而聞也')

20) 『논어』, 「위정(爲政)」: "공자가 말했다. '나는 열다섯 살에 학문에 뜻을 두었고, 서른 살에 자립하였고, 마흔 살에 미혹되지 않았고, 쉰 살에 천명을 알았고, 예순 살에 귀로 들으면 그대로 이해되었고, 일흔 살에 마음에 하고자 하는 바를 좇아도 법도를 넘지 않았다'."(子曰, '吾十有五而志于學, 三十而立, 四十而不惑, 五十而知天命, 六十而耳順, 七十而從心所欲 不踰矩')

다. 대개 배우는 이들이 강론해야 할 것은 오로지 몸과 마음으로 실천하는 데 있는 것이지 천인성명(天人性命)의 근원이나 의리의 정미한 뜻에 대해서는 자공과 같은 제자도 들을 수 없었던 것이다. 요컨대 참되게 쌓고 오래도록 힘써서 몸소 그 경지에 이른 연후에야 자연히 융회관통하게 된다. 이것이 증자가 공자의 일관의 뜻에 대해 '예'[21]라고 답한 까닭이다.

竊見程朱諸賢之所以爲教, 亦未嘗不以知行並進爲言, 而至論『大學』格致之功, 則其言互相出入, 往往有可疑處. 如曰'物必有理, 皆所當窮, 若天地之所以高深, 鬼神之所以幽顯, 是也', 曰'自一身之中, 以至萬物之理, 理會得多, 自然豁然有覺處', 曰'一草一木[22]亦皆有理, 不可不察'. 『大學或問』曰'使於身心性情之德, 人倫日用之常, 以至天地鬼神之變, 鳥獸草木之宜, 莫不見其所當然而不容已, 與其所以[23]然而不可易, 必其表裏精粗, 無所不盡, 而又益推其類而通之, 則於天下之物, 皆有以窮其義理精微之所極, 而吾之聰明叡智, 有以極其心之本體, 而無不盡矣', 此朱子所以得於程子, 而補亡傳之所爲作也.

정주(程朱)와 여러 현인이 가르친 것을 가만히 보면 또한 지행병진을 말하지 않았던 적이 없었다. 그러나 『대학』의 격물치지의 공부를 논한 데 이르러서는 그 말이 서로 달라서 왕왕 의심할 만한 곳이 있다. 예컨대 '사물에는 반드시 이치가 있어서 모두 마땅히 궁구해야 할 바이니, 가령 천지가 높고 깊은 이유, 귀신이 숨고 드러

21) 『논어』, 「이인(里仁)」: "공자가 말했다. '삼아, 내 도는 하나로 꿰어져 있다'. 증자가 말했다. '예'."(子曰, '參乎! 吾道一以貫之'. 曾子曰, '唯')
22) 木: 본래 '物'자로 되어 있던 것을 『대학혹문』에 근거하여 바로잡았다.
23) 以: 본래 '已'자로 되어 있던 것을 『대학혹문』에 근거하여 바로잡았다.

나는 이유 같은 것이 이것이다'[24], '한몸의 안으로부터 만물의 이치에 이르기까지 이해하는 것이 많아지면 저절로 활연히 깨우치는 곳이 있게 될 것이다'[25], '풀 한 포기, 나무 한 그루도 모두 이치를 가지고 있으니 살피지 않을 수 없다'[26]고 말한 것들이다. 『대학혹문』에 이르기를 '심신성정의 덕, 인륜일용의 항상됨과 천지귀신의 변화, 조수초목의 마땅함에 이르기까지 그 마땅히 그러하여 그만두어서는 안 되는 것과 그렇기 때문에 바꿀 수 없는 바를 알지 못함이 없게 하며 반드시 그 표리정조가 다하지 않음이 없게 한다. 또한 그런 종류를 더욱 미루어 통달하면 천하의 사물에 대해서 모두 그 의리정미의 극진한 바를 궁구하게 되고 우리의 총명예지가 그 마음의 본체를 극진히 하여 다하지 않음이 없게 된다'[27]고 하였으니, 이것이 주자가 정자한테서 얻어서 '보망'장을

---

24) 『대학혹문』: "사물에는 반드시 리가 있으니 모두 궁구해야 한다. 하늘과 땅이 높고 깊은 까닭과 귀신이 그윽하고 드러나는 까닭과 같은 것이 이것이다."(物必有理, 皆所當窮, 若天地之所以高深, 鬼神之所以幽顯, 是也)

25) 『대학혹문』: "일신으로부터 만물의 리에 이르기까지 이해하는 것이 많아지면 저절로 환하게 깨닫는 것이 있게 될 것이다."(自一身之中, 以至萬物之理, 理會得多, 自當豁然有箇覺處)

26) 『대학혹문』: "풀 한 포기와 나무 한 그루에도 역시 모두 리가 있으니, 살피지 않을 수 없다."(一草一木亦皆有理, 不可不察)

27) 『대학혹문』: "그 힘쓰는 방법은 혹은 행위가 나타난 곳을 상고하기도 하고, 혹은 사려의 은미한 곳을 살펴보기도 하며, 혹은 문자 속에서 구하기도 하고, 혹은 강론하는 즈음에 찾아보기도 하여, 신심(身心)·성정(性情)의 덕과, 인륜·일용의 상도(常道)에 있어서나, 천지·귀신의 변화와, 조수·초목의 마땅함에 이르기까지, 하나의 사물 가운데 당연하여 그만둘 수 없는 것과 또 그러하여 바꿀 수 없는 까닭을 보지 않는 것이 없게 되어, 반드시 그 겉과 속, 정밀한 것과 거친 것을 다 궁구하지 않는 것이 없고, 더욱 그 유(類)를 미루어 통하다가 어느 날 환하게 관통하는 경지에 이르게 되면, 천하 사물에 대하여 모두 그 의리의 정미한 궁극까지 궁구하여, 내 마음의 총명하고 예지로운 것도 또

지은 이유이다.

然以孔門敎人之法論之, 天地鬼神之妙, 有非初學所可得與, 而鳥獸草木之微, 又無與於吾儒切實之功. 一則有過高躐等之憂, 一則有汗漫煩瑣之弊. 正使盡窮萬物之理, 恐無與於學者身心, 而若果至於窮盡精微, 一朝豁然, 則是吾之學力, 已造於不惑知命之域, 誠意正心以下工夫, 反爲無用之剩說. 竊恐大學本意或不如此也. 故愚意以爲大學乃初學入德之書, 而格物致知乃其最初下手處. 今其闕文雖不可見, 而竊計其功程, 不過講論人倫日用之所當行, 辨別公私善惡之所由分, 以爲下面誠正修齊之本, 而至其所以爲功, 則知得一分, 行得一分, 勉勉循循, 挾持直上, 如一日之內, 讀書則硏究義理, 處獨則禁其自欺, 應物則戒四病之爲累, 接人則戒五倫之爲害. 是則八條之目, 雖曰各有次序, 而其實一倂做去, 非是致知已了, 方下誠意工夫, 誠意已了, 方下正心工夫也. 區區愚見如是, 姑記所見以待他日學力或進得一步, 則有以更思而自悟耳.

그러나 공자 문하에서 사람들을 가르친 방법을 논하자면, 천지귀신의 오묘함은 초학자가 간여할 수 있는 바가 아니며, 조수초목의 작음도 또한 우리 유학의 절실한 공부와는 전혀 관계가 없다. 하나는 지나치게 높아 등급을 뛰어넘음을 근심이 있고, 다른 하나는 허황되거나 번쇄한 폐단이 있다. 설령 만물의 이치를 다 궁구한다고 할지라도, 그것은 학자의 몸과 마음을 다듬는 공부와는 전혀

한 모두 그 마음의 본체를 다하여 다하지 않음이 없을 것이다."(若其用力之方, 則或考之事爲之著, 或察之念慮之微, 或求之文字之中, 或索之講論之際, 使於身心性情之德, 人倫日用之常, 以至天地鬼神之變, 鳥獸草木之宜, 自其一物之中, 莫不有以見其所當然而不容已, 與其所以然而不可易者, 必其表裏精粗, 無所不盡, 而又益推其類以通之, 至於一日脫然而貫通焉, 則於天下之物, 皆有以究其義理精微之所極, 而吾之聰明睿智, 亦皆有以極其心之本體, 而無不盡矣)

관계가 없을 것이다. 그리고 만약 정미한 것까지 다 궁구하여 하루아침에 환하게 깨닫는 경지에 이른다면 이것은 내 학력이 이미 불혹이나 지천명의 경지에 나아간 것이니, 성의와 정심 이하의 공부는 도리어 쓸데없는 학설이 되고 만다. 『대학』의 본의는 아마도 이와 같지 않을 것이다. 그러므로 내 생각에 『대학』은 초학자가 덕에 입문하는 책이고, 격물치지는 바로 가장 먼저 착수하는 곳이다. 지금 그 빠진 글은 비록 볼 수 없으나, 그 공부 과정을 생각해 보면 인륜이 펼쳐지는 일상생활에서 마땅히 행할 바를 강론하고, 공사(公私)와 선악이 나누어지는 원인을 변별하여, 아래 부분의 성의·정심·수신·제가의 근본으로 삼는 것에 불과할 것이다. 그 공부하는 방법에 이르러서는 한 푼을 알면 한 푼을 실행하기를 부지런히 순서에 따라 힘쓰고 앎과 행을 다 견지하여 곧바로 향상시킨다. 가령 하루 중에 독서할 때는 의리를 연구하고, 혼자 있을 때는 자기를 속이지 않으며, 사물에 응해서는 네 가지 병통이 쌓임을 경계하고, 사람을 응접할 때는 오륜의 해침을 경계하니, 이것이 팔조목이다. 비록 각기 순서가 있으나 실상은 하나로 아울러 해나가는 것이니, 치지를 마치면 바야흐로 아래의 성의공부를 하고, 성의를 마치면 바야흐로 아래의 정심공부를 하는 것이 아니다. 보잘것없는 나의 소견은 이와 같으니, 잠시 소견을 기록하여 다른 날 학력이 혹 한 걸음 더 진보하기를 기다린다면 다시 생각하여 저절로 깨달을 수 있을 것이다.

해설 주희가 '격물보망'장에서 제시한 '격물' 해석이 외부 사물의 이치 탐구에 매몰될 위험이 있음을 지적하고 있다. 주희의 『대학장구』에 비판적인 시각을 지닌 이들이 대부분 문제로 제기하는 것은 그 '격물보망'장이다. 『대학장구』 체제를 거부하고 「고본대학」 체제를 따르는 이들은 대부분 격물치지에 대한 설명이 빠졌다고 보는 주희의 관점 자체를 부정한다. 즉 「고본대학」에 빠진 글이 없이 그 자체로 완전하다고 보는 것이다. 그런데 최명길은 「고본대학」 체제를 따르면서도 '차위지지지야(此謂知之至也)' 앞에 빠진 글이 있다고 보는 주희의 견해에 동의한다. 다만 '격물'을 '사물에 나아가 그 이치를 궁구한다'고 풀이한 것이 외부 사물의 이치 탐구에 매몰될 위험이 있음을 경계한다. 주희는 『대학』의 '격물치지'에 대한 주석에 자신이 생각하는 세계관, 즉 이일분수(理一分殊)의 세계를 인식하는 방법론을 담아내고자 했다. 그래서 격물을 사사물물의 이치를 궁구하는 것으로 풀이한 것이다. 그러나 최명길은 주희의 이러한 관점이 『대학』의 기본 취지와는 거리가 있다고 여긴다. 『대학』은 사람들에게 절실한 문제를 다룬 것이다. 즉 이 세상을 평화롭게 만들기 위해서 사람들이 일상생활에서 마땅히 따라야 할 도리가 무엇인지, 그것을 어떻게 실천할 수 있는지를 다룬 것이다. 사물의 이치를 탐구하는 것은 『대학』의 주요 관심 영역에서 벗어나 있다.

(한정길 역)

대학관견
大學管見

1.

大學之道, 在明明德, 在親民, 在止於至善.

대학의 도는 명덕을 밝힘에 있으며, 백성을 친함에 있으며, 지선에 그침에 있다.

「관견(管見)」 1-1

'大學之道'云云.

'대학의 도' 운운한 부분.

'明德'者, 本心光明之德. '新民'者, 推此德於民也. 爲善而不求造於極致, 則明德之體, 終有未全. 新民不求至於極致, 則明德之推, 終有未盡. 故以'止至善'結之, 非二者之外, 別有止至善工夫也."

'명덕'이란 본심의 광명한 덕이고, '신민'이란 이 덕을 백성에게 미루어 나가는 것이다. 선을 행하되 지극한 데까지 나가기를 추구하지 않는다면 명덕의 본체가 끝내 온전하지 못함이 있을 것이고, 신민이 지극한 데에 이르기를 추구하지 않는다면 명덕을 미루어 나가는 것에 끝내 다하지 못함이 있을 것이다. 그러므로 '지선에 그친다'는 것으로 결론을 맺은 것이지, 명명덕과 신민의 두 가지 이외에 따로 지선에 그치는 공부가 있는 것은 아니다.

해설 명덕, 신민, 지어지선의 의미와 그 관계를 말하고 있다. 명덕을 본심의 덕으로 규정한 점은 주희가 『대학장구』에서 "(명덕을) 허령하고 어둡지 아니하여 중리(衆理)를 갖추고 만사에 응하는 것"[1]으로 규정한 것과 다르다. 「대학기의」에서 이미 언급한 바 있듯이 '명덕'에 대한 주희의 해석은 마음을 가지고 말한 것이지, 마음의 덕을 말한 것은 아니다. 그러나 최명길은 '마음의 밝은 덕'의 구체적인 내용에 대해서는 설명하고 있지 않다. 참고로 왕수인은 마음의 덕을 천지만물을 한 몸으로 여길 수 있는 '인(仁)'으로 풀이한다. 한편 「대학관견」은 「대학기의」와는 달리 「고본대학」 체제를 따른다. 그렇다고 해서 최명길이 「고본대학」 체제를 완정한 것으로 여기는 것은 아니다. 그 가운데 하나가 '친민'에 대한 이해이다. 최명길은 정이천이나 주희가 '친민'을 '신민'으로 수정한 것에 이의를 제기하지 않고, 그대로 따른다. 그러나 본심의 밝은 덕을 백성들에게 미루어 나가는 것을 '신민'으로 풀이한 그의 해석은 왕수인이 말하는 '친민'의 의미와 다르지 않다. '친민'을 '신민'으로 수정한 것은 주희의 관점을 따르지만, 그 의미에 대한 이해는 양명학에 가깝다.

2.

知止而后有定, 定而后能靜, 靜而后能安, 安而后能慮, 慮而后能得.

그칠 데를 안 뒤에 정해짐이 있으니, 정해진 뒤에 고요할 수 있고, 고요한 뒤에 편안할 수 있고, 편안한 뒤에 사려할 수

---

1) 『대학장구(大學章句)』, '明德'에 관대 주희주: "명덕은 사람이 하늘에서 얻은 것으로, 허령하고 어둡지 않아서 온갖 리를 갖추고 만사에 응하는 것이다. 다만 기품에 구애되고 인욕에 가려지게 되면 때로 어두울 적이 있다. 그러나 그 본체의 밝음은 일찍이 쉬지 않는다. 그러므로 배우는 자는 마땅히 그 발하는 바를 인하여 마침내 밝혀서 그 처음을 회복해야 한다."(明德者, 人之所得乎天, 而虛靈不昧, 以具衆理而應萬事者也. 但爲氣稟所拘, 人欲所蔽, 則有時而昏; 然其本體之明, 則有未嘗息者. 故學者當因其所發而遂明之, 以復其初也)

있고, 사려한 뒤에 얻을 수 있다.

「관견(管見)」 1-2

'知止而后有定'云云.

'그칠 데를 안 뒤에 정해짐이 있다'고 운운한 부분.

君子之學, 未有不知而能行者, 故三綱領之下, 卽言此以明之. 所謂'所當止之地'者, 如爲父當止於慈, 爲子當止於孝, 爲人當止於聖人, 爲治當止於三代. 旣知所止, 則心有定向而無他歧之惑矣. '靜'者, 定之效. '安'者, 靜之極. 心靜且安然後, 方能隨事精察而處得其當, 此之謂能慮能得.

군자의 학문에는 알지 못하면서 행할 수 있는 것은 없다. 그러므로 삼강령 아래에 곧바로 이 '지지이후유정(知止而后有定)' 운운하는 구절을 말함으로써 그것을 밝혔다. 이른바 '마땅히 그쳐야 할 바의 곳'이란, 예를 들면 아버지가 되어서는 마땅히 자애에 그쳐야 하고, 자식이 되어서는 마땅히 효에 그쳐야 하며, 사람이 되어서는 마땅히 성인에 그쳐야 하고, 정치는 마땅히 삼대에 그쳐야 한다는 것들이다. 그칠 데를 알게 되면 마음에 일정한 방향이 있어서 다른 길에 미혹됨이 없을 것이다. '고요함'이란 마음에 방향이 정해진 효과이고, '편안함'이란 고요함이 지극한 것이다. 마음이 고요하고 또 편안한 연후에 비로소 일에 따라 정밀히 살펴서 일처리에 그 마땅함을 얻을 수 있다. 이것을 일러 능히 생각하고 능히 얻는다고 한다.

해설 최명길은 '지지(知止), 유정(有定), 능정(能靜), 능안(能安), 능려(能慮), 능득(能得)'의 여섯 가지 가운데 '안(安)'과 '려(慮)'에 대한 주희의 풀이에 의문을 제기한다. 주희는 '안'을 '처한 바에 편안해 한다'고 풀이하고, '려'를 '일처리가 정밀하고 상세하다'는 뜻으로 풀이한 바 있다.[2] 이에 대해 최명길은 "'안'이란 안정되고 고요함이 지극한 것이지 처하는 곳에 따라 편안해 함을 가리키는 것이 아니다. '려'란 찰식하는 것을 말하는 것이다. 아직 일을 처리하는 데까지 미치지는 않은 것이다"[3]라고 말한다. 주희가 '안'과 '려'를 외적으로 드러나는 행위로 이해했다면, 최명길은 내적인 마음 상태와 사려하는 작용으로 이해하고 있다.

3.

古之欲明明德於天下者, 先治其國, 欲治其國者, 先齊其家, 欲齊其家者, 先脩其身, 欲脩其身者, 先正其心, 欲正其心者, 先誠其意, 欲誠其意者, 先致其知, 致知在格物.

옛날에 천하에 명덕을 밝히고자 한 자는 먼저 그 나라를 다스리고, 그 나라를 다스리고자 한 자는 먼저 그 집안을 가지런히 하고, 그 집안을 가지런히 하고자 하는 자는 먼저 그

2) 『대학장구』, '知止而后有定'장에 대한 주희주: "편안함은 처한 바에 편안함을 말하고, 사려는 일을 처리하기를 정밀하고 상세히 함을 말한다."(安, 謂所處而安. 慮, 謂處事精詳)

3) 『지천선생속집(遲川先生續集)』 권7, 「思問錄」, 「大學記疑」, 513b: "생각건대, '안(安)'이라는 것은 안정되고 고요함이 지극한 것이지 처하는 곳에 따라 편안함을 가리키는 것이 아니다. '려(慮)'라는 것은 살펴서 안다는 말로서 아직 일을 처리하는 데까지는 미치지 않은 것이다. 이 두 가지 문구도 의심이 없을 수 없다."(愚按, '安'者, 定靜之極, 非指隨處而安. 慮者, 察識之謂, 未便及於處事也. 此二語亦不能無疑)

몸을 닦고, 그 몸을 닦고자 하는 자는 먼저 그 마음을 바르게 하고, 그 마음을 바르게 하고자 하는 자는 먼저 그 뜻을 성실하게 하고, 그 뜻을 성실하게 하고자 하는 자는 먼저 그 앎을 지극히 하였으니, 앎을 지극히 함은 사물의 이치를 궁구함에 있다.

「관견(管見)」 1-3

'古之欲明明德於天下者' 云云.

'옛날에 천하에 명덕을 밝히고자 한 자는' 운운한 부분.

「倉頡篇」曰'格, 量度之也'. 格物言量度事物之宜, 以求吾之所當止. 知止, 則知至矣. 變其文體而言'致知在格物'者, 物格則知至, 非二事也. 若誠意以下, 則各有工夫次第矣.

「창힐편」에서 '격은 헤아리는 것(量度之)이다'라고 하였다. 격물은 사물의 마땅함을 헤아려 내가 마땅히 그쳐야 할 바를 구하는 것이다. 그칠 데를 아는 것이 곧 앎이 이른 것이다. 그 문체를 바꾸어서 '치지는 격물에 있다'고 말한 것은 사물이 헤아려지는 것이 바로 앎이 이르는 것이니, 두 가지 일이 아니다. 그러나 '성의' 이하는 각기 공부에 순서가 있다.

해설 '격물'에 대한 최명길의 해석이 나타나 있다. 기존에 '격물'에 대한 다양한 주석들이 있어 왔다. 대표적으로 주희는 '격물'의 '격'을 '지(至)'로 '물'을 '사물지리(事物之理)'로 풀이했으며, 왕수인은 '격'을 '정(正)'으로 '물'을 '의

지소재지사(意之所在之事)'로 풀이한 바 있다. 그리고 왕간(王艮)은 '격물'의 '격'을 '헤아린다'는 의미의 '혈탁(絜度)'으로[4] '물'을 '신'·'가'·'국'·'천하'와 '일체의 천지만물'을 가리키는 것으로 본다. 그리고 '격물'을 물 가운데 몸이 근본이고, '가'·'국'·'천하'나 '천지만물'이 말단이라는 것을 헤아려 알아서 근본인 몸을 편안하게 하는 것으로 풀이한다.[5] 이들과 달리 최명길은 '격'을 '헤아리다'는 의미의 '양탁(量度)'으로 '물'을 '사리의 마땅함'으로 해석한다. 최명길은 '격물'을 사리의 마땅함을 헤아리는 것으로 이해한 것이다. 사리의 마땅함을 헤아리는 까닭은 나의 행위가 그쳐야 할 데가 어디인지를 알기 위함이다. 사리의 마땅함을 헤아려 그쳐야 할 바를 알면 앎이 이르게 된다. 물이 격하게 되면 앎은 저절로 이른다. 따라서 격물과 치지는 두 가지 일이 아니다. 이 때문에 『대학』에서 '치지하려면 격물해야 한다'고 말하지 않고, '치지는 격물에 있다'고 말한 것이다. 이처럼 최명길은 격물과 치지는 동시에 이루어지는 하나의 일로 여긴다. 반면에 성의 이하, 즉 성의-정심-수신 공부에는 각각 순서가 있다고 본다. 이 점은 왕수인이 격(格)·치(致)·성(誠)·정(正)·수(修)를 하나의 일로 본 것과 대조된다.

4.

其本亂而末治者否矣, 其所厚者薄, 而其所薄者厚, 未之有也. 此謂

---

4) 『왕심재전집(王心齋全集)』, 권3 「語錄下」, 72쪽: "물에는 근본과 말단이 있다. 격은 헤아린다는 뜻이다. 근본과 말단 사이를 헤아려 천자로부터 서인에 이르기까지 한결같이 모두 수신을 근본으로 삼음을 아는 것이다."(物有本末, 格, 絜度也, 絜度于本末之間, 而知自天子以至于庶人, 壹是皆以修身爲本)

5) 『왕심재전집』, 권2 「語錄上」, 42쪽: "몸이 천하와 나라 가정의 근본임을 안다면 천지만물이 자기에게 의지하지, 자기가 천지만물에 의지하지 않게 될 것이다."(知得身是天下國家之本, 則以天地萬物依於己, 不以己依于天地萬物) / 『왕심재전집』, 권3 「語錄下」, 71쪽: "몸을 편안하게 하는 것은 천하의 대본을 세우는 것이다."(安身者, 立天下之大本也)

知本, 此謂知之至也.

그 근본이 어지러운데 말단이 다스려지는 자는 없으며, 두텁게 할 것에 박하게 하고 박하게 할 것에 두텁게 하는 자는 있지 않다. 이것을 일러 근본을 안다고 하고, 이것을 일러 앎이 지극하다고 한다.

「관견(管見)」 1-4

'其本亂而末治者否' 云云.

'그 근본이 어지러운데 말단이 다스려지는 자는 없다' 운운한 부분.

'此謂知本, 此謂知之至也'. 〈此以下並從古本〉

'이것을 일러 근본을 안다고 하고, 이것을 일러 앎이 지극하다고 한다'. 〈이 이하는 모두 고본을 따른다〉

三綱領之下旣以'知止'結之, 八條目之下尤以'知本'結之, 可見古人之學, 以知爲先. 而致知之要, 又不出於知止知本而已, 亦可見古人致知之功, 無非切己之學也.

삼강령 아래에 이미 '지지(知止)'로 결론을 맺고, 팔조목 아래에 또 '지본(知本)'으로 결론을 맺었으니, 옛사람의 학문이 '앎(知)'을 우선으로 했음을 알 수 있다. 그리고 치지의 요체는 또 그칠 데를 알고, 근본을 아는 것을 벗어나지 않을 따름이니, 역시 옛사람의 치지 공부가 자기에게 절실한 학문이 아님이 없음을 알 수 있다.

해설 최명길은 지와 행의 관계에서 '선지후행' 입장을 취한다. 삼강령과 팔조목 아래에 각각 '지지(知止)'와 '지본(知本)'으로 결론 맺은 데서 옛사람의 학문이 '지'를 우선적인 것으로 여긴 사례를 발견한다. 이처럼 지행관에서 그는 주희 입장에 가깝다. 그러나 최명길은 그 앎의 대상을 주자가 일체 사사물물의 리를 그 탐구의 대상으로 삼았던 것과 달리 '사리지당연(事理之當然)'으로 제한한다. 최명길은 인간사에서 사람이 마땅히 따라야 할 바의 도리를 아는 것이 무엇보다 절실한 것이라고 여긴 것이다.

5.

所謂誠其意者, 毋自欺也, 如惡惡臭, 如好好色, 此之謂自謙, 故君子必愼其獨也! 小人閒居爲不善, 無所不至, 見君子而后厭然, 揜其不善, 而著其善. 人之視己, 如見其肺肝然, 則何益矣. 此謂'誠於中, 形於外', 故君子必愼其獨也. 曾子曰, "十目所視, 十手所指, 其嚴乎!" 富潤屋, 德潤身, 心廣體胖, 故君子必誠其意.

이른바 그 뜻을 성실하게 한다는 것은 스스로를 속이지 않는 것이니, 악을 미워하기를 악취를 미워하는 것과 같이하며, 선을 좋아하기를 호색을 좋아하는 것과 같이해야 한다. 이것을 '자겸'이라 이른다. 그러므로 군자는 반드시 그 홀로를 삼가는 것이다. 소인이 한가로이 거할 때에 불선한 짓을 하되 이르지 못하는 바가 없다가, 군자를 본 뒤에 겸연쩍게 그 불선함을 가리고 선함을 드러낸다. 남들이 자기를 보기를 자신의 폐부를 보듯이 한 것이니, 그렇다면 무슨 유익함이 있겠는가? 이것을 일러, '중심에 성실하면 외면에 나타난다'고 하는 것이다. 그러므로 군자는 반드시 그 홀로 있을 때를 삼간다. 증자가 말했다. "열 눈이 보는 바이며, 열 손가락이 가리키는 바이니, 무섭구나!" 부유함은 집을 윤택하게 하고, 덕은 몸을 윤택하게 하니, (덕이 있으면) 마음이 넓어지고 몸이 펴진다. 그러므로 군자는 반드시 그 뜻을 성실히 하는 것이다.

「관견(管見)」 1-5

'所謂誠其意者'云云.

'이른바 그 뜻을 성실히 한다는 것은'이라 운운한 부분.

上文頻頻提記'知'字, 此又單擧'誠意'爲言者, 喫緊工夫專在此一條故也.

윗 문장에서 '지(知)'자를 빈번히 들어 기록하였는데, 여기에서는 단지 '성의'만을 들어서 말한 것은 긴요한 공부가 오로지 이 한 조목에 달려 있기 때문이다.

해설 '성의'장 앞에서 '지'를 중점적으로 말했다면 '성의'장에서는 마음 공부를 중점적으로 말하고 있다고 본다. 「고본대학」 체제를 따르는 사람들은 대체로 '성의'장을 중시한다. 공부의 긴요한 내용을 언급하고 있을 뿐만 아니라, 명명덕과 친민이 지극한 상태에 도달한 내용까지 '성의'장에서 모두 언급하고 있기 때문이다. 최명길도 성의를 공부의 근본으로 보는 관점에서 '성의'장을 이해한다.

6.

『詩』云‘瞻彼淇澳, 菉竹猗猗. 有斐君子, 如切如磋, 如琢如磨. 瑟兮僩兮, 赫兮喧兮. 有斐君子, 終不可諠兮!’ 如切如磋者, 道學也. 如琢如磨者, 自脩也. 瑟兮僩兮者, 恂慄也. 赫兮喧兮者, 威儀也. 有斐君子, 終不可諠兮者, 道盛德至善, 民之不能忘也.

『시경』에 이르기를 ‘저 기수 모퉁이를 보니, 푸른 대나무가 무성하구나! 문채 나는 군자여, 잘라놓은 듯하고, 간 듯하며, 쪼아놓은 듯하고, 간 듯하다. 엄밀하고 굳세며, 빛나고 점잖으니, 문채 나는 군자여, 끝내 잊을 수 없다’고 하였다. 잘라놓은 듯하고, 간 듯하다는 것은 학문을 말한 것이요, 쪼아놓은 듯하고, 간 듯하다는 것은 스스로를 닦음이요, 엄밀하고 굳세다는 것은 마음이 두려워함이요, 빛나고 점잖다는 것은 위의요, 문채 나는 군자를 잊을 수 없다는 것은 성덕과 지선을 백성이 잊지 못함을 말한 것이다.

「관견(管見)」 3-1

‘『詩』云瞻彼淇奧’云云.

‘『시경』에 이르기를, 저 기수 모퉁이를 본다’고 운운한 부분.

此章言明明德之止於至善, 而包三綱八條在其中.

이 장은 명명덕이 지선에 그친 것으로서 삼강령과 팔조목을 그 가운데 포함하고 있음을 말하였다.

해설 앞에서 살펴보았듯이 최명길은 '명명덕'과 '신민' 이외에 '지어지선'이 별도로 존재하는 것은 아니라고 본다. '명명덕'과 '신민'이 지극한 단계에 이른 것을 '지어지선'으로 보는 것이다. 최명길은 '성의'장에 실린 『시경』「위풍(衛風)」 '기욱(淇澳)'시를 '명명덕'이 '지선'의 단계에 도달한 것을 찬미한 시로 이해한다.

7.

『詩』云'於戲前王不忘!' 君子賢其賢而親其親, 小人樂其樂而利其利, 此以沒世不忘也.

『시경』에 이르기를 '아아! 전왕을 잊지 못한다'고 하였다. 군자는 그 어짊을 어질게 여기고 그 친한 이를 친히 여기며, 소인은 그 즐겁게 해주심을 즐거워하고 그 이롭게 해주심을 이롭게 여기니, 이 때문에 세상에 없어도 잊지 못하는 것이다.

「관견(管見)」 3-2

'『詩』云於戲前王'云云.

'『시경』에 이르기를, 아아! 전왕을 잊지 못한다'고 운운한 부분.

此章言新民之止於至善. 君子謂在上之人, 小人謂在野之人. 尊賢親親, 先王之所以教君子, 樂樂利利, 先王之所以遂群生. 君子樂得其道, 小人樂得其欲, 新民之切於斯至矣. 此兩引詩, 皆所以詠歎上文之意, 有味乎其言之也. 竊疑此以上當屬經文, 其下七章乃後儒追爲立傳, 以發其餘意, 詳觀文體, 則可辨矣.

이 장은 신민이 지선에 그친 것을 말하였다. 군자는 통치 지위에 있는 사람을 말하고, 소인은 재야에 있는 사람을 말한다. 어진 이를 받들고 친한 이를 친하게 여기는 것은 선왕이 군자를 가르친 것이며, 즐겁게 해주는 것을 즐겁게 여기고 이롭게 해주는 것을 이롭게 여기는 것은 선왕이 백성을 기른 것이다. 군자는 도를 얻음을 즐거워하고, 소인은 욕망을 이룸을 즐거워하니, 신민의 절실함이 여기에서 지극해진다. 여기에서 시 두 편을 인용한 것은 모두 윗 문장의 뜻을 찬탄한 것이니, 그 말에 음미할 만한 것이 있다. 나는 이 장까지는 마땅히 경문에 속하지만, 그 아래 일곱 장은 후대 유자들이 뒤이어 전을 세워서 그 남겨진 뜻을 표현한 것이라고 생각한다. 문체를 자세히 살펴보면 변별할 수 있다.

해설 최명길은 『시경』 「주송(周頌)」 '열문(烈文)'시의 '어희전왕불망(於戲前王不忘)'은 신민이 지선의 단계에 도달한 것을 읊은 것으로 본다. '존현친친, 락락이이'에 대한 최명길의 해석은 주희의 그것과 다르다. 최명길은 이 절을 군자와 소인에 대한 문왕의 정치 행위를 언급한 것으로 이해한다. 군자와 소인이 바라는 것을 이루어 주는 것이 정치라고 여긴 것이다. 이 점은 훗날 다산 정약용의 이해와도 상통한다.[6)]

---

6) 『여유당전서(與猶堂全書)』 제2집 제1권, 「大學公議」 2, 23면: "군자는 지위가 있는 사람이고, 소인은 소민이다. 군자는 전왕이 어진 자를 어질게 여기고 친한 이를 친하게 여겼기 때문에 잊지 못하며, 소인은 전왕이 백성의 즐거움을 즐기고 백성에게 이로운 것을 이롭게 했기 때문에 잊지 못한다."(君子有位也, 小人小民也. 君子以前王嘗賢賢而親親, 故不忘. 小人以前王嘗樂民之樂而利民之利, 故不忘也)

8.

子曰'聽訟, 吾猶人也, 必也使無訟乎!' 無情者不得盡其辭. 大畏民志, 此謂知本.

공자가 '송사를 다스림은 내 남과 같이 하지만, 반드시 백성들로 하여금 송사함이 없게 하겠다'고 하였다. 실정이 없는 자가 그 거짓말을 다 하지 못 하게 함은 백성의 마음을 크게 두렵게 하기 때문이니, 이것을 일러 근본을 안다고 한다.

「관견(管見)」 4

'子曰聽訟吾猶人也'云云.

'공자가 말하기를, 송사를 다스림은 내 남과 같이 한다'고 운운한 부분.

'聽訟猶人', 固善矣. 然不若使民無訟之爲盡善. 擧此一例, 餘可類推. 竊按, 此章伯程子置之平天下章, 則文體不侔. 叔程子置之經一章, 則語意不貫. 朱子以爲本末傳, 則三綱八條之外, 又豈有本末傳乎? 故愚以爲不如仍舊之爲愈. 蓋明明德之傳, 三引詩後, 以皆自明結之. 新民之傳, 又三引詩矣. 後又以君子無所不用其極結之. 止至善之傳, 又三引詩矣. 不可無結語. 故又引孔子之言以結之. 蓋所以明夫修己治人之道, 各求造於極致, 不可安於小成而遂止也. 但夫子所言無訟, 蓋導之以德, 齊之以禮, 民化於善, 自無鬪爭之謂. 今曰大畏民志, 則又落第二義. 恐是傳者之誤也.

'송사를 다스림을 남과 같이 한다'는 것은 진실로 좋은 것이다. 그러나 백성들로 하여금 송사가 없게 하는 것이 최선인 것만 못하다. 이 하나의 예를 들면 나머지는 유추할 수 있다. 생각건대, 이 장을 정명도가 '평천하'장 아래에 둔 것은 문체가 맞지 않고, 정이천이 경1장에 둔 것은 말의 뜻이 연결되지 않는다. 주자는 '본말'전으로 여겼는데, 삼강령과 팔조목 이외에 또 어찌 '본말'전이 있겠는가? 그래서 나는 구본 그대로 두는 것이 낫다고 생각한다. '명명덕'전은 세 편의 시를 인용한 뒤에 '모두 스스로 밝히는 것이다'는 말로 끝을 맺었다. '신민'전도 또한 세 편의 시를 인용하고 나서 또 '군자는 그 지극함을 쓰지 않는 바가 없다'는 말로 끝을 맺었다. '지지선'전도 또한 세 편의 시를 인용하였는데, 결어가 없을 수 없어서 또 공자의 말을 인용하여 끝을 맺었다. 대개 수기치인의 도는 각각 극치에 이르기를 구해야지 작게 이루는 데 안주하여 그쳐서는 안 됨을 밝힌 것이다. 단지 공자가 말한 '송사함이 없게 한다'는 말은 덕으로 인도하고 예로 다스려서 백성들이 선하게 되어 저절로 다툼이 없게 됨을 말한 것이다. 이제 '백성의 마음을 크게 두렵게 한다'고 말한다면 또 부차적인 뜻에 떨어지고 만다. 아마도 전한 자의 오류일 것이다.

해설 '청송'장이 왜 '성의'장에 자리하고 있는가? 이것은 주석가들 사이에 논의가 된 문제이다. 최명길은 '청송'장이 '지어지선'전의 결어이기 때문에 '성의'장에 자리하게 되었다고 본다. '청송'장에서 최명길이 지적하는 문제는 '백성들의 뜻을 크게 두렵게 한다(大畏民志)'는 구절이다. 그에 의하면 성인의 정치는 덕으로 인도하고 예로 질서를 잡는 것이다. 그것은 형벌이나 정치명령 등을 통하여 사람들을 두렵게 하지는 않는다. 그런데 백성을 두렵게 해서 송사가 일어나지 않도록 하는 것은 일정한 강제성과 폭력성을 띠게 된다. 그것은 공자의 본의가 아니다. 공자의 본의는 사람들을 덕으로 인도하여 그들 각 개개인들이 자기 내면에서 일체 행위의 본원인 마음을 바르게 하고 맑게 하여 송사를 일으키는 마음을 근원적으로 제거하려는 데 있다.

「大學」本『禮記』篇名. 至兩程始表章之以敎後學, 而編次釐正之際, 兩程及朱子互有異同, 致惹後學之疑. 至晦齋又將經傳中數章以爲格物傳, 而名之曰'補遺', 固有所見而片碎抽拈, 亦未見其穩當. 明儒王守仁氏, 一從古本, 旣爲之作序, 又爲之傍什, 而其與門人問答有許多說話. 其所謂'傍什'者, 余時未見之. 但'親民'之親, '身有忿懥'之身, 悉從古本, 其牽强難通矣. 甚至'格物'之格, 訓以正字, 而曰格其心之物, 格其意之物, 格其知之物, 曰正其物之心, 誠其物之意, 致其物之知, 恍惚莫詰其端, 悉取古人爲學次第, 顚倒而眩亂之, 其誤後學者多矣. 若余所言, 則異於是. 文則存孔子, 義則從程朱, 非故求異於前賢也. 然先儒正本, 妄有他議, 自知難免僭率之罪, 而所見旣如此. 故錄而藏之, 以待他日更容思索以求歸於正耳.

「대학」은 본래 『예기』의 편명인데, 이정에 이르러 비로소 드러내어 후학을 가르쳤다. 편차를 정리하는 과정에서 이정과 주자 사이에 동이점이 있어서 후학의 의심을 불러들였다. 회재(晦齋) 이언적(李彦迪)에 이르러 또 경전 가운데 여러 장을 '격물'전으로 삼고 그것을 '보유'라고 이름 붙였는데, 진실로 본 바는 있지만 조각글을 뽑은 것이어서 역시 그것이 온당한지 모르겠다. 명대의 유학자 왕수인은 한결같이 고본을 따라서 이미 서문을 지었고, 또 옆에 해설을 붙였으며, 문인과 문답한 것에 많은 논설이 있다. 그 이른바 옆에 해설을 붙인 「대학고본방석」은 내가 아직 보지 못하였다. 단지 '친민'의 '친'과 '신유분치'의 '신'은 모두 고본을 따랐으니, 견강부회하여 통하기 어렵다. 심지어 '격물'의 '격'을 '정(正)'자로 해석하여 "그 마음의 물을 격하고, 그 의의 물을 격하고, 그 지의 물을 격한다"고 하며, 또 "그 물의 마음을 바르게 하고, 그 물의 뜻을 성실하게 하고, 그 물의 지를 이룬다"고 하니, 황홀하여 그 실마리를 따질 수도 없다. 이 모두가 옛사람의 학문하는 순서를 취하여 그것을 전도시켜 어지럽게 만들었으니, 후학을 그르침이 많다. 내가 말하는 바는 이와 달라, 문장은 공자의 정신을 보존하고 의리는 정주를 따랐으니, 일부러 앞선 현인과 다름을 추구한 것은 아니다. 그러나 선유의 정본(定本)에 망령되게도 다른 의견이 있어서 참람하고 경솔한 죄를 면하기 어렵다는 점을 스스로 알면서도 소견이 이미 이와 같기 때문에 기록을 하여 보관해 두었다가 훗날 다시 사색하여 바른 데로 돌아가기를 기대한다.

해설 최명길 자신이 「대학기의」와 「대학관견」을 지은 동기를 밝히고 있다. 한마디로 선유들과 소견이 다르기 때문이다. 그가 비판 대상으로 삼고 있는 선대 유자로는 이정, 주희, 회재 이언적, 왕수인 등이다. 이정과 주희가 새롭게 개정한 「대학」의 편차 체제가 서로 다르다는 점, 이언적의 「대학장구보유」가 조각글을 모은 것이라서 그 논거가 불충분하다는 점을 제시한다. 그리고 왕수인의 「대학」이해에 대해서는 '친민'의 '친'과 '신유분치'의 '신'에 대한 주석에서 「고본대학」을 따른 점과 '격물'의 '격'을 '정(正)'자로 풀이한 점을 비판한다.

(한정길 역)

중용관견
中庸管見

1. 제1장 1절

天命之謂性, 率性之謂道, 修道之謂教.

하늘이 명한 것을 성(性)이라고 하고, 성을 따르는 것을 도(道)라고 하며, 도를 닦는 것을 교(教)라고 한다.

「관견(管見)」 1-1

天所賦與謂之'命', 物所稟受謂之'性', 循性而行謂之'道', 道則性也. 性則命也. 性雖本善而七情所感, 易流於惡, 故聖人設爲庠序學校, 導之以孝悌忠信之行, 申之以禮樂詩書之教, 皆所以修明此道以教天下, 卽下文所謂'自明誠謂之教'也.

하늘이 부여해 준 것을 '명(命)'이라고 하고, 사물이 받은 것을 '성(性)'이라고 하며, 성(性)을 따라 행하는 것을 '도(道)'라고 한다. 도는 곧 성이고, 성은 곧 명이다. 성은 비록 본래 선하지만 칠정의 자극을 받은 것은 악으로 흐르기 쉽다. 그래서 성인이 상(庠)ㆍ서(序)ㆍ학(學)ㆍ교(校)[1]를 세워서 효제충신의 행실로 인도하고, 예악시서(禮樂詩書)의 교화로 펼친 것은 모두 이 도리를 닦아 밝혀서 천하를 교화하고자 한 것이니, 바로 아래 문장에서 이른바 '밝히는 것으로부터 성실해지는 것을 교(教)라고 한다'[2]는 것이다.

---

1) 『맹자』, 「양혜왕상」: "백무의 농토를 그 농사철을 놓치지 않고 경작하면 여러 가족이 굶주리지 않을 수 있다. 상서의 교육기관에서 가르침으로 효제를 통한 봉양을 펼치면 늙은 사람이 길에서 짐을 지지 않아도 될 것이다."(百畝之田, 勿奪其時, 數口之家可以無飢矣. 謹庠序之教, 申之以孝悌之養, 頒白者不負戴於道路矣)

해설 최명길의 『중용』 1장에 대한 주석을 주희의 주석[3]과 비교할 때는 그의 독자적인 특징이 드러난다. 주희는 하늘이 명한 성(性)은 리인데, 구체적으로 기가 형체를 이룰 때 리가 거기에 부여되는 것이 명령하는 것과 같다고 하여 성리학적 이기론에 따라 '천명지위성(天命之謂性)'을 해석하였다. 그리고 본성에 고유한 것과 마땅히 해야 하는 소당연(所當然)의 길을 도라고 보았다. 성인이 교화를 행하는 이유를 기의 차이에 따라 과불급의 잘못을 범할 수 있는 것에 두어 마찬가지로 기(氣)의 청탁수박이라는 관점에서 교화의 근거를 언급하였다. 이뿐만 아니라 성인이 교화를 행하는 수단을 예악형정(禮樂刑政)이라고 말함으로써 예악으로 내적 외적인 도덕성과 도덕규범을

---

2) 『중용』, 21장.

3) 『중용장구』, 1장 주희주: "명(命)은 명령하는 것이고, 성은 곧 리(理)이다. 하늘이 음양오행으로 만물을 변화시켜서 낳을 때 기가 형체를 이루면 리가 거기에 부여되는 것이 명령하는 것과 같다. 이에 사람과 생물이 생겨날 때는 각각 부여받은 리를 가지고 건순오상의 덕으로 삼으니, 이것이 이른바 성(性)이다. '솔(率)'은 따르는 것이고, 도는 길과 같다. 사람과 생물이 각각 그 자연스러운 본성에 따르면 그 일상사물 사이에 모두 행해야 하는 길이 있으니, 이것이 이른바 도(道)이다. '수(修)'는 등급에 따라 마디지우는 것이다. 성과 도가 비록 같다고 해도, 받은 기가 때로 달라서 지나치거나 모자라는 오차가 없을 수 없다. 성인은 사람과 생물이 행해야 하는 것에 따라서 등급에 따라 마디지어 천하에 본보기로 삼았으니 이것을 '교(教)'라고 하니, 예악형정과 같은 것이 이것이다. 대개 사람이 자기에게 성이 있는 것은 알면서 그것이 하늘에서 나왔음을 모르고, 일에 도가 있다는 것은 알면서도 그것이 성에 말미암는다는 것은 모르며, 성인에게 교화가 있다는 것은 알면서도 그것이 나에게 고유한 것에 따라서 마름질한 것을 모른다. 그래서 자사(子思)는 여기에서 먼저 그것을 발휘하여 밝혔으니, 동중서가 '도의 커다란 근원은 하늘로부터 나온다'라고 한 것 또한 바로 이런 뜻이다."(命猶令也. 性卽理也. 天以陰陽五行, 化生萬物, 氣以成形而理亦賦焉, 猶命令也. 於是人物之生, 因各得其所賦之理, 以爲健順五常之德, 所謂'性'也. 率, 循也. 道猶路也. 人物各循其性之自然, 則其日用事物之間, 莫不各有當行之路, 是則所謂'道'也. 修, 品節之也. 性道雖同, 而氣稟或異, 故不能無過不及之差. 聖人因人物之所當行者, 而品節之, 以爲法於天下, 則謂之教. 若禮樂刑政之屬, 是也. 蓋人知己之有性, 而不知其出於天, 知事之有道, 而不知其由於性, 知聖人之有教, 而不知其因吾之所固有者裁之也. 故子思於此首發明之. 而董子所謂'道之大原出於天', 亦此意也)

자율적으로 닦아가기도 하지만, 기의 치우침으로 말미암는 과불급의 행동에 대하여 형정이라는 수단을 통하여 외적인 규제를 가하는 것 또한 교화의 수단으로 보았다.

주희는 자사가 『중용』 1장을 통하여 밝히고자 한 것은 '성', '도', '교'가 각각 '하늘의 명으로부터', '성을 따름으로부터', 그리고 '도의 마름질로부터' 오는 것임을 드러낸 것이라고 하였다. 마지막으로 주희는 자사의 『중용』 1장은 동중서의 '도의 근원은 하늘에서 나온다'[4]고 언급한 구절을 인용하여 구체적인 일상에서의 실천적 노력보다 형이상학적 근원으로 지향하여 도덕적 실천을 위한 근거로 소급하여 올라가는 방향을 설명하는 것에 초점을 맞추고 있다. 요약하자면 주희는 기의 과불급과 치우침을 언급함으로써 이기론의 관점에서 수양과 교화의 필요성을 언급하고 외적 통제를 가하는 형정을 그 수단으로 언급하였다. 반면 최명길은 성정론의 측면에서 칠정이 악으로 흐리기 쉽다는 점에 근거하여 교화의 필요성을 언급하면서도 성인이 교화를 행하는 수단으로 예악과 함께 '시서(詩書)'를 언급함으로써 외적 규제가 아닌 자율적인 내적 함양을 할 것을 강조하고 있다. 특히 이를 위해 상서학교를 세워서 효제충신의 행실을 닦게 하는 것이 필수적이라고 하여 도덕적 교화와 자율적 실천을 강조하고 있다.

이 점에서 최명길의 『중용』 1장에 대한 이해는 형이상학적 근거로 올라가는 주희의 노선과 달리 구체적인 현실에서 예악시서라고 하는 실천적 지식을 학습하고 효제충신을 실천함으로써 도덕적 이치에 대한 앎보다는 구체적 덕목의 실천을 강조하고 있다.

2. 제1장 2절

致中和, 天地位焉, 萬物育焉.

중화(中和)를 극진하게 하니 천지가 자리잡고 만물이 길러진다.

---

4) 『한서(漢書)』 권56, 「동중서전(董仲舒傳)」.

『中庸章句』, ‘致’, 推而極之也. ‘位’者, 安其所也. ‘育’者, 遂其生也. 自‘戒懼’而約之, 以至於至靜之中, 無少偏倚, 而其守不失, 則極其中而天地位矣. 自‘謹獨’而精之, 以至於應物之處, 無少差謬, 而無適不然, 則極其和而萬物育矣. 蓋天地萬物本吾一體, 吾之心正, 則天地之心亦正矣, 吾之氣順, 則天地之氣亦順矣. 故其效驗至於如此. 此學問之極功 聖人之能事, 初非有待於外, 而修道之教亦在其中矣. 是其一體一用雖有動靜之殊, 然必其體立而後用有以行, 則其實亦非有兩事也. 故於此合而言之, 以結上文之意.

『중용장구』에서, ‘치(致)’는 미루어 극진히 하는 것이다. ‘위(位)’는 제자리를 얻어 편안한 것이다. ‘육(育)’은 그 생명을 이루는 것이다. ‘계구’로부터 요약하여 지극히 고요한 가운데 이르고, 조금의 치우침이나 기욺이 없이 지켜서 잃지 않으면 그 중을 극진히 하여 천지가 자리 잡는다. ‘근독’으로부터 정밀하게 하여 사물에 감응하는 곳에 이르고 조금의 오차나 잘못도 없이 적절하지 않은 곳이 없으면 그 화를 극진히 하여 만물이 길러진다. 대개 천지만물은 본래 한 몸이니, 나의 마음이 바르면 천지의 마음도 바르게 된다. 나의 기가 순조로우면 천지의 기운도 순조롭게 된다. 그래서 그 효과가 이와 같은데 이르게 된다. 이것이 학문을 한 극진한 효과이고 성인이 잘하는 일로서 애초에 마음 바깥에 의지하는 것이 없고, 도를 닦는 가르침 또한 그 가운데 있다. 이것이 그 체가 되고 용이 될 때 비록 동정의 다름이 있지만, 반드시 그 체가 서고 나서 용이 행해지니, 사실은 두 가지 일이 있는 것이 아니다. 그래서 여기에서 합하여 말하여 윗 문장의 뜻을 결론지었다.

「관견(管見)」 1-2

大本立而達道行, 則能盡其誠而贊天地之化育, 若以位天地爲致中之効, 育萬物爲致和之效, 則恐或剖析太精, 反失子思立意本意也.

큰 근본이 세워져서 보편적인 도리가 행해지면 그 성(誠)을 다하여 천지의 조화발육을 도울 수 있다. 만약 천지가 자리잡는 것을 중(中)을 이룬 효과로 생각하고, 만물을 기르는 것을 화(和)를 극진히 한 효과로 간주한다면 아마도 분석한 것이 너무 정밀하여 도리어 자사가 말한 본래 뜻을 잃어버리지 않을까 염려된다.

해설 최명길은 '위천지(位天地)'를 '중'을 극진히 한 효과로, '육만물(育萬物)'을 '화(和)'를 극진히 한 효과로 생각하는 것을 지나치게 나누는 것으로 보았다. 이것은 주희가 '중'을 극진히 하면서 천지가 자리를 잡고 '화'를 극진히 하면서 만물이 자라난다고 하는 구절을 평가한 것으로 보인다. 그러나 최명길은 보편적인 도리를 행하고 성(誠)을 극진하게 하면 천지의 조화발육을 돕게 된다고 하여 성을 통한 보편적인 도의 실천을 강조하면서 천지의 작용에 만물의 생육과 '중'과 '화'를 통일적인 하나의 과정으로 간주하였다.

3. 제2장

仲尼曰, "君子, 中庸, 小人, 反中庸. 君子之中庸也, 君子而時中, 小人之反中庸也[5], 小人而無忌憚也."

중니가 말하였다. "군자는 중용을 행하고 소인은 중용에 반한다. 군자의 중용은 군자가 시의에 맞는 것이고, 소인이 중용에 반한다는 것은 소인이 거리낌이 없는 것이다."

『中庸章句』, '中庸'者, 不偏不倚 無過不及, 而平常之理, 乃天命所當然, 精微之極致也. 惟君子爲能體之, 小人反是. 王肅本作'小人之反中庸也', 程子亦以爲然. 今從之. ○君子之所以爲中庸者, 以其有君子之德, 而又能隨時以處中也. 小人之所以反中庸者, 以其有小人之心, 而又無所忌憚也. 蓋'中'無定體, 隨時而在, 是乃平常之理也. 君子知其在我, 故能戒謹不睹 恐懼不聞, 而無時不中. 小人不知有此, 則肆欲妄行, 而無所忌憚矣.

『중용장구』에서, '중용(中庸)'이라는 것은 치우치지 않고 기울지 않으며 지나치거나 미치지 못함이 없는 것으로 평상의 이치이니, 곧 그러해야 하는 천명이고, 정미함의 극치이다. 오직 군자만이 그것을 체화할 수 있고, 소인은 여기에 반대된다. 왕숙본은 '소인지반중용야(小人之反中庸也)'라고 썼다. 정자 또한 그렇게 여겨서 지금 이것을 따랐다. ○군자가 중용으로 삼는 것은 그에게 군자의 덕이 있고 또 상황에 따라 중(中)에 처하기 때문이다. 소인이 중용에 반하는 까닭은 그가 소인의 마음을 가지고 있으면서 또한 거리끼는 것이 없기 때문이다. 대개 '중'은 고정된 형체가 없기 때문에 상황에 의존

5) '小人之反中庸也': '반(反)'자는 『중용』을 수록하고 있는 『예기』 원문에는 없으나, 정이가 삽입한 것이다.

한다. 이것이 바로 평상의 이치이다. 군자는 자기에게 있는 것을 알기 때문에 보이지 않는 곳에서 삼가고 들리지 않는 곳에서 조심하여 '중'하지 않는 때가 없다. 소인은 이것을 알지 못하므로 욕심을 멋대로 하고 거짓되게 행동하여 거리끼는 것이 없다.

「관견(管見)」 2

君子之於善, 小人之於惡, 亦各有輕重淺深之差. 君子之時中, 君子之全德也; 小人之中庸, 小人之甚者也. 小人亦可謂之'中庸'乎! 曰假'中庸'之名, 以濟其私, 故曰'小人而無忌憚', 如所謂'鄕原德之賊'之類, 是也.

군자는 선에 대하여 소인은 악에 대하여 또한 각각 가볍고 무거움, 깊고 얕음의 차이가 있다. 군자의 상황에 따른 중용은 군자의 온전한 덕이지만, 소인의 중용은 소인의 과도함이니, 소인 또한 '중용'이라고 말할 수 있겠는가? 말하자면, '중용'이라는 이름을 빌려서 그 사욕을 이루려는 것이기 때문에 '소인이면서 거리끼는 것이 없다'고 말하였으니, 예컨대 이른바 '향원은 덕을 해치는 자이다'[6]라는 것이 그렇다.

해설 최명길은 군자와 소인의 중용을 말하면서 군자는 선(善)을 소인은 악(惡)을 기준으로 하여 선과 악이라는 행동으로 드러난 측면에서 중용을 언급

6) 『맹자』, 「진심하」: "공자가 말했다. '나의 문을 지나면서 나의 방에 들어오지 않는 사람에 대해서 내가 그에 대하여 유감스럽게 생각하지 않는 사람은 오직 향원일 것이다. 향원은 덕을 해치는 자이다'."(孔子曰, 過我門而不入我室, 我不憾焉者, 其惟鄕原乎! 鄕原, 德之賊也)

하였다. 구체적으로 말하면 군자는 선에 있어서 무겁고 깊으며 악에 대해서는 가볍고 얕은 데 비하여, 소인은 선에 대해서 가볍고 얕은 데 비하여 악에 대해서는 무겁고 깊다는 것이다. 따라서 소인에 있어서 중용이라고 말하는 것은 과도함을 말하는 것으로 중용이라 할 수 없으며, 이것은 그 이름을 빌려 사욕을 이루려는 것이라고 보았다. 최명길은 소인의 중용을 사욕으로 해석하면서 '기탄(忌憚)'이 없는 것이며, 덕을 해치는 향원에 비유할 수 있다고 하였다.

4. 제12장 1절

君子之道, 費而隱.

군자의 도는 광대하면서도 은미하다.

『中庸章句』, '費', 符味反. ○'費', 用之廣也. '隱', 體之微也.

『중용장구』에서, '비'는 '부'와 '미'의 반절이다. ○'비'는 쓰임이 광대한 것이고, '은'은 체가 은미한 것이다.

「관견(管見)」 12-1

費, 廣博也, 隱, 微暗也.

비(費)는 넓고 광대한 것이고, 은(隱)은 미미하고 어두운 것이다.

해설 주희가 비와 은을 체용(體用)의 관점에서 '광(廣)'과 '미(微)'로 해석한 데 비하여, 최명길은 비(費)와 은(隱)에 대하여 '광박(廣博)'과 미암(微暗)이라고 하여 보다 감각적 경험적 느낌을 주게 하는 것으로 해석하였다.

5. 제12장 2절

夫婦之愚, 可以與知焉, 及其至也 雖聖人亦有所不知焉. 夫婦之不肖, 可以能行焉, 及其至也, 雖聖人亦有所不能焉. 天地之大也, 人猶有所憾. 故君子語大, 天下莫能載焉, 語小. 天下莫能破焉.

어리석은 부부도 함께 알 수 있으나, 그 지극한 경지에 미쳐서는 비록 성인이라고 해도 알지 못하는 것이 있다. 부부와 같은 못난 사람도 행할 수 있으나, 그 지극함에 미쳐서는 비록 성인이라고 해도 행할 수 없는 것이 있다. 천지가 광대함에도 사람은 오히려 불만스럽게 여기는 점이 있다. 그래서 군자가 광대함을 말하면 천하에 아무도 그것을 실을 수 없고, 미소함을 말하면 천하에 아무도 그것을 깨뜨릴 수가 없다.

『中庸章句』, ○君子之道, 近自夫婦居室之間, 遠而至於聖人天地之所不能盡, 其大無外, 其小無內, 可謂'費'矣. 然其理之所以然, 則隱而莫之見也. 蓋可知可能者, 道中之一事, 及其至而聖人不知不能. 則擧全體而言, 聖人固有所不能盡也. 侯氏曰'聖人所不知, 如孔子問禮問官之類. 所不能, 如孔子不得位 堯舜病博施之類'. 愚謂人所憾於天地, 如覆載生成之偏, 及寒暑災祥之不得其正者.

『중용장구』에서, ○군자의 도는 가까이는 부부가 살림하는 곳에서부터 멀리는 성인과 천지가 다할 수 없는 곳에 이르기까지 그 큰 것은 밖이 없고, 그 작은 것은 안이 없는 것이 '비(費)'라 할 만하다. 그러나 그 리(理)의 소이연은 은미하여 아무도 보지 못한다. 대개 알 수 있고, 잘할 수 있는 것은 도(道) 가운데 하나의 일이지만, 그 지극함에 이르러 성인도 알지 못하고 잘하지 못하는 것은 전체를 들어서 말하는 것으로 성인도 본래 잘할 수 없는 것이 있다. 후씨[7]가 말하기를 '성인이 알지 못하는 것은 공자가 예를 묻고[8] 관직을 물은 것과 같은 종류이다.[9] 잘할 수 없는 것은 공자가 지위를 얻지 못하고, 요순이 널리 베푸는 것을 근심하는 것과 같은 종류이다'라 하였다. 내가 생각건대, 사람이 천지에 대하여 유감스럽게 여기는 것은 덮고 실어주며 생성하는 것이 한쪽으로 치우치고 한서(寒暑)의 기후와 재상(災祥)의 화복이 바름을 얻지 못하는 것과 같은 것들이다.

「관견(管見)」 12-2

自'夫婦之愚'至'語大天下莫能載', 極其'費'而言之也. '語小天下莫能破',

7) 후중량(侯仲良): 중국 송(宋)나라의 성리학자로, 자(字)는 사성(師聖)이고, 조부의 본적은 태원(太原) 우현(盂縣)이고, 화음(華陰) 사람이다. 이천(伊川) 정이(程頤)의 문인으로, 염계(濂溪) 주돈이(周敦頤)에게 배워 학문이 크게 진전되었다.

8) 『사기』 「공자세가」에 나오는 구절로 공자가 명성을 얻어 제자들을 가르칠 때 제자였던 남궁경숙(南宮敬叔)과 함께 노자를 찾아가서 예(禮)에 관하여 질문했다는 일이다.

9) 공자가 예(禮)를 물은 것은 『사기(史記)』 「공자세가(孔子世家)」에서 공자가 노자에게 예(禮)에 대하여 질문한 것을 말하고, 관직을 물은 것은 『춘추좌전』 「소공(召公)」 17년조에서 공자가 담자(郯子)에게 관제를 질문한 것을 말한다.

卽所謂'隱'也.

'어리석은 부부'로부터 '큰 것을 말하면 천하에 아무도 그것을 실을 수 없다'까지는 그 '광대함'을 지극하게 하여 말한 것이고, '작은 것을 말하면 천하에 아무도 그것을 깨뜨릴 수 없다'고 한 것은 곧 '은미함'을 말한 것이다.

해설 주희가 비(費)를 '큰 것은 밖이 없다'는 것과 '작아서 안이 없는 것'까지 포함하여 언급한 반면, 최명길은 '커서 밖이 없는 것'을 비(費)라고 본 반면 '작아서 안이 없는 것'은 은(隱)으로 보았다. 주희가 '작아서 안이 없다'는 것을 감각적 차원에서 보고 있다면, 최명길은 이것을 감각적 차원에서 보면서도 은(隱)이라고 보았다. 반면 주희는 크고 작아 안과 밖이 없는 것의 소이연으로서 리를 은(隱)으로 보는 것이다.

6. 제12장 3절

『詩』云'鳶飛戾天, 魚躍于淵', 言其上下察也.

『시』에서 '솔개가 날아서 하늘에 이르고, 물고기가 연못에서 뛴다'10)고 한 것은 위아래로 드러나는 것을 말한다.

『中庸章句』, ○『詩』「大雅旱麓」之篇. 鳶, 鴟類. 戾, 至也. 察, 著也. 子思引此詩以明化育流行, 上下昭著, 莫非此理之用, 所謂'費'也. 然其所以然者, 則非見聞所及, 所謂'隱'也. 故程子曰'此一節,

10) 『시경』, 「대아 · 한록」: "솔개는 날아 하늘에 이르고, 물고기는 연못에서 뛰어논다. 화락한 군자가 어찌 사람을 진작시키지 않겠는가?"(鳶飛戾天, 魚躍于淵, 豈弟君子, 遐不作人)

子思喫緊爲人處, 活潑潑地', 讀者其致思焉.
『중용장구』에서, ○『시경』「대아 · 한록」편. '솔개'는 올빼미 종류이다. '려(戾)'는 이르는 것이고, '찰(察)'은 드러나는 것이다. 자사는 이 시를 인용하여 만물이 변화하여 자라고 흘러 펼쳐져서 위아래로 현저하게 밝은 것이 이 리의 작용 아님이 없음을 밝혔으니, 이른바 '비(費)'이다. 그러나 그렇게 되는 까닭은 보고 듣는 것으로 미칠 바가 아니니 이른바 '은(隱)'이다. 그래서 정자는 '이 한 절은 자사가 사람을 위하여 요긴하게 여긴 곳으로 활발발한 곳이다'라 했으니, 독자들은 철저히 살펴야 할 것이다.

「관견(管見)」 12-3

引詩而釋之, 以起下章. 蓋'上天之載, 無聲無臭', 而鳶魚飛躍, 上下昭著者, 無非實理之運. 此言天道之費隱也.

시를 인용하여 본문을 해석함으로써 아래 장절을 일으켰다. 대체로 '높은 하늘이 하는 일은 소리도 냄새도 없고'[11], 솔개가 날고 물고기가 뛰어 위아래로 밝게 드러난 것은 실리(實理)의 운행이 아님이 없기 때문이다. 이것은 천도의 광대함과 은미함을 말한 것이다.

해설 최명길은 소리도 없고 냄새도 없이 하늘이 행하는 일과 솔개와 물고기가 날고뛰어 밝게 드러난 현상을 모두 실리(實理)의 운행으로 보아 형이상적 실체로서 '리(理)'를 설정하지 않고 있다. 특히 그는 이 장이 아랫장과 연

11) 『시경』, 「대아 · 문왕」.

결되는 근거를 제시한다고 하였다. 이것은 그 위와 아래에 밝게 드러나는 것을 말한다고 한 것이 아래 내용으로 연결되는 것을 말하는 것이라 할 수 있다. 구체적으로 말하면 『중용』 원문에서는 위아래로 밝게 드러난다고 하는 것을 이어서 아래 절에서 군자의 도를 말하면서 아래의 부부(夫婦)에서 시작하여 지극한 경지에 미치면 위로 천지에까지 미친다고 하였다.

7. 제12장 4절

君子之道, 造端乎夫婦, 及其至也, 察乎天地.

군자의 도는 부부에서 단초를 이루고, 그 극진한 곳에 미치면 하늘과 땅에 드러난다.

『中庸章句』, 結上文.

『중용장구』, 윗 문장을 결론지었다.

「관견(管見)」 12-4

君子之道, 始於男女衽席之間, 幽獨隱微之處, 積而至於察乎天地者, 無非實德之修, 亦猶首章自戒懼謹獨而推之, 以及於位育之盛. 此言人道之費隱也.

군자의 도는 남녀의 이부자리 위에서나 홀로 남이 보지 못하는 어두운 곳에서 시작하여 쌓아서 천지에 현저하게 드러나는 곳에 이르기까지 실덕(實德)을 닦는 것 아님이 없으니, 또한 첫머리장의 계구근독(戒懼謹獨)으로부터 미루어 나가 천지가 제자리를 잡고 만물이 길러지는 성대함에 미치는 것과 같다. 이것은 인도(人道)의 광대함과 은미함을 말한 것이다.

해설 최명길은 비은을 주희와 같이 형이상하의 체용(體用)으로 구분하여 보지 않고, 현상으로 드러나 광대하고 남이 알지 못하는 미미하고 어두운 곳으로 수평적으로 이해하였다. 특히 군자의 도는 드러난 곳에서나 어두운 곳에서나 모두 실덕(實德)을 닦는 것이고, 첫 장의 계구근독(戒懼謹獨), 천지위(天地位)와 만물육(萬物育)이 모두 인도의 광대함과 은미함을 말한 것이라고 보았다.

8. 제16장

子曰'鬼神之爲德, 其盛矣乎!' 視之而不見, 聽之而不聞, 體物而不可遺, 使天下之人, 齊明盛服, 以承祭祀, 洋洋乎如在其上, 如在其左右. 『詩』曰'神之格思, 不可度思, 矧可射思'. 夫微之顯, 誠之不可揜如此夫. 十七十八十九章

공자가 '귀신의 덕이 성대하구나!'라 하였는데, 보려고 해도 보이지 않고, 들으려고 해도 들리지 않으며, 사물의 근간이 되어 빠뜨릴 수 없다. 천하의 사람이 재계하고 정결하게 하며 제복을 갖추어 입고 제사를 받들게 하니, 충만하게 그 위에 있는 듯하고, 그 좌우 옆에 있는 듯하다. 『시』에 '신이 이르는 것을 헤아릴 수 없으니, 하물며 싫증낼 수 있겠는가'[12]

12) 『시경』, 「대아·억」: "그대 군자를 벗함을 보니, 그대 얼굴을 조화롭고 부드럽게 하여, 어떤 잘못이 있지 않은가 한다. 그대 방안에 있는 것을 보건대, 거의 옥루에서도 부끄럽지 않게 행하니, 밝지 않으니, 나를 보는 이가 없다고

라고 하였으니, 저 은미한 것이 드러나고 성(誠)을 가릴 수 없는 것이 이와 같구나! 17, 18, 19장[13)]

『中庸章句』, 程子曰‘鬼神, 天地之功用, 而造化之迹也’. 張子曰‘鬼神者, 二氣之良能也’. 愚謂以二氣言, 則鬼者陰之靈也, 神者陽之靈也. 以一氣言, 則至而伸者爲神, 反而歸者爲鬼, 其實一物而已. 爲德, 猶言性情功效. 鬼神無形與聲, 然物之終始, 莫非陰陽合散之所爲, 是其爲物之體, 而物所不能遺也. 其言體物, 猶易所謂幹事. ‘齊’, 側皆反. ○‘齊’之爲言, 齊也, 所以齊不齊而致其齊也. ‘明’, 猶潔也. ‘洋洋’, 流動充滿之意. 能使人畏敬奉承, 而發見昭著如此, 乃其體物而不可遺之驗也. 孔子曰‘其氣發揚于上, 爲昭明焄蒿悽愴. 此百物之精也, 神之著也’, 正謂此爾. ‘度’, 待洛反. ‘射’, 音亦, 詩作斁. ○『詩』「大雅抑」之篇, ‘格’, 來也. ‘矧’, 況也. ‘射’, 厭也, 言厭怠而不敬也. ‘思’, 語辭. ‘夫’, 音扶. ○‘誠’者, 眞實無妄之謂. 陰陽合散, 無非實者. 故其發見之不可揜如此.

『중용장구』에서, 정자는 ‘귀신은 천지의 공용이고, 조화의 흔적이다’라고 하였고, 장재는 ‘귀신은 음양 두 기의 고유한 공능이다’고 하였다. 내가 생각건대, 두 기로 말하면 귀는 음의 영명함이고, 신은 양의 영명함이다. 한 기로 말하면, 이르러

말하지 마라. 신이 이르는 것은 헤아릴 수가 없으니, 하물며 신을 싫어할 수가 있겠는가?”(視爾友君子, 輯柔爾顔, 不遐有愆. 相在爾室, 尙不愧于屋漏. 無曰不顯, 莫予云覯. 神之格思, 不可度思, 矧可射思)

13) 최명길은 귀신장은 원문을 싣고 이어서 나오는 내용으로 봉선추원지도(奉先追遠之道)와 교사종묘지례(郊社宗廟之禮)를 포괄적으로 설명하면서 17-19장까지는 『중용』 원문을 생략하고 ‘17장 18장 19장’이라고만 적었다.

서 펼쳐지는 것이 신이고, 반대로 돌아가는 것이 귀이지만, 실상은 하나이다. 덕이 된다는 것은 성정의 공효를 말하는 것과 같다. 귀신은 형체와 소리가 없다. 그러나 사물의 처음과 끝은 음양이 합하고 흩어지는 것의 소산이 아님이 없다. 이것이 그 사물의 체가 되어 사물이 결여할 수 없는 것이다. 그 사물을 본체로 한다는 것은 역에서 말하는 '일의 근간이 된다'는 것이다. '재(齊)'는 측(側)과 개(皆)의 반절이다. ○'재'라는 말은 가지런히 하는 것으로 가지런하지 않은 것을 가지런히 하여 그 가지런함을 극진히 하는 것이다. '명(明)'은 정결한 것이다. '양양(洋洋)'은 유동하고 충만하다는 뜻이다. 사람이 두렵고 공경스럽게 받들고 잇게 하여 분명하게 발현하는 것이 이와 같아서, 사물의 체가 되어도 빠뜨릴 수 없음을 증험한 것이다. 공자가 말하기를 '그 기가 위에서 발양하여, 분명하게 따뜻하고 처량하니, 이것이 백성들의 실정이고, 신이 드러난 것이다'라 하였으니, 바로 이것을 말하는 것이다. '도(度)'는 대락(大洛)의 반절이고, '역(射)'은 음이 역(亦)이고, 시에서는 역(斁)으로 썼다. ○『시경』「대아 · 억(抑)」편에서는 '격(格)'은 오는 것이고, '신(矧)'은 하물며이며, '역(射)'은 싫증내는 것이고, 싫증내어 게으르면서 공경하지 않는다. '사(思)'는 어조사이고, '부(夫)'는 음이 부(扶)이다. ○'성(誠)'은 진실무망한 것을 말하고, 음양이 합하고 흩어져서 실리 아닌 것이 없기 때문에 그 드러나는 것을 덮을 수 없음이 이와 같다.

「관견(管見)」 16

上言鬼神之德之盛，次言聖人奉先追遠之道，以及於郊社宗廟之禮，幽明之故，死生之說，皆具於此，淵乎微矣.

위에서 귀신의 덕이 성대함을 말하였고, 바로 뒤에 성인이 선조를 추모하는 도리를 말하였으며, 이로부터 교제사와 사제사, 종묘제사의 예에 미쳤으니, 어둡고 밝은 일과 사생(死生)에 관한 설[14]이 모두 여기에 갖춰져서 깊고도 은미하다.

해설 최명길은 『중용』 16장부터 19장까지를 하나로 일관하여 각장의 핵심 주제를 각각 '귀신(鬼神)의 덕(德)', '성인의 효(孝)', '교사종묘의 예(禮)'를 언급하고 이들에 어둡고 밝은 일과 삶과 죽음에 관한 학설이 모두 갖추어져 있다고 보았다. 주희는 귀신을 일기(一氣)와 음양의 이기(二氣)의 측면에서 각각 그 의미를 설명하였고, 최명길은 『주역』의 변화의 관점에서 유명(幽明)과 생사(生死) 현상 및 이론을 포함하고 있는 것으로 이해하였다. 나아가 그는 성인의 효로서 상례, 제례, 종묘의 제사, 교사의 제사 등이 모두 귀신의 이러한 작용과 공능이 있기 때문에 가능한 것으로 그 논리적 연관성을 강조하였다.

9. 제20장 1절

故君子不可以不修身， 思修身不可以不事親， 思事親不可以不知人，

---

14) 『주역』, 「계사상」 4: "역은 천지와 함께 표준이 된다. 그래서 천지의 도를 널리 질서지울 수 있다. 우러러 위로 천문을 관찰하고, 아래로 굽어서 지리를 살피기 때문에 어둡고 밝은 일을 알고, 시초를 더듬어 종말을 돌이키므로 사생에 관한 설을 안다."(易與天地準，故能彌綸天地之道，仰以觀於天文，俯以察於地理是故知幽明之故，原始反終，故知死生之說)

思知人不可以不知天

그래서 군자는 몸을 닦지 않을 수 없고, 몸을 닦으려고 하면 부모를 섬기지 않을 수 없으며, 부모를 섬기려고 하면 사람을 알지 않을 수 없고, 사람을 알고자 하면 하늘을 알지 않을 수 없다.

『中庸章句』, 爲政在人, 取人以身, 故不可以不脩身. 脩身以道, 脩道以仁, 故思脩身不可以不事親. 欲盡親親之仁, 必由尊賢之義, 故又當知人. 親親之殺, 尊賢之等, 皆天理也, 故又當知天.

『중용장구』에서, 정치를 행하는 것은 사람에게 달려 있고 사람을 취하는 것은 몸으로 한다. 그래서 수신하지 않을 수 없다. 수신을 도로써 하고 도를 닦는 것은 인으로 하기 때문에 수신하려면 어버이를 섬기지 않을 수 없다. 어버이를 친애하는 것을 다하고자 하면 반드시 어진 이를 존경하는 것에 말미암아야 한다. 그래서 다시 남을 알아야 한다. 친족을 사랑할 때 친소를 구별하고, 어진이를 상하순서에 따라 존경하는 것이 모두 천리이다. 그래서 하늘을 알아야 한다.

「관견(管見)」 20-1

'知人' 謂知人所當行之道, '知天' 謂知道之所從出也.

'사람을 안다'는 것은 사람이 마땅히 행해야 할 도리를 아는 것을 말하고, '하늘을 안다'는 것은 도리가 나오는 근원을 안다는 것이다.

해설 최명길은 '사람을 아는 것(知人)'이란 사람이 실천하여 행하는 길을 뜻하는 것으로 실천과 그 방법의 관점에서 지인을 해석하였고, 이러한 실천의 방법이 나오는 근원을 아는 것을 '지천(知天)'이라고 보았다. 또한 사람을 알고 하늘을 아는 것을 구체적인 실천 상황에서 어떻게 행해야 할지를 아는 것으로 보면서 내가 아닌 다른 사람, 그리고 보편적 상황이 아닌 특수한 상황에서 실천하는 방도를 말하거나 그 근원을 아는 것으로 해석하며 실천의 방향에 중점을 두었다. 이러한 관점에서 최명길은 개별적이고 특수한 상황에서 실천적 방법을 중시함으로써 '행동의 원칙(道)'을 다원적 관점에서 해석하고 있다.

10. 제20장 2절

或生而知之, 或學而知之, 或困而知之, 及其知之, 一也. 或安而行之, 或利而行之, 或勉强而行之, 及其成功, 一也.

혹은 태어나면서부터 알고, 혹은 배워서 알며, 혹은 곤경에 처하여 알지만, 그 앎에 이르는 것은 동일하다. 혹은 편안하게 행하고, 혹은 이로움에 따라 행하며, 혹은 힘써 노력하여 행하지만, 그 효과를 이루는 것은 같다.

『中庸章句』, 强, 上聲. ○知之者之所知, 行之者之所行, 謂達道也. 以其分而言, 則所以知者'知'也, 所以行者'仁'也, 所以至於'知之''成功'而一者'勇'也. 以其等而言, 則生知安行者'知'也, 學知利行者'仁'也, 困知勉行者'勇'也. 蓋人性雖無不善, 而氣稟有不同者, 故聞道有蚤莫, 行道有難易, 然能自强不息, 則其至一也. 呂氏曰, "所入之塗雖異, 而所至之域則同, 此所以爲中庸. 若乃企生知安行之資爲不可幾及, 輕困知勉行謂不能有成, 此道之所以不明不行也."

『중용장구』에서, 강(强)은 상성(上聲)이다. ○아는 사람이 아는 것과 행하는 사람이 행하는 것은 모두 도에 통달하는 것이다. 그것을 나누어 말하면 아는 방도는 '지'이고, 행하는 것은 '인'이다. '아는 것'과 '공을 이루는 것'이 하나가 되는 데 이르는 것은 '용기'이다. 그 같은 점을 말하면 타고나면서 알아 편안히 행하는 자는 '지'이고, 배워서 알아 이롭게 행하는 자는 '인'이며, 곤란하여 알고 힘들여 행하는 것은 '용기'이다. 대개 인성은 비록 선하지 않음이 없지만 기품이 같지 않아서 도를 듣는 것에 빠르고 늦은 차이가 있고 도를 행하는 것에 어려움과 손쉬움이 있다. 그러나 스스로 힘써서 쉬지 않으면 그 이르는 것은 같다. 여씨가 말하기를 "들어가는 길은 비록 다르지만, 이르는 경지는 동일하다. 이것이 중용이 되는 까닭이다. 만약 태어나면서 알아 편안히 행하는 자질을 기대하여 미칠 수 없다고 여기고, 곤란하여 알고 힘들여 행하는 것을 가볍게 여겨 공을 이룰 수 없다고 생각하면 이것이 도가 밝혀지지 않고 행해지지 않는 까닭이다"라고 하였다.

「관견(管見)」 20-2

'知'者, 知達道達德也, '行'者, 行達道達德也. 此只擧知行二者, 以示用功之方, 恐不必分配於三德也.

'앎(知)'은 두루 통하는 도와 두루 통하는 덕을 아는 것이고, '행동(行)'은 두루 통하는 도와 두루 통하는 덕을 행하는 것이다. 여기에서는 단지 지(知)와 행(行) 두 가지만을 들어서 공부를 하는 방법을 보여주고 있는데, 아마도 세 가지 덕으로 나눌 필요는 없을 것 같다.

해설 이 장에 대한 해석에서 최명길은 지행과 지인용에 대하여 주희와 견해를 달리한다. 주희는 여러 수준에서 알고, 실천하는 것을 참되게 알고 참되게 실천하게 되어 공을 이루는 것 자체를 용으로 보았다. 다시 말하면 이것은 주희가 앎과 실천을 의지적 요소를 가지고 행함으로써 수양의 과정을 통하여 성숙의 단계에 이르는 데 필요한 덕목을 용(勇)으로 간주하는 것이다. 반면 최명길은 오륜의 달도와 세 가지 달덕의 하나인 용(勇)의 덕목을 알아서 실천함으로써 공부하는 방법을 보여주고 있다고 하였다. 이는 용(勇)이 지행으로서 지(知)와 인(仁)을 행하는 전체 과정에 포함된 것으로 보는 것이 아니고, 지와 인과 구별되는 용(勇)을 지행의 관점에서 알아서 행하는 것으로서 실질적인 내용을 가진 덕목의 의미로 해석하는 것이다.

11. 제23장

其次致曲, 曲能有誠, 誠則形, 形則著, 著則明, 明則動, 動則變, 變則化, 唯天下至誠爲能化.

그 다음 수준은 한 측면을 극진하게 하는 것으로, 한 측면에서 성실할 수가 있다. 성실하면 드러나고 드러나면 현저해지고 현저하면 밝아진다. 밝아지면 감동시키고, 감동시키면 바뀌고, 바뀌면 전화된다. 오진 천하에 지극히 성실할 때만이 전화될 수 있다.

「관견(管見)」 23

此章乃言學者變化氣質之道, 未遽及於物之變化. 蓋生知以下德有未全, 而必有偏長之處. 偏長之處, 必有其誠, 所謂'曲能有誠'者, 非全體之誠也. 但因其誠處, 而益致其誠, 則必有形著明之效焉. 所謂'明則動'者, 明極而將變之端, 及其旣變而化, 則與聖人無異矣.

이 장은 배우는 사람이 기질을 변화시키는 도리가 일거에 사물을 변화시키는 데 이르지 못하는 것을 말하고 있다. 왜냐하면 '태어나면서부터 지혜로운 사람(生知)'보다 못한 사람은 덕이 온전하지 않아 반드시 한 측면에 치우친 장점이 있는데, 한 측면의 장점은 반드시 그에 따른 성실함이 있는 것으로, 이른바 '한 측면에서 성실할 수 있다'는 것은 전체로서의 성실(誠)이 아니다. 다만 그 성실한 곳을 이어서 더욱 그 성을 극진하게 하면 반드시 드러나고 현저해지며 밝아지는 효과가 있을 것이다. 이른바 '밝아지면 움직인다'는 것은 밝음이 지극한 데 이르러 변화를 일으키는 단초가 된다는 것이니, 그것이 변화하여 바뀌게 되면 성인과 차이가 없어진다.

해설 최명길은 심성 수양을 강조하여 성(性)을 기르는 것을 중시하는 주희의 방향과 달리 밝은 인식과 행동, 그리고 사물에 대처하는 변화에 주목하여 실천적 과정 속에서 성(誠)을 이룰 수 있는 것임을 강조하였다. 주희가 성을 보존함으로써 보편적인 천리(天理)를 몸에 체인하는 형이상학적 지향을 가졌다면, 최명길은 성실함을 실천하는 과정에서 밝은 인식과 행동, 그리고 변화에 미치는 노력을 행함으로써 다원적 사태로 나아가는 지향성을 가지고 있었던 것이다.

12. 제27장

故君子尊德性而道問學，致廣大而盡精微，極高明而道中庸，溫故而知新，敦厚而崇禮.

그래서 군자는 덕성을 높이고 학문을 닦으며, 광대함을 이루고 정미함을 다하며, 고명함을 극진히 하고 중용으로 나아가며, 옛것을 풀어서 새로운 것을 알며, 돈후하고 예를 높인다.

「관견(管見)」 27

尊德性矣而不加問學之功，則所尊或迷其方，問學焉而未有踐履之實，則問學爲空言矣. '道'音導，即上文'道自道也'之'道'，謂行其所學也. 規模雖致其廣大，而義理必盡於精微，見識須極於高明，而實踐不出於中庸. 此'道'字亦音導. 溫習舊聞而不可不求知其新，敦厚其質而不可不文之以禮. 敦厚者，敦且厚也. 尊德性而道問學，卽所謂'忠信進德'·'精義以致用'也. 致廣大而盡精微，卽所謂'大德敦化，小德川流也'. 極高明道中庸，卽所謂'智崇禮卑，崇效天，卑法地'也. 溫故而知新，卽所謂'日知其所亡，月無忘其所能'也. 敦厚而崇禮，卽所謂質勝文，則野. 文勝質則史. 文質彬彬然後君子也. 質爲之本，故改下以字，亦有意存焉. 此十者，體用相須，各救其偏，如書所謂寬而栗直而溫之類，爲學之工備於此矣. 若以上五者，屬之存心，下五者屬之致知，則似涉强解，終恐有不通處也.

덕성을 높이면서도 학문하는 공부를 더하지 않으면 높이는 것이 때로 그 방향을 잃을 수가 있다. 학문을 하면서도 실천하는 내실이 없으면 학문이라는 것은 헛된 말이 될 것이다. '도(道)'의 음은 도(導)로, 바로 윗 문장의 '도자도야(道自道也)'의 '도(道)'로 그 배운 것을 행하는 것을 말한다. 규모는 비록 그 광대함의 극치에 이른다고 해도 의리는 반드시 그 정미함을 다하였다. 식견은 모름지기 고명함의 극치에 이른다고 해도 실천은 반드시 중용을 벗어나지 않는다. 이 '도(道)'자의 음 또한 '도(導)'이다. 옛날에 들은 것을 풀어내고 익혀서 그 새로운 것을 알고자 하지 않을 수 없고, 그 바탕을 돈후하게 하면서 그것을 예로써 꾸미지 않을 수 없다. '돈후(敦厚)'라는 것은 돈독하고 두텁다는 것이다. '덕성을 높이면서 학문을 닦는다'는 것은 곧 이른바 '충신으로 덕을 진전시킨다'[15], '의리를 정밀하게 하여 쓰임을 다한다'[16]는 것이다. '광대함을 다하고 정미함을 극진히 한다'는 것은 바로 이른바 '큰 덕은 돈후하게 교화하고, 작은 덕은 냇물의 흐름과 같다'[17]는 것이다. '고명함을 극진히 하면서 중용으로 나아간다'는 것은 곧 이른바 "지혜는 숭고하고 예는 비천하다. 숭고한 것은 하늘을 본받고, 비천한 것은 땅을 본받는다"[18]는 것이다. '옛것을 풀어내어 새로운 것을 안다'[19]는 것은 곧 이른바 '나날이 그 아직 듣지 못한 것을 알고 다달이 그 잘하는 것을 잊지 않는다'[20]는 것이다. '돈후하게 예를 존숭한다'는 것은 곧 이른바 '바탕이 꾸밈보다 지나치면 촌스럽고, 꾸밈이 바탕보다 지나치면 사관(史官) 같다. 꾸밈과 바탕이 적절하게 어울

15) 『주역』, 「건괘(乾卦)」「문언」.

16) 『주역』, 「계사하」 5: "의리를 정밀하게 하여 신묘한 경지에 들어가서 쓰임을 다하고, 쓰임을 이롭게 하고 몸을 편안히 하여 덕을 높인다."(精義入神, 以致用也, 利用安身, 以崇德也)

17) 『중용』, 30장: "小德川流, 大德敦化, 此天地之所以爲大也."

18) 『주역』, 「계사상」 7.

19) 『논어』, 「위정」: "공자가 말했다. '옛것을 풀어서 새로운 것을 알면 스승이 될 만하다'."(子曰, 溫古而知新, 可以爲師矣)

20) 『논어』, 「자장」 5.

린 후에 군자답다'[21]는 것이다. '바탕(質)'은 그 근본이 되기 때문에 아래 '이(以)'자를 수정한 것은 또한 의미가 있다. 이 열 가지는 본체와 작용이 서로 의지하면서 각각 그 치우침을 바로잡으니, 마치 『서경』에서 이른바 '관대하면서도 엄격하고, 곧으면서도 온화하다'[22]라는 것 같은 경우이니, 학문을 하는 공부가 여기에서 갖추어진다. 만약 위의 다섯 가지를 '마음을 보존한다'는 것에 소속시키고, 아래 다섯 가지를 '앎을 극진히 한다'는 것에 소속시킨다면, 억지로 해석하는 의미가 있고, 끝내는 통하지 않는 곳이 있는 것 같다.

해설 최명길은 덕성을 높이고 광대함을 다하며 형이상학적인 고명함을 다하고 옛것을 풀어내는 것 이상으로 실천과 연결된 구체적인 상황에서 특수한 행동 방법으로서 시중(時中)에 유의하였다. 이러한 그의 지향성에는 그가 구체적인 상황의 다원론적 시의성을 강조하고자 하는 취지가 내포되어 있음을 알 수 있다.

竊疑'費隱'之義, 當止於本章. 其下七章各以類相從. 當就其本章, 各求其意, 不必分配於費隱. 二十章天道人道之說, 亦當止於本章. 其下十二章, 乃子思因夫子所言'誠'字而推明之耳. 分屬天道人道, 雖往往有偶合處. 恐非子思本文之意也.

아마도 '비은'의 뜻은 당연히 본 장에서 그쳐야 하는 것이 아닌가 생각된다. 그 아래 일곱 장은 각각 유형별로 서로 따른다. 그 본래

21) 『논어』, 「옹야」 18.

22) 『서경』, 「순전」: "곧으면서도 온화하고 너그러우면서도 엄격하다. 강하면서도 사납지 않고 소탈하면서도 오만하지 않다."(直而溫, 寬而栗, 剛而無虐, 簡而無傲)

장에 나아가서 각각 그 뜻을 구해 보면 반드시 비와 은으로 구분할 필요가 없다. 20장의 천도 인도에 관한 설도 당연히 본 장에서 그쳐야 한다. 그 아래 열두 장은 공자가 '성(誠)'자를 말한 것에 근거하여 자사가 미루어 밝힌 것일 뿐이다. 천도와 인도를 나누어 소속시킨 것은[23] 비록 종종 우연히 합치하는 부분이 있다고 해도 자사가 지은 본문의 뜻은 아닌 것 같다.

해설 최명길은 비은과 천도인도설의 관점에서 해석할 수 있는 장은 이 27장에서 그쳐야 한다고 보았다. 나머지 12장은 공자가 언급한 '성(誠)'자의 의미를 미루어 밝힌 것일 뿐이라고 하였다.

余往年讀『中庸』, 疑難塞兇, 近在拘囚, 更加溫習, 所見頗勝前日, 其中尙有若干疑處, 姑錄之, 以待他日學力稍進, 更思而祛其疑耳.

내가 과거에 『중용』을 읽으면서 의문으로 곤경에 처했었는데 최근에 유배로 속박되어 있을 때 다시 풀어서 공부를 해 보니 보는 것이 이전보다 자못 좋아졌다. 그 가운데 여전히 약간 의심스러운 곳이 있어서 잠시 기록하여 후일에 공부가 조금 진전되기를 기다려서 다시 생각하여 그 의문점을 제거하고자 할 뿐이다.

해설 최명길은 이 글에서 과거에 『중용』을 읽으면서 이해되지 않았던 부분을 병조좌랑으로 재직할 시기 폐모론(廢母論)의 기밀에 얽혀 파직당한 이후 가평으로 유배갔을 때 다시 공부할 짬을 얻어 일정한 발전을 이루었는데 여전히 의심스러운 곳을 제기하여 후세에 의심을 풀 것을 기약하였다.

---

23) 주희는 『중용』 21장에서 32장까지를 내용에 따라서 각각 천도와 인도를 설명하는 것으로 구분하였다.

雜錄一本, 改以'正義'.

잡록 한 본에서는 '정의(正義)'로 수정하였다.

知覺之知, 五性之知, 未曉同異之分, 心常致疑, 先儒亦不曾一言及此. 近讀『中庸』, 己成物章, 始悟知覺之知, 氣也, 五性之知, 理也. 惻隱羞惡辭讓是非, 四者之端, 皆因知覺而發, 則其不可偏以'智'字, 屬之知覺也, 明矣. 先儒之不曾言及, 其以此也歟. 此非難悟. 因余昏蔽, 十年思索, 今始覺得, 甚可笑也.

지각의 지(知)와 오성(五性)의 지(知)가 구별되는 차이점을 깨닫지 못하여 마음에 항상 의심이 되었으나, 이전 학자 또한 이것에 대해 한마디도 언급한 적이 없다. 최근 『중용』의 '성기성물(成己成物)'장[24]을 읽으면서 비로소 지각의 지(知)는 기(氣)이고, 오성의 지(知)는 리(理)임을 깨달았다. 측은, 수오, 사양, 시비의 네 가지 실마리는 모두 지각으로 인하여 발현하는 것이므로 '지(智)'자를 한쪽으로 지각에만 소속시켜서는 안 된다는 것이 분명하다. 이전 학자가 언급한 적이 없는 것은 이 때문일 것이다. 이것은 깨닫기 어렵지 않은데, 내가 어둡고 덮여서 십 년을 생각하고 나서 오늘에야 비로소 깨달을 수 있었으니 매우 웃기는 일이다.

『論語』'子無意無必無固無我'. 朱子釋之曰'意, 私意也', 竊不能無疑.

『논어』에서 '공자는 의도함이 없었고 기필함이 없었으며, 고집함이 없었고 자의적인 것이 없었다'[25]고 하였다. 주자가 이를 해석하여

---

24) 「관견」 원문의 '己成物章'은 '成己成物章'을 뜻하는 것으로 '己'자 앞에 '成'자가 생략된 것으로 볼 수 있다.

25) 『논어』, 「자한」 4.

'의(意)는 사사로운 뜻이다'라고 하였는데, 아마도 의심이 없을 수 없다.

愚按, 意之所發, 有善有惡, 有公有私. 若以意爲私, 則恐非意之所以得名之義也. 且無私意之稱, 亦豈所以擬論於聖人. 其釋誠意章曰'意者, 心之所發', 亦嫌其近於訓情之言. 及考『緝註』, 朱子曰'情是發出恁地, 意是主張要恁地. 情如舟車, 意如使那舟車一般', 此言最似精切. 蓋情是心之發動的, 意是就此情上計較商量的. 以此言之, '無意'云者, 乃聖人之心, 純是天理, 元無計較商量之謂. 程子所云'聖人有心而無情者', 正指此也. 誠意云者, 亦是就此計較商量上, 去惡而從善之謂也. 未知朱子二者之訓, 與『輯註』所論不同何也.

내가 생각건대, 마음(意)이 발용한 것에는 선한 것이 있고 악한 것이 있으며, 공적인 것이 있고 사사로운 것이 있다. 만약 의(意)를 사사로운 것으로 본다면 아마도 의(意)가 명칭을 얻게 되는 뜻이 아닐 것이다. 또 사사로운 뜻이 없다고 하는 것 또한 어찌 성인에 비겨서 논의하는 것이겠는가? '성의'장을 해석하여 "의는 마음이 발한 것이다"고 한 것 또한 정(情)을 해석한 말에 가까운 혐의가 있다. 『집주』를 살펴보면, 주자는 '정(情)은 그대로 발동한 것이고, 의는 그대로 주장하고자 하는 것이니, 정은 배나 수레와 같고, 의는 저 배나 수레를 부리는 것과 같다'[26]라고 하였는데, 이 말은 가장 정밀하고 절실한 것 같다. 대개 정은 마음이 발동한 것이고, 의는 이 정에 나아가서 계산하고 생각하는 것이다. 이것으로 말하면 '의도함이 없다(無意)'고 하는 것은 바로 성인의 마음으로, 순전히 천리로서 원래 계산하고 생각함이 없는 것을 말한다. 정자가

26) 『대학』 경1장, '古之欲明明德 …致知在格物' 절 小註.

‘성인은 마음은 있지만 감정이 없다’라고 한 것은 바로 이것을 가리킨다. ‘뜻을 성실하게 한다(誠意)’는 것은 또한 이것에 나아가 계산하고 생각하는 중에 악을 버리고 선을 따르는 것을 말한다. 주자의 두 가지 해석이 『집주』에서 논의한 것과 같지 않은 것은 무엇 때문인지 모르겠다.

程子曰‘鬼神, 造化之迹也’, 鬼神無形, 何爲以迹稱之? 無疑此言, 終未曉得. 理之至者, 可以神會, 不可以言傳, 『大學』之訓明德, 『中庸』之訓性, 余竊病其太詳也.

정자가 ‘귀신은 조화의 자취이다’라고 하였는데, 귀신은 형체가 없는데, 어찌하여 그것을 자취가 있는 것으로 말했는가? 이 말에 의심이 없을 수 없으나 끝내 밝힐 수 없다. 리의 극진한 것은 신명으로 통할 수는 있지만, 말로 전할 수는 없다. 『대학』에서 명덕을 해석하고, 『중용』에서 성을 해석한 것에 대해 나는 그것이 지나치게 상세한 것이 문제라고 생각했다.

每讀『大學』補亡傳, 自覺未滿人意, 豈非見識未到而然歟? 程子先儒見於本源, 而取資於經書, 故文義或歉於朱子. 朱子先看文義透過, 以造於上達, 故自得處, 差讓於程子. 要皆古之大賢眞得孔門的傳, 後儒決不及也. 今之尊尙程朱, 天下同然, 尙何待於余言. 但余自少頗惑於他說, 近始覺得如此, 故錄之以自警.

『대학』 ‘보망’장 전을 읽을 때마다 스스로 다른 사람의 뜻을 만족시키지 못하는 것을 깨달으니, 어찌 식견이 지극하지 못해서 그런 것이 아니겠는가? 정자와 이전 학자는 본원(本源)에서 보고 경서를 바탕으로 삼았기 때문에 문장 뜻이 때로 주자보다 못하다. 주자는 먼저 문장 뜻을 투명하게 보고서 위로 향하여 나아갔기 때문에 자득한 곳은 정자보다 조금 못하지만, 모든 점에서 옛적의 대현(大賢)으로 공자 문하에서 전한 것을 참되게 얻어서, 후대 학자가 결코 미치지 못한다. 지금 정자와 주자를 존숭하는 것은 천하가 모두 같은데 오히려 나의 말에 기대할 것이 무엇이 있겠는가? 다만 나는 어려서부터 자못 다른 학설에 미혹되었는데, 근래에 비로소 이렇게 깨달아서 스스로 경계하기 위하여 기록해 둔다.

해설 최명길은 지각과 오성의 지(知)가 각각 기(氣)와 리(理)로 나뉘고 사단은 지각으로 인하여 발하므로 '지(智)'를 한쪽에만 소속시킬 수 없다고 하였다. 여기에서 한쪽은 '리(理)' 한쪽을 말하는 것으로 볼 수 있다. 최명길은 또 『논어』 「자한」의 '무의(無意)'의 '의(意)'에 대하여 주희가 '사사로운 뜻(私意)'으로 해석한 것에 대하여 의문을 제기하였다. 그에 따르면 의는 마음이 발한 정(情)에 나아가 계산하고 생각하는 것이다. 따라서 '무의'라는 것은 성인의 순수한 천리의 마음으로 계산하고 생각함이 없는 마음이라는 것이다. 이것은 곧 주희처럼 '의(意)'가 이미 악으로의 방향성을 가지는 '사의(私意)'가 아니라 계산하는 마음이라는 것이다. 최명길은 또한 『대학』 보망장(補亡章)을 읽으면서 설득력이 없다고 생각하여 의혹을 가졌었는데, 정자와 주희에 대하여 각각 경전 원문과 형이상학적 경향으로 치우친 점이 있으나, 공자 문하의 참된 학설을 계승한 뛰어난 학자들로 후대인들이 결코 미치지 못한다고 찬미하였다.

(엄연석 역)

심층 연구

「논어기의(論語記疑)」를 통해 본 최명길의 경전 독법*

조 정 은

* 이 글은 『한국학연구』 56집(인하대학교 한국학연구소, 2020.02)에 게재한 「최명길의 경전 독법 연구: 「논어기의」를 대상으로」를 다소 수정 보완한 것이다. 이 글에 제시되지 않은 원문은 앞에 실린 「논어기의」 번역문에서 확인할 수 있다.

1. 서론

최명길(崔鳴吉, 1586~1647)의 「논어기의」는 『논어』 서른 개 장을 대상으로 경문의 본래 뜻에 접근하는 과정에서 자신의 이해와 마찰을 일으킨 주석에 대해 반론, 의문, 보완 등을 기록한 글이다. 따라서 「논어기의」는 최명길이 『논어』를 독해해 나간 방식을 보여주는 유용한 단서가 된다. 이 글에서는 「논어기의」를 분석하여 최명길이 『논어』에 대한 기존 주석을 어떻게 다루는지 살핌으로써 그의 『논어』 독해 방식을 밝히고, 이를 최명길의 경전 독법의 한 예로서 제시하고자 한다.

「논어기의」를 주제로 한 선행연구로는 현재까지 김윤경의 「지천 최명길의 『사문록』에 나타난 사서해석 경향과 사상적 특징(Ⅰ) -「논어기의」를 중심으로-」가 유일하다.[1)] 이 논문에서 김윤경은 「논어기의」의 해석 경향을 '고주 인용과 일본 고주의 참조', '주자 집주의 비판과 독창적 해석'으로 나누어 항목별로 『논어』 세 개 장에 대한 최명길의 해석을 분석한다. 또한 양명학과 유사한 사상적 특징을 뒷

---

1) 이 외 최명길의 양명학관을 분석하면서 「논어기의」에 실린 「이인」편 8장에 대한 해석을 예시로 다루는 한정길의 연구가 있다. 한정길, 「조선조 관료지식인의 양명학관 연구(3) -지천 최명길의 양명학관을 중심으로-」, 『한국사상사학』 52, 한국사상사학회, 2016, 247-248쪽. 『사문록』을 구성하는 다른 글 중 「대학기의」와 「대학관견」도 선행연구가 있는데, 주요하게 지적된 내용은 왕수인이 정본으로 인정한 『고본대학』과 주자의 『대학장구』 체제에 대한 최명길의 비판은 최명길이 주자학과 양명학 어느 한쪽에도 치우치지 않고 주체적으로 사유한 것을 방증한다는 것이다. 이에 대해서는 다음 논문 참고. 김윤경, 「최명길의 『사문록』에 나타난 사서해석 경향과 사상적 특징(Ⅱ) -「대학기의」, 「대학관견」을 중심으로-」, 『유학연구』 35, 충남대학교 유학연구소, 2016; 한정길, 「지천 최명길의 『대학』관 -주희의 『대학』 해석에 대한 반성의 한 양상-」, 『대동철학』 83, 대동철학회, 2018.

받침하기 위해 「이인」편 8장과 「태백」편 4장에 대한 해석을 분석하여, 총 여덟 개 장에 대한 해석을 다루고 있다.[2] 이 연구에 따르면 최명길은 본인의 견해와 고주에 근거하여 주자와 차별화되는 해석을 제시하고 있는데, 이 중 일부는 양명학과 유사성도 지닌다.

김윤경의 연구는 『논어』를 주체적으로 해석해 내게 한 최명길의 사상적 특징[3]과 고주 회귀적 성격을 지적한 의의를 지닌다. 하지만 논문의 분석 대상이 제한적이라 최명길이 『논어』를 독해해 나간 방식의 전모가 드러나기 어려웠다. 이 글은 『논어』 서른 개 장에 대한 최명길의 스물아홉 개 해석 전체를 대상으로 최명길이 기존 주석을 취사선택하거나 비판하는 내용을 분석하여 최명길의 『논어』 독해 방식을 밝힐 것이다.

2. 기존 주석에 대한 정밀한 검토

「논어기의」는 기존 주석의 오류를 지적하고 이를 대체할 해석을

2) 이 외 「논어기의」에 실린 전체 29개 해석의 요점을 주자집주 비판, 주자집주 보완, 문의상 의문, 문의 설명, 소주 비판 등으로 분류해 정리한 표를 제시하여 「논어기의」 전체를 조망하는 데 유용한 정보를 제공한다. 김윤경은 「논어기의」가 지닌 의의로 당시 사서 해석 경향에 주자학 일변도가 아닌 다양성이 존재하고 있었음을 보여준다는 점과 초기 양명학자로 거론되는 최명길의 작품으로서 한국 양명학의 전개를 재조망하는 데 필요한 자료적 가치가 있다는 점을 지적한다.

3) 김윤경이 지적하는 「논어기의」에 나타난 최명길의 특징적 시각은 타고난 기질이 아닌 후천적 노력과 의지를 강조하는 점과 양명학과 유사하게 심(心)과 도(道)의 분리에 반대하고 마음상 본원 공부를 중시하는 점이다.

제시하는 내용이 많은 부분을 차지한다. 「논어기의」에 담긴 이 같은 비판적 해석은 여러 주석을 섭렵하고 설득력이 약한 주석일지라도 주석자 입장에서 이해하고자 하는 학문적 탐색을 거친 바탕 위에서 나온 것이다.[4] 최명길은 『논어집주대전』에 실린 주자주를 위시한 여러 주를 통해 『논어』를 이해하고자 한다. 예를 들어 「자로」편 22장에서는 덕이 한결같지 않으면 수치를 당한다는 것과 관련해 공자가 '부점(不占)'을 말한다. 이에 대해 진순(陳淳, 1159~1223)은 덕이 한결같지 않으면 수치를 당하는 것은 점치지 않아도 확실하다고 해석하는 반면, 양시(楊時, 1053~1135)는 덕이 한결같지 않아 수치를 당하는 것은 점을 치지 않았기 때문이라고 해석한다.[5] 주자는 양시의 해석을 인정하는 한편 '부점'은 점치지 않았다기보다는 『주역』을 안 읽었다는 뜻이라고 해석한다. 최명길은 진순의 해석이 옳고 양시의 해석은 의심스럽다고 하여 진순을 따라 경문을 이해한다. 일차적으로 기존 해석을 통해 경문을 이해하는 것이다.

기존 주석이 충분한 답을 제공하지 않을 경우에도 우선 이를 최대한 이해해 보고자 한다. 예를 들어 최명길은 「학이」편 13장에 대해, 경문의 뜻을 이해하기 어려운데 주자의 주석도 이해에 큰 도움

---

4) 최명길이 경전을 이해하는 태도에 대해서는 '객관적'이라는 평가가 있다. 예를 들어, 원재린은 최명길이 경전을 해석하며 여러 사람의 의견을 적극적으로 구하고, 문의를 훈고하고, 자의적 해석을 경계하는 등 객관적 태도를 유지하기 위해 노력했다고 평가한다. 원재린, 「지천 최명길의 학문관과 정치운영론」, 『한국사상사학』 29, 한국사상사학회, 2007, 119-120쪽. 필자가 볼 때 이러한 평가는 「논어기의」에도 유효하다.

5) 이 글에서 언급하는 『논어집주대전(論語集註大全)』 및 「논어기의(論語記疑)」 구절의 해당 원문은 이 책의 「논어기의」 번역 부분에 제시되어 있기 때문에 생략한다.

이 되지 않는다고 서술한 후 나름대로 해석을 시도한다. 그리고 자신의 해석이 아마도 주자 뜻과 부합하지 않겠느냐는 말로 마무리한다. 우선 기존 주석을 통해 경문의 뜻을 미뤄 가고, 이해가 미진한 경우 스스로 최선의 해석을 시도한 후 이를 다시 기존 주석에 비추어 보고자 한 것이다. 최명길이 일차적으로 주자 주석을 거쳐 『논어』에 접근하는 것은 「자로」편 16장에 나오는 섭공에 대한 추측에서도 엿볼 수 있다. 최명길은 섭공에게 멀리 있는 이에게는 애쓰면서도 가까이 있는 이는 소홀히 하는 병통이 있었을 것으로 추측하는데, 이 추측은 아마도 "그 은택을 입으면 기뻐하고, 그 풍문을 들으면 오게 된다. 하지만 반드시 가까이 있는 이가 기뻐한 뒤에야 멀리 있는 이가 오는 것이다"라는 주자 주석에 근거한 것 같다. 주자는 이 주석에서 멀리 있는 이보다 가까이 있는 이를 먼저 챙겨야 한다고 말하는데, 최명길은 섭공이 이와 반대였던 것으로 보는 것이다.

「태백」편 4장에 대한 해석6)에서는 주자의 구주와 신주를 오가며 이 장을 풀이한 주자의 본의에 접근하기 위해 주자설을 꼼꼼히 살핀다. 이 장에서 증자는 맹경자에게 군자가 귀하게 여기는 세 가지로서 행동거지를 난폭함과 거만함에서 멀리하고, 얼굴빛을 믿음직하게 바로잡고, 어기에서 비루함과 이치에 위배함을 멀리할 것을 일러 준다. 주자는 구주에서 이 세 가지에 대해 "모두 수신의 효험이요, 정치를 하는 근본이니, 평상시 장엄하고 경건하고 정성스럽고 참되어

---

6) 이 장에 대한 최명길의 해석은 김윤경의 글에서도 분석하고 있다. 김윤경은 최명길이 이 장을 해석하면서 마음상 본원공부가 무엇보다 중요하다는 것을 강조한다고 보면서 정제두의 공부론과 유사성을 지적한다. 김윤경, 「지천 최명길의 『사문록』에 나타난 사서해석 경향과 사상적 특징(I) -「논어기의」를 중심으로-」, 『한국철학논집』 47, 한국철학사연구회, 2015, 32-36쪽.

보존하고 살피는 공부가 바탕에 쌓이지 않으면 이룰 수 없다"라고 설명한다. 즉, 이 세 가지는 평소 수양이 바탕을 이루고 있다면 자연스럽게 드러나는 효험인 것이다. 하지만 신주에서는 "이것은 모두 수신의 요체이고 정치를 하는 근본이다. 배우는 자가 마땅히 붙잡아 보존하고 성찰해야 하는 바이니, 경황 중이거나 위급한 상황이어도 어겨서는 안 된다"라고 풀이한다. 이렇게 되면 증자가 말한 세 가지는 수양의 직접적 대상이 된다. 구주가 외면으로 자연스럽게 표출되는 내면 수양을 강조한다면 신주는 외면 수양을 강조한다.

최명길은 "모름지기 주해는 먼저 해당 장의 문장 뜻을 드러내는 것을 위주로 해석해야 하니 (신주는) 구주의 명백함과 절실함만 못한 것 같다"라고 하여 경문의 본래 뜻에 비춰볼 때 구주가 신주보다 낫다고 평가한다.[7] 하지만 주자의 신주를 비판하기보다는 어째서 주자가 입장을 바꾸게 되었는지를 추적한다. 내면 수양과 외면 수양은 모두 중요하지만 배우는 이가 더 쉽게 착수할 수 있는 것이 외면 수양이기 때문에 입장을 바꾼 것이지 내면 수양이 외면 수양보다 덜 중요하다고 생각해서 바꾼 것은 아니라는 것이다. 주자가 신주로 입장을 바꿨지만 여전히 내면 수양을 중시하고 있음을 보여 주는 근거로서 최명길은 주자가 구주와 같은 입장인 정자와 윤돈의 주석을 채

7) 외면으로 자연스럽게 표출되는 내면 수양을 중시하는 시각은 「선진」편 20장 해석에서도 드러난다. 최명길은 이 장에 나오는 '논독(論篤)'을 언론이 독실한 것으로 풀이한 주자에 반대한다. 겉으로 드러난 언론이 독실하다면 내면 역시 충실할 것이기 때문에 말과 용모로써 사람을 취해서는 안 된다는 주자 해석은 적절하지 못하다는 것이다. 이는 최명길이 내면의 충실함이 자연스럽게 언론의 독실함으로 표출된다고 생각했음을 보여준다. 따라서 「태백」편 4장에 대한 주자의 구주를 지지하는 입장과 같다고 평가할 수 있다.

록했다는 것을 지적한다.

최명길은 구주에 입각하여 이 장은 증자가 맹경자에게 본원 공부에 힘쓸 것을 일러주신 것이라고 해석한다. 하지만 마지막에 가서 신주를 따르는 것이 더 타당할 것 같다고 입장을 바꾸면서 해석을 마무리한다.[8] 신주에 대한 비판적 입장에서 다시 신주로 회귀한 것을 볼 때 본인의 『논어』 이해 궤적에 따라 주자설에 대한 평가가 달라지고 있다고 평가할 수 있다. 한 가지 입장을 고수하는 것이 아니라 언제든 새로운 이해에 도달할 수 있다는 자세인 것이다. 이러한 학문적 유연함이 있기 때문에 비록 받아들이기 어려운 해석이더라도 주석자 입장에서 이해해 보고자 한다. 따라서 신주에 대해 비판적 입장이었을 때조차 주자가 신주로 바꿀 수밖에 없었던 이유를 주자 입장에서 추론함으로써 주자가 제시하는 수양론이 갖는 정확한 의미를 드러내고자 한다.

자신이 파악하지 못한 주석자 입장을 열어두는 태도는 「안연」편 1장에 대한 기록에서 찾을 수 있다. 최명길에 따르면 주자는 극기복례를 '공부'에 초점을 맞춰 해석하고 정자는 '공효'에 맞춰 해석한다. 이러한 최명길의 해석은 '천하귀인언(天下歸仁焉)'에 대해 주자는 '천하가 인을 허여한다'라고 풀이하고 정자는 '천하가 인으로 돌아온다'라고 풀이한 것에 근거한 것으로 보인다. 즉, 주자는 극기복례가 인을 위한 공부이며 하루라도 극기복례할 수 있다면 천하가 인의 경지를 허여할 것이라고 본 것이고, 정자는 내가 어느 하루 극기복례한 공효가 천하에 영향을 미친다고 본 것이다. 최명길은 두 해석을 제시

---

8) 하지만 더 구체적인 서술이 없어서 최명길이 어떤 이유에서 최종적으로 신주로 회귀했는지는 알 수 없다.

한 후 정자의 해석이 더 명백하다고 평가한다. 하지만 주자의 해석이 그르다고 하지 않고 주자가 그럼에도 다르게 해석한 데에는 이유가 있었을 것이라고 서술한다. 현재 자신의 이해 수준에서는 정자의 주석이 설득력을 지니지만 다른 해석 가능성도 열어두는 것이다.

기존 해석을 가능한 한 수용하려는 자세는 역사적 인물과 관련된 내용이 의심스럽더라도 배척하기보다는 근거자료를 궁금해 하는 모습에서도 찾을 수 있다. 예를 들어 공자가 자산을 네 가지 측면에서 칭송하는 내용을 담은 「공야장」편 15장에 대해 오역(吳棫, 1100~1154)은 이렇게 일일이 칭송을 하는 것은 오히려 부족한 점이 있기 때문이라고 보는 반면, 공자가 비판적이었던 장문중에 대해서는 일일이 책망하는 것은 오히려 좋은 점이 많기 때문이라고 본다. 최명길은 자산과 장문중에 대한 일반적 평가에서 벗어난 오역의 해석에 의문을 제기하면서도 오역의 해석을 상고할 근거가 있을지 궁금해 한다. 받아들이기 어려운 해석을 무조건 배척하기보다는 해석을 뒷받침할 만한 기록만 있다면 재고할 여지를 남겨두는 것이다.

「태백」편 1장에 대한 해석에서도 주자의 언급에 의문이 들지만 자신이 모르는 별도의 사료가 있었던 것이 아닌가 하여 여지를 남겨둔다. 즉, 태백이 태왕의 뜻을 따르지 않은 일이 소주(小註)에 인용된 『오월춘추(吳越春秋)』[9]에는 자세히 서술되어 있지만, 주자가 이 일이

9) 동한 시대 조엽(趙曄, 약 83년 졸)이 12권본으로 짓고, 수나라 혹은 그 이전 인물로 추정되는 황보준(皇甫遵)이 10권본으로 정리했다고 전해진다. 6권본으로 간행된 것도 있다. 오 · 월 양국의 역사를 기본 골격으로 하고, 여기에 문학적 서술을 더해 편년체로 기록했다. 따라서 역사서이자 문학서라고 할 수 있다. 김영식, 네이버지식백과 고전해설 ZIP (https://terms.naver.com/entry.nhn?docId=731062&cid=60608&categoryId=60608)

서술되어 있다고 말한 『춘추좌전』에서는 관련 내용을 찾을 수 없었는데, 이에 대해 주자가 잘못 기록했다고 말하는 대신 주자가 별도로 상고한 것이 있는지 궁금해 한다.

「태백」편 6장을 해석하면서는 주자설을 보완한다. 주자는 홀로 된 어린 임금을 보좌하고 섭정하는 데 필요한 것으로 재능을 언급하는데, 최명길은 재능만 가지고는 충분하지 않고 덕도 있어야 완전한 해석이 될 것 같다고 말한다. 주자의 주석을 수용하는 가운데 도덕성과 정치적 능력을 분리하여 생각하지 않는 유가의 입장에서 이를 보완하고 있는 것이다.

이상 살펴봤듯이 최명길은 우선 기존 주석을 따라 『논어』를 이해하고자 한다. 「논어기의」에 실리지 않은 장들은 이렇게 접근했을 때 별 문제가 없었기에 따로 기록할 필요가 없었을 것이다. 받아들이기 어려운 부분을 위주로 추렸기 때문에 주자설 등에 대한 비판이 중심에 놓이지만, 여기에 실리지 않은 훨씬 더 많은 『논어』의 다른 장들은 오히려 기존 해석을 받아들이기에 무리가 없었기 때문에 제외되었다고 짐작할 수 있다.

기존 주석에 대해 의심스러운 부분을 추린 「논어기의」에서조차 기존 논의를 수용하고자 하는 자세로 섭렵하며 이에 대해 깊이 있게 숙고하는 태도가 눈에 띈다. 주자의 구주와 신주를 꼼꼼히 검토하며 주자의 본의를 밝히고자 하고, 자신의 이해가 미진할 가능성뿐 아니라 자신이 미처 접하지 못한 기록이 있을 가능성도 열어 두고 기존 해석에 신중하게 접근하며, 해석이 불충분할 경우 불충분함에 대한 비판보다는 이를 보완하고자 하는 태도가 여기에 해당한다.

최명길은 기존 주석을 가능한 한 받아들이는 가운데 『논어』를 이해하고자 했지만 기존 주석을 통해 경문의 본래 뜻을 밝히기 어려운 경우 이를 대체할 해석을 모색한다. 기존 주석을 정밀하게 살피는 태도로 볼 때, 최명길이 제시하는 해석은 충분한 근거를 가지고 있을 것으로 추측할 수 있다. 이제 최명길이 어떤 근거를 통해 자신의 목소리를 내고 있는지 살펴보겠다.

3. 실천을 중시하는 시각에 근거한 해석

여러 주석을 살피며 최명길이 최종적으로 지향한 것은 『논어』의 온전한 이해일 것이다. 따라서 자신이 도달한 최종적 이해와 주석이 배치할 경우에는 주자가 됐든 정자가 됐든 이들 주석이 지니는 권위에 얽매이지 않고 잘못된 해석이라는 점을 분명히 한다. 이 최종적 이해에 중요하게 작용하는 것은 최명길이 견지한 사상일 것이다. 따라서 「논어기의」에 실린 기존 주석에 대한 비판적 해석은 최명길의 사상적 입지를 드러내는 유용한 단서가 된다. 이에 대해서는 앞서 언급했듯 양명학에 가까운 사유가 지적되었다. 이 글에서 말하고자 하는 사상적 특징도 기존 연구가 밝힌 내용과 크게 다르지 않지만 '실천'을 중시하는 시각을 중심에 두고 「논어기의」의 내용을 엮어내고자 한다. 즉, 「논어기의」에서 유추할 수 있는 두드러지는 관점은 실천을 중시한다는 점이다. 따라서 실천력의 바탕이 되는 후천적 노력과 의지를 강조한다. 그리고 이 모든 것이 구체적 사태에 맞게 발휘되어야 한다고 생각한다. 이 세 특징이 「논어기의」에 어떻게 반영되어 있는지 차례대로 살펴보겠다.

1) '마음'을 판단 기준으로 한 실천

실천을 강조하는 시각은 「이인」편 8장에 대한 해석에서 찾을 수 있다. 주자는 「이인」편 8장에 나오는 '도(道)'에 대해 "도는 사물의 당연한 리(理)이다"라고 해석한 후 "이 도를 듣게 된다면 살아서는 (리에) 순응하고 죽어서는 편안하니 여한이 없다"라고 서술한다. 이는 외부 사물에 나아가 리를 탐구하여 도덕적으로 완성된 인간을 추구한 주자의 입장과 상부한다. 하지만 최명길은 "도는 사람이 마땅히 따라야 할 리이다"로 해석하고자 한다. 그러면서 "본성을 따르는 것이 도이다(率性之謂道)"라는 『중용』 구절을 인용한다. 최명길이 지적한 주자 해석의 문제점은 "만 가지 다른 것을 들고 하나의 근본을 놓친 것으로, 마음과 도를 나누어 둘로 여겼다"는 것이다. 주자처럼 주안점을 외부에 두면 "점점 산만해져서 나 자신에 대해서는 친근하고 절실하지 않은 것 같다"는 것이 최명길의 평가이다. 주자처럼 외부 사물들이 지닌 분수리(分殊理)를 탐구하여 하나의 총체적인 리에 접근하는 것은 나의 구체적인 현실에서 멀어지며 산만해지는 폐해가 있다는 평가인 것이다. 이 방법보다는 주안점을 내부로 돌려 『중용』처럼 본성을 따르는 것과 도를 연결시키는 것이 "본체를 들어서 작용을 다 갖추는" 더욱 긴요한 방법이 된다.

이러한 해석은 김윤경이 지적한 바와 같이 최명길이 "사물의 이치를 탐구하는 것으로부터 사람이 마땅히 따라야 할 도리를 설명하는 논리에는 부정적인 견해를 가졌음"을 보여준다.[10] 그렇다면 왜

10) 김윤경, 「지천 최명길의 『사문록』에 나타난 사서해석 경향과 사상적 특징(I) -「논어기의」를 중심으로-」, 『한국철학논집』 47, 한국철학사연구회, 2015, 31쪽.

부정적 견해를 가졌을까? 김윤경은 피상성을 지적한다. 즉, 일상에서 절실하게 느끼고 생각할 수 없어서 실제 공부에 착수하려는 사람에게는 절실하지 않은 피상적 이야기가 될 수 있다는 것이다.[11] 이를 부연 설명하면 한 개인은 다양한 사태에서 끊임없이 새로운 역할을 부여받는다. 이 역할을 제대로 수행하는 것이 유학자가 지향하는 군자상이 된다. 최명길이 볼 때 이를 실천하기 위해서는 외부 사물에서 리를 탐구하기보다 내 마음에 이미 구비되어 있는 본성의 덕을 현장에서 발휘하는 것이 더 효과적이다.[12]

끊임없이 변화하는 다양한 사태에 적합한 이치를 밝히기 위해 외부 사물보다 내 마음을 살펴야 한다는 주장은 양명학에 가깝다.[13] 한정길은 최명길이 마음과 리의 분리를 주자학의 문제점으로 인식했다는 점에서 조선에서 거의 처음으로 양명학적 문제의식에 공감한 학자로 평가한다. 또한 객관사물의 리가 아닌 사람이 마땅히 따라야 할 리를 말한다는 점에서 최명길의 주요 관심이 의리의 세계에

11) 김윤경, 「지천 최명길의 『사문록』에 나타난 사서해석 경향과 사상적 특징(Ⅰ) -「논어기의」를 중심으로-」, 『한국철학논집』 47, 한국철학사연구회, 2015, 30-31쪽.

12) 김세정 역시 최명길이 혹독한 비판에도 병자호란 때 주화(主和)를 주장할 수 있었던 이유가 명분이 아닌 실질을 중시하고 외부 평가에 휘둘리지 않고 자신의 마음이야말로 시비를 판단하는 주체라고 여긴 데 있었다고 지적한다. 김세정, 「지천 최명길의 주체성과 창조정신」, 『유학연구』 28, 충남대학교 유학연구소, 2013, 68쪽.

13) 김세정은 최명길에게 리는 마음 밖에 있는 것이 아니라 마음에 함유되어 있고, 이때 리는 주자학에서 말하는 선험적이고 고정불변하는 이치가 아니라 양명학에서 말하는 수시변역(隨時變易)하는 실천조리를 의미한다고 해석한다. 또한 권도(權道)와 시중(時中)을 중시하는 최명길의 태도를 수시변역과 연결해 해석한다. 김세정, 「지천 최명길의 주체성과 창조정신」 『유학연구』 28, 충남대학교 유학연구소, 2013, 69, 76-77쪽.

있다고 평가한다.[14] 김윤경이 지적한 실제 공부에 착수하려는 이에게 절실한 논의, 그리고 한정길이 지적한 의리의 세계는 모두 최명길이 현재 우리가 살아가는 이 시점에서 발휘되는 인간의 실천력을 중시했음을 뒷받침해 주는 해석이다. 이때 실천력이 발휘되는 방향은 고정된 객관적 이치가 아니라 현재 사태를 생생하게 반영하는 마음에 근거해야 한다.

2) 후천적 노력과 의지[15]

최명길은 마음을 리로 삼아 실천해 나갈 것을 중시하기 때문에 이를 받쳐 줄 후천적 노력과 의지 역시 강조한다. 이는 타고난 기질의 등급을 말한 주자에 반대하는 「계씨」편 9장과 「양화」편 3장에 대한 해석에서 확인할 수 있다. 「계씨」편 9장에 나온 태어나면서 아는 자로부터 곤란을 겪어도 배우지 않는 자까지 네 등급의 인간 유형에 대해 주자는 기질에 네 등급이 있다는 것으로 해석한다. 하지만 최명길은 앎의 등급은 기질의 차이가 아닌 배움의 정도에 따라 나뉜다는 양시의 해설을 지지하면서 후천적 노력을 중시하는 입장에 선다.

---

14) 한정길, 「조선조 관료지식인의 양명학관 연구(3) -지천 최명길의 양명학관을 중심으로-」, 『한국사상사학』 52, 한국사상사학회, 2016, 248쪽.

15) 이 항목에서 분석하는 『논어』 세 개 장에 대한 최명길의 해석은 김윤경이 '주자집주의 비판과 독창적 해석'의 예로서 다루고 있다. 김윤경, 「지천 최명길의 『사문록』에 나타난 사서해석 경향과 사상적 특징(Ⅰ) -「논어기의」를 중심으로-」, 『한국철학논집』 47, 한국철학사연구회, 2015, 23-28쪽. 후천적 노력과 의지를 강조하는 예라는 김윤경의 평가와 필자도 같은 입장이라 김윤경의 연구와 논의가 다소 중복되지만 최명길 사상의 중요한 일단을 보여주는 예라서 필자의 시각에서 분석한 내용을 압축해 서술했다.

「양화」편 3장에 대해서는 가장 지혜로운 자와 가장 어리석은 자의 변화 여지를 허용하지 않는 주자 해석에 반대하면서 어리석음에 머무는 것은 본인들이 자포자기하기 때문이라는 정자의 설을 지지한다. 즉, 어리석은 이는 변화시킬 수 없는 것이 아니라 본인이 변화하려 하지 않는 것이라고 하여 인간의 성장이 주체적 변화 의지에 달려 있다고 본다.

비슷한 예로 「선진」편 19장에 대해 선인(善人)은 비록 옛사람의 자취를 밟지 않더라도 스스로 악을 행하지 않는다고 한 정자의 해석이 『논어』 맥락에서 벗어났음을 지적한 것이 있다. 정자의 해석대로라면 선인은 비록 기질만으로는 성인의 방에 들어가지 못하더라도 기질이 나쁜 사람과 달리 좋은 기질 덕에 스스로 악을 행하지는 않는다. 최명길은 정자의 해석이 옛 자취를 밟아 나가는 노력을 강조한 『논어』의 본의에 어긋난다고 평가한다. 타고난 기질로 이룰 수 있는 영역을 최소화하면서 후천적 노력을 강조하는 것이다.

3) 구체적 사태에 부합

1)과 2)에서 살펴본 『논어』 네 개 장에 대한 해석으로부터 최명길이 후천적 노력과 의지를 통해 구체적 현실에서 마음을 기준으로 실천력을 발휘해 나갈 것을 중시했음을 확인할 수 있었다. 하지만 이때 중요하게 고려되어야 할 것이 있는데 바로 사태에 맞는 의리이다. '시무를 잘 아는 호걸'로 불릴 만큼 현실에 맞는 실효성 있는 경세를 지향한 최명길인 만큼[16] 실천력은 구체적 상황을 고려해 유연

16) 원재린, 「지천 최명길의 학문관과 정치운영론」, 『한국사상사학』 29, 한국사

하게 발휘되어야만 한다고 생각했을 것이다.

구체적 상황에 따라 의리가 달라진다는 시각은 「선진」편 22장 해석에 담겨 있다. 안회가 죽은 줄 알고 걱정한 공자에게 안회는 "제가 어찌 감히 죽겠습니까?"라고 말한다. 이때 '감히 죽다'를 주자는 무모하게 만용을 부려 죽는 것으로 해석한다. 하지만 최명길은 죽음이 의(義)에 맞지 않는 상황이라는 것을 지적한다. 즉, 공자가 불행을 당하고 안회가 홀로 살았다면 이는 불의이고, 공자가 생존해 계신데 안회가 죽었다면 이 역시 불의라는 것이다. 동일하게 살아남더라도 전자의 경우에는 불의가 되고 후자의 경우에는 의가 된다. 따라서 스승이 살아 계신 상황에 맞는 의를 따르기 위해 마음대로 죽을 수 없었다고 봐야지 과감하게 죽는 일을 하지 않았다고 볼 수는 없다는 것이다.

「헌문」편 1장에 대해서도 주자는 나라에 도가 있거나 없거나 단지 녹만 받는 것은 부끄러운 일이라고 해석하는 반면, 최명길은 나라에 도가 있을 때 녹을 받는 것은 군자로서 마땅한 일이고 도가 없을 때 녹을 받는 것은 그 자체로 수치라고 해석하여 동일하게 녹을 먹더라도 어떤 상황이냐에 따라 의리가 갈리는 해석을 취한다.[17] 정치적 선택은 현실의 구체적 상황과 연동되어야만 하기 때문에 의리의 유동성이 중요할 수밖에 없다. 이 같은 시각은 「선진」편 23장 해석에서도 찾을 수 있다. 이 장에 나오는 "도로써 임금을 섬기다가 더 이상 섬길 수 없으면 그만둔다(以道事君, 不可則止)"라는 구절에 대해

상사학회, 2007, 121쪽.

17) 최명길의 해석은 "나라에 도가 있으면 마땅히 녹을 먹어야 한다. 군주가 무도한데 그 조정에 있으면서 그 녹을 먹는 것은 치욕이다"라는 공영달의 고주와 같은 입장이다.

주자는 “반드시 자신의 뜻을 실행하는 것”이라고 해석한다. 그만두는 것은 개인의 뜻을 실현하기에 적합한 임금이 아니기 때문이라는 것이다. 하지만 최명길은 그만두는 이유로 “의가 구차하게 합치할 수 없다”는 점을 지적한다. 개인적 지향만 가지고는 사태에 마땅한가 여부가 판가름 나기 어렵기 때문이다. 이처럼 최명길은 개인의 주체적 의지와 노력을 강조하는 한편 이를 통해 발휘되는 실천력이 사태에 적합해야 한다고 본다.

끊임없이 변화하는 상황에 맞아야 하기 때문에 일관된 태도보다는 상황에 따른 유연함이 중요하다. 이러한 시각은 「이인」편 18장에 대한 해석에 담겨 있다. 이 장에 나오는 ‘불위(不違)’에 대해 주자는 부모가 받아들이시지 않더라도 부모에게 간하고자 하는 마음을 어기지 않는 것으로 해석하는 반면, 최명길은 내 간언을 받아들이지 않는 부모의 뜻을 어기지 않는 것으로 해석한다. 주자는 자신의 해석을 뒷받침하기 위해 부모의 잘못에 대해 반복하여 간절히 간할 것을 말하는 『예기』「내칙」의 구절을 제시한다. 하지만 최명길은 「내칙」처럼 간절히 간하는 것은 부모의 잘못이 큰 경우에 해당하고, 「이인」편 18장은 부모의 잘못이 작은 경우라서 같은 맥락에서 해석하면 안 된다고 본다. 부모의 잘못이 큰데도 간하지 않는다면 부모를 불의에 빠트리게 되므로 간하고자 하는 마음을 어겨서는 안 되지만, 부모의 잘못이 작은 경우는 기필코 간하고자 한다면 오히려 은혜를 해칠 수 있다는 것이다. 동일하게 부모에게 간하더라도 어떤 문제에 대해 간하느냐에 따라 태도를 달리해야지 간하고자 하는 마음만 초지일관 유지해서는 안 된다는 설명으로 세부 상황에 따른 유연한 대처를 중시하는 시각을 엿볼 수 있다.

「논어기의」에서 기존 주석을 비판하는 근거로 삼는 최명길의 주된 사상적 특징은 현실의 역동성과 보조를 맞출 수 있는 마음 및 이 마음을 살펴 상황에 맞게 의지를 발휘해 실천하는 노력을 중시하는 것이다. 최명길이 인조반정의 정당성에 이의를 제기하는 유자들에 맞서 반정 주체 세력이 적극적으로 정국을 주도해야 한다고 주장하고, 병자호란이라는 위기에 맞서 주화를 주장한 것은 이념보다 현실을 중시하는 태도에서 나온 것으로 평가받는다.[18] 외부에 존재하는 이치보다는 사태를 생생하게 비추어 판단할 수 있는 내 마음, 타고난 기질이 아닌 후천적 노력과 의지, 사태에 따른 의리를 근저에 두고 실천을 강조한 「논어기의」에 실린 비판은 이러한 정치적 태도와 공명하고 있다.

4. 실제 상황을 고려한 해석

구체적 현실에 밀착된 실천을 강조하는 만큼 『논어』 역시 실제 상황에 대한 고려를 근거로 기존 주석을 비판한다. 이러한 비판은

18) 김용흠, 「지천 최명길의 정치 활동과 유자의 책임의식」, 『백산학보』 111, 백산학회, 2018, 25-26쪽. 허태구의 연구에 따르면, 최명길의 주화론이 대명의리(對明義理)의 당위성에 대하여 척화론과 대칭적 입장에 있었다고 보기는 어렵다. 최명길을 포함해 조선의 군신 중 어느 누구도 대명의리 자체를 비난하거나 부정하지 않았다. 최명길은 단지 국망 직전의 극한 상황에서 이 의리를 어느 선까지 희생하며 지켜야 하는가에 대해 척화론자들과 견해를 달리했을 뿐이다. 허태구, 「최명길의 주화론과 대명의리」, 『한국사연구』 162, 한국사연구회, 2013, 106-107쪽. 허태구의 분석을 따른다면 이념보다 현실을 중시했다기보다는 이념과 현실 사이에서 적절한 균형을 찾으려 했다고 평가할 수 있다.

경문을 현실성이 높은 쪽에서 해석하고, 경문의 맥락을 살펴 경문에 제시된 상황에 충실하게 해석하며, 용어에 대해서도 문헌적 근거로 뒷받침된 정확한 뜻을 찾고자 하는 것을 통해 이루어진다. 이에 대해 순서대로 살펴보겠다.

1) 현실성과 실제에 대한 고려

『논어』를 현실성이 높은 쪽으로 해석하려는 예는 「안연」편 22장 해석에서 찾을 수 있다. 주자는 이 장에 나오는 고요와 이윤을 등용했을 때 인하지 못한 자들이 멀어져 간 상황에 대해 고요와 이윤을 등용한 덕에 사람들이 모두 교화되어 인하지 못한 이들이 없어진 것이 마치 인하지 못한 이들이 멀어져 간 것과 같다고 해석한다. 하지만 최명길은 인하지 못한 이들은 정치를 담당하는 이들에 국한된다고 본다. 고요와 이윤 같은 인한 이들이 정치를 담당하니 인하지 못한 이들은 정치 일선에서 물러나게 됐다는 것이다. 주자 해석처럼 도덕적으로 훌륭한 정치인을 등용했다고 하여 사람들이 모두 인하게 된다는 것은 현실성이 약한 너무 많이 나간 해석이라는 것이다. 이보다는 인한 정치인을 등용하고 인하지 못한 정치인을 내친 덕에 사람들이 모두 선을 행하게 됐다는 것이 더 현실적인 상황이라고 본 것이다. 인하지 못한 이가 없어졌다는 것을 피치자라는 넓은 범위가 아닌 정치 담당자로 국한하고, 인을 행하는 것 대신 선을 행하는 것으로 도덕적 성취 수준을 낮춤으로써 『논어』를 더 현실성 있게 해석하고 있다.

비슷한 예로서 「양화」편 7장 해석을 들 수 있다. 여기에서 최명길은 『시경』을 근거로 주자 주석을 의심한다. 주자는 이 장에 나오는 '불식(不食)'을 '먹을 수 없다'는 것이 아니라 '먹기를 구하지 않는다'로 풀이한다. 하지만 최명길은 박에 쓴 잎이 있다는 『시경』 구절을 인용하며 주자의 풀이에 의문을 제기한다. 주자 해석대로라면 공자는 세상에 쓰임을 구하고자 하는 것이 되고, 최명길의 해석대로라면 공자는 자신은 쓰일 수 없는 사람이 아니라고 말하는 것이 된다. 위인지학(爲人之學)이 아닌 위기지학(爲己之學)을 말하고, 직접 나가 팔기를 구하지 않고 살 사람을 기다린다고 말한 공자라면[19] 최명길의 해석이 더 적합한 해석이 된다. 『시경』 구절을 떠올린 이면에 최명길이 『논어』를 통해 파악한 공자의 지향이 놓여 있는지는 모르겠지만 박잎의 성질을 고려해 경문을 이해할 만큼 실제에 비추어 경전을 독해해 나간다.

실제를 고려하는 태도는 「태백」편 18장에 나오는 '불여언(不與焉)'을 천자의 지위를 즐거움으로 삼지 않았다고 해석한 주자에 반대하며 천하를 소유한 일에 간여하지 않은 것을 가리킨다고 해석할 때에도 드러난다. 최명길이 이렇게 달리 해석한 것은 우임금과 순임금만 따로 떼어서 칭송한 데에는 이유가 있었을 것이라는 생각에서였다. 만약 주자처럼 해석하면 요임금과 탕임금도 다를 바 없기 때문에 적절한 해석이 아니라고 본다. 요·순·우·탕 중에서 순과 우한테만 적용되는 것은 선양을 통한 왕위 계승이므로 이 점이 공자가 칭송한 내용이 되어야 한다는 것이다. 요·순·우·탕에 대해 알려진 사실에 근거하여 주자 주석의 부적절함을 지적하는 것 역시 실제에 비추

19) 『論語』, 「憲問」: "子曰, 古之學者爲己, 今之學者爲人." ; 「子罕」: "子曰, 沽之哉! 沽之哉! 我待賈者也."

어 기존 주석의 타당성을 검토하는 예로 볼 수 있다.[20)]

2) 경문 맥락

현실성과 실제를 고려한 해석을 추구하기 때문에 도식적 틀에 맞추기 위한 견강부회적 해석은 경계하고, 경문 맥락에 가급적 충실하게 해석하고자 한다. 이러한 태도는 이로운 벗과 해로운 벗, 이로운 즐거움과 해로운 즐거움을 각각 세 개씩 언급하는 「계씨」편 4장과 5장에 대한 해석에서 찾을 수 있다. 주자는 각 경우 이로움과 해로움이 짝을 이루며 상반된다고 해석한다. 예를 들어 「계씨」편 5장에 따르면 남의 좋은 점을 말하는 것은 이로운 즐거움인데 이와 짝을 이루는 해로운 즐거움은 편히 노는 것이 된다. 경문만 봐서는 남의 좋은 점을 말하는 것과 편히 노는 것이 왜 상반되는지 납득하기 힘든데 주자는 편히 놀면 게으르고 태만해져서 선한 말을 듣기 싫어한다고 하여 확장시켜 해석한다. 최명길은 이로움과 해로움은 각자 뜻이 있을 뿐 서로 대비하려는 뜻이 굳이 있을 필요는 없다고 보면서 상반된 뜻으로 억지로 해석하려 한다면 경문의 본래 뜻을 잃을 수 있다고 지적한다. 개인의 자의적 해석에 따른 견강부회를 경계하며 경문의 본래 뜻에 맞게 해석하려는 태도를 엿볼 수 있다.

---

20) 「태백」편 20장에 대한 주자 주석에 반대할 때에도 최명길은 요순시대와 주나라의 인재 상황에 대해 합리적으로 추론하고자 하는 가운데 고주로써 자신의 주장을 뒷받침한다. 이에 대해서는 다음 선행연구에서 이미 구체적으로 분석하였기에 이 글에서는 논의를 생략한다. 김윤경, 「지천 최명길의 『사문록』에 나타난 사서해석 경향과 사상적 특징(Ⅰ) -「논어기의」를 중심으로-」, 『한국철학논집』 47, 한국철학사연구회, 2015, 15-17쪽.

경문 맥락에 근거해 기존 주석을 비판하는 예는 「선진」편 25장에 대한 해석에 나온다. 이 장에 대해 정자는 증석을 제외한 다른 제자들이 나라를 얻어 다스리려 했기 때문에 공자가 이들의 대답을 취하지 않았다고 해석한다. 하지만 최명길은 증석의 답에 공자가 찬탄한 것을 나머지 제자의 견해에 대한 배척으로 볼 수 없다고 주장한다. 단지 증석이 공자의 질문 범위에서 벗어나 세속을 초탈한 자유로운 기상을 피력했기 때문에 특별히 찬탄한 것이지, 질문 범위 안에서 답한 다른 세 제자의 의견을 받아들이지 않았다고 볼 수는 없다는 설명이다. 이렇게 본 것은 정자처럼 해석할 경우 경문을 부드럽게 이해하는 데 문제가 생기기 때문이다. 최명길이 볼 때 나머지 세 제자의 답이 조금도 분수에 넘치거나 과장하는 뜻이 없고, 세 제자의 답에 대한 평을 묻는 증석의 말에 공자가 답한 내용에서도 이들을 배척하는 느낌이 없다. 결국, 경문 맥락을 고려할 때 정자의 해석은 받아들이기 힘들다는 것이다. 최명길은 정자처럼 해석할 경우 폐단이 있지 않겠냐고 하는데, 이때 폐단이 경문을 부드럽게 이해하는 데 문제가 생긴다는 점에서 폐단인지, 아니면 다른 세 제자의 대답을 인정하지 않는 것이 공자 사상에 비추어 볼 때 문제가 생긴다는 점에서 폐단인지는 정확하지 않지만, 어느 경우가 됐든 『논어』의 본래 맥락에 더 가까운 해석을 추구하고 있다고 평가할 수 있다.

경문 맥락에 충실한 해석은 「안연」편 7장에 관한 기록에서도 찾을 수 있다. 이 장에 나오는 '족식족병민신지의(足食足兵民信之矣)'를 주자는 "양식을 풍족히 하고 군사를 든든히 하면 백성이 믿을 것이다."라고 해석하여 '민신지의'를 위한 선행조건으로 '족식'과 '족병'을 둔다. 하지만 최명길은 이러한 인과관계를 부정하고 세 항목을 독립적으로 본다. 그리고 그 이유를 이어지는 경문에서 찾는다. 즉, 셋 중 무엇을 먼저 버려야 하느냐는 자공의 질문에 공자는 군사를 먼저 버리고 그 다음이 양식이며 백성의 믿음이 가장 나중까지 지켜야 할 것이라고 말한다. 만약 주자 해석처럼 '족식'과 '족병'을 통해 '민신'라는 결과가 도출된다면 군사와 양식을 없앤 후 백성의 믿음을 말할 수는 없다는 것이다. 이처럼 기존 주석을 반박하는 근거에는 경문의 전후 맥락에 충실한 독해가 있다.[21]

위태로운 나라에 들어가지 말고 혼란스러운 나라에 거하지 말 것(危邦不入, 亂邦不居)을 말하는 「태백」편 13장 해석에서도 유사한 접근을 취한다. 최명길은 이 장을 해석하면서 위태로운 나라와 혼란스러운 나라의 심각성을 주자와 달리 본다. 즉, 주자는 위태로운 나라를 더 심각하게 봤지만 최명길은 혼란스러운 나라를 더 심각하게 본다. 위태로운 나라는 혼란이 아직 현상으로 뚜렷이 드러나지는 않았지만 기미가 있는 상태이고 혼란스러운 나라는 이미 현상으로 뚜렷이 드러났다는 것이 이유이다. 주자의 해석에 따르면 위태로운 나라에서 벼슬하는 자라면 심각한 사태에 대한 책임 때문에 떠날 수 없지만 밖에 있는 자라면 들어가지 않아야 하고, 혼란스러운 나라는 위태로운 정도까지는 아니니 일신을 깨끗이 하기 위해 떠난다는 것이다. 하지만 최명길의 해석에 따르면 위태로운 나라는 혼란의 기미를 살펴 들어가지 않아야 하고, 혼란스러운 나라는 이미 현상으로

21) 최명길은 「논어기의」 뒷부분에서 일본의 『고주논어』에 '민신지(民信之)'가 '사민신지(使民信之)'로 기록되어 있는 것을 근거로 자신의 주장을 재확인한다. 이에 대한 논의는 다음 선행연구에서 다루고 있다. 김윤경, 「지천 최명길의 『사문록』에 나타난 사서해석 경향과 사상적 특징(Ⅰ) -「논어기의」를 중심으로-」, 『한국철학논집』 47, 한국철학사연구회, 2015, 19-23쪽.

혼란이 명백히 드러났기에 기미를 살필 필요도 없이 거처할 수 없다는 것을 안다. 주자는 『논어』에는 언급되지 않은 위태로운 나라에 거해야 하는 상황을 제시하고, 『논어』에 나온 들어가지 않는 자와 거하지 않는 자가 외부자와 내부자로 다르다. 이에 반해 최명길의 해석은 모두 외부자로 동일하고, 그래서 내부자에 관한 상황을 추가로 제시할 필요도 없다는 점에서 경문에 더 충실한 해석이라고 평가할 수 있다.

3) 용어의 정확한 뜻

경문 맥락에 충실하고자 하는 독해는 용어의 정확한 뜻을 모색하는 것과도 연결된다. 예를 들어 「선진」편 17장은 자장에 대해 '벽(辟)'이라고 서술하는데, 주자는 이 '벽'을 행동거지에만 익숙하고 성실함이 부족한 것으로 풀이한다. 최명길은 이 풀이에 반대하며 여기에서 '벽'은 『대학』의 "사람은 자신이 친애하는 것에 치우친다(人之其所親愛而辟焉)"에 나오는 '벽'으로 풀어야 한다고 주장한다. 『대학』 구절에 더하여 최명길은 자장의 성격도 언급한다. 즉, 자장이 구차하고 어려운 것을 좋아하여 중도를 넘어서고 올바름을 잃는 병통이 있었다는 것이다. 이러한 추측은 공자가 자장에 대해 과하다고 평가한 것, 자유가 자장에 대해 어려운 것에는 유능하나 인하지는 않다고 평가한 것, 증자가 당당하지만 함께 인을 행하기는 어렵다고 평가한 것 등[22] 『논어』에 실린 구절을 통해 이뤄졌을 것이다. 이렇게 본다

22) 『論語』, 「先進」: "子曰, 師也過, 商也不及." ; 「子張」: "子游曰, 吾友張也爲難能也, 然而未仁. 曾子曰, 堂堂乎張也, 難與並爲仁矣."

면 『논어』의 다른 장들까지 참고하면서 자장을 서술하는 '벽'이라는 용어에 대해 정확한 뜻을 구하며 기존 해석을 반박하고 있다고 평가할 수 있다.

문헌적 근거를 바탕으로 용어의 뜻을 밝히려는 자세는 「자로」편 1장 해석에서도 드러난다. 이 장에서 공자는 정치에 대해 묻는 자로의 질문에 '노지(勞之)'를 말한다. 최명길은 이 '노(勞)'를 육체적 노고로 보는 소식(蘇軾, 1037~1101)의 해석을 의심하며 「모시서」와 『한서』 등에 나오는 용례인 멀리서 찾아온 이들의 노고를 위로하다는 뜻을 지닌 '노래(勞來)'를 언급한다. 이를 통해 최명길이 '노'를 육체적 노고가 아닌 마음을 써 주는 것으로 해석하려는 것을 알 수 있다.

「양화」편 8장에는 앎[知]을 좋아하지만 공부를 좋아하지 않을 때 생기는 폐단으로 '탕(蕩)'이 나온다. 최명길은 '탕'에 대한 불명료한 주자 해석을 대체할 해석을 제시한다. 즉, 주자는 '탕'을 "높고 넓음을 다하여 그치는 곳이 없다"라고 풀이하여 부정적 뜻이 뚜렷이 드러나지 않는다. 하지만 최명길은 "거침없고 넘쳐나서 바름을 잃었다"라고 하여 '탕'이 부정적 뜻을 지님을 분명히 한다. 또한 이 장에서 '지(知)'와 함께 '육언(六言)'으로 언급된 '용(勇)'과 '강(剛)'을 주자가 체용관계로 본 것에 반대하며 이들은 각각 다른 부류의 기질이므로 이렇게 연결시킬 수 없다고 말한다.

용어를 분명히 정의하는 예는 「위정」편 23장에 대한 해석에도 나온다. 이 장에 나오는 '예(禮)'를 주자는 삼강오상을 가지고 해석한다. 즉, 삼강오상은 예의 대체라서 하 · 은 · 주 삼대가 서로 계승해 기인한 것으로 변할 수 없는 것이라고 본다. 하지만 최명길은 이 장은 시대에 따른 예의 계승과 변화를 말하는데 본성의 덕인 오상은 계승과 변혁의 대상이 아니므로 예의 대체로서 오상을 말하는 것은 부적절하다고 지적한다.

5. 결론

『논어』에 대한 주자 주석 등 기존 주석을 비판하며 이와 다른 해석을 제시한 내용으로 주로 구성된 「논어기의」는 최명길이 어떤 방식으로 경전을 독해해 갔는지 보여주는 자료가 된다. 「논어기의」는 최명길의 『논어』 독해가 기존 주석을 정밀하게 탐색하는 과정을 거쳤음을 보여 준다. 「논어기의」가 대부분 비판적 반론으로 구성된 것은 기존 해석과 마지막까지 타협하기 어려웠던 부분에 대한 기록이기 때문일 것이다. 하지만 이 기록에서조차 최명길은 기존 주석을 바탕으로 경문에 접근하고, 주석자 입장에서 주석을 이해하는 가운데 경문의 본의를 밝히고자 한다. 이러한 모습에서 최명길이 일차적으로 기존 주석을 통해 『논어』를 이해하고자 했음을 알 수 있다. 따라서 기존 주석에 대한 정밀한 검토가 「논어기의」를 작성할 수 있었던 바탕에 놓여 있다고 평가할 수 있다.

「논어기의」에 담긴 비판의 주요 근거는 최명길 자신이 중시하는 생각이다. 즉, 외부의 객관적 규범이 아닌 마음을 시비 판단의 기준으로 삼아 다변하는 현실에 대처해 나가야 한다는 생각이 기존 주석을 비판하는 근거로 작용한다. 구체적 현실에서 행하는 실천을 중시하기 때문에 후천적 노력과 의지, 그리고 고정된 의리가 아닌 상황에 따라 달라지는 유연한 의리의 관점에서 기존 주석을 비판하며 『논어』를 달리 해석하게 된다.

현실과 유리되지 않고 구체적 상황에서 발휘하는 실천을 중시하는 사상적 지향은 최명길 해석의 또 다른 근거 즉, 실제 상황에 대한 고려로 연결된다. 이는 경문을 최대한 수긍할 수 있는 방향에서 이해하려는 접근으로 평가할 수 있다. 따라서 현실성과 실제에 비추어 경문을 해석하고자 한다. 수긍하기 쉬운 해석은 오늘날의 시각에서만 재구성하기보다는 오히려 경문의 본래 맥락에 충실할 때 가깝게 다가갈 수 있다. 경문 맥락을 충실히 살리고 용어를 문헌적 근거를 참고해 정확히 정의해 나가려는 태도는 현실성과 실제에 비추어 해석해 가는 접근과 마찬가지로 결국 기존 주석의 문제를 지적하며 경문을 명확히 이해한다는 같은 목표를 향하고 있다.

이처럼 「논어기의」는 기존 논의를 충분히 섭렵한 바탕 위에서 실천을 중시하는 사상과 실제 상황을 고려한 독해를 근거로 기존 주석을 비판적으로 검토하며 경문에 대한 온전한 이해를 추구하는 것이 최명길의 경전 독법이 지닌 한 양상임을 보여준다.

▌참고문헌

김세정, 「지천 최명길의 주체성과 창조정신」, 『유학연구』 28, 충남대학교 유학연구소, 2013.

김영식, 네이버지식백과 고전해설 ZIP (https://terms.naver.com/entry.nhn?docId=731062&cid=60608&categoryId=60608)

김용흠, 「지천 최명길의 정치 활동과 유자의 책임의식」, 『백산학보』 111, 백산학회, 2018.

김윤경, 「지천 최명길의 『사문록』에 나타난 사서해석 경향과 사상적 특징(Ⅰ) -「논어기의」를 중심으로-」, 『한국철학논집』 47, 한국철학사연구회, 2015.

김윤경, 「최명길의 『사문록』에 나타난 사서해석 경향과 사상적 특징(II) -「대학기의」, 「대학관견」을 중심으로-」, 『유학연구』 35, 충남대학교 유학연구소, 2016.

원재린, 「지천 최명길의 학문관과 정치운영론」, 『한국사상사학』 29, 한국사상사학회, 2007.

최명길 저/최병직 · 정양완 · 심경호 역주, 『증보역주 지천선생집』, 서울: 선비, 2008.

한정길, 「조선조 관료 지식인의 양명학과 연구(3) -지천 최명길의 양명학관을 중심으로-」, 『한국사상사학』 52, 한국사상사학회, 2016.

한정길, 「지천 최명길의 『대학』관 -주희의 『대학』 해석에 대한 반성의 한 양상-」, 『대동철학』 83, 대동철학회, 2018.

허태구, 「최명길의 主和論과 對明義理」, 『한국사연구』 162, 한국사연구회, 2013.

최명길과 조익은 양명학과 주자학을 자신의 경학 체계를 수립하는 데 어떻게 활용하고 있는가?

-「맹자기의(孟子記疑)」를 중심으로-*

이 해 임

* 이 글은 『철학탐구』 58집(중앙대학교 중앙철학연구소, 2020.05)에 게재한 「최명길(崔鳴吉)과 조익(趙翼)의 경전 해석 경향과 그 의의: 『사문록』, 「맹자기의(孟子記疑)」를 중심으로」를 다소 수정 보완한 것이다.

1. 들어가는 글

17세기 조선 경학은 한편으로 주자학(朱子學)이 심화되면서도 다른 한편으로는 양명학(陽明學)의 요소를 가미한 경전 해석 경향이 출현하는 특징을 갖고 있다. 예컨대 송시열(宋時烈, 1607~1689)을 위시한 노론(老論)은 주자학 심화의 선봉에 서 있었고, 이에 반해 최명길(崔鳴吉, 1586~1647)은 양명학으로부터 영향을 받아 주자학을 비판하기 시작했다.

당시는 임병양란(壬丙兩亂)을 겪은 후로, 조정이나 산림의 유학자들은 대부분 주자학 심화를 통해서 조선을 재조(再造)하려고 했다. 이런 상황에서 주자학과 반하는 경전 해석은 자신의 목숨을 내놓는 것과 다름없는 짓이었다.[1] 이 때문에 최명길의 『사문록(思問錄)』은 당시 누구에게도 알려지지 않고 문중 필사본으로만 전해지고 있었다.[2]

『사문록』은 「논어기의(論語記疑)」, 「맹자기의(孟子記疑)」, 「대학기의(大學記疑)」, 「대학관견(大學管見)」, 「중용관견(中庸管見)」, 「잡록(雜錄)」으로 구성되어 있다. 이는 주로 주희(朱熹, 1130~1200)의 주석에 대한 의문과 함께 자신의 견해를 수록하는 형식으로 구성되어 있다. 그리고 경전 해석 방법은 한당대 주석을 두루 참고하는 훈고학을 취하였다.[3]

---

1) 한명기, 「"재조지은(再造之恩)"과 조선후기 정치사 -임진왜란~정조대 시기를 중심으로」, 『대동문화연구』 59, 성균관대학교 대동문화연구원, 2007, 191-230쪽.

2) 『사문록』은 문중 필사본으로 2001년 최명길의 유집을 정리하면서 발굴되었다. 『증보역주 지천선생집』, 1권, 도서출판 선비, 2008, 21쪽.

3) 김윤경, 「지천 최명길의 『사문록』에 나타난 사서해석 경향과 사상적 특징(Ⅰ) -「논어기의」를 중심으로-」, 『한국철학논집』 47, 한국철학사연구회, 2015, 11-12쪽.

이 가운데 특히 주목할 만한 부분은 「맹자기의」이다. 「맹자기의」는 다른 부분과 달리 문답 상대가 있다. 최명길이 『맹자집주』에 대한 의문을 제기하면, 이에 대해서 조익(趙翼, 1579~1655)이 답변한다. 이는 '17세기 조선 양명학'에 대한 연구에서 끊임없이 쟁론을 일으켰던 조익의 사상사적 지위를 규명하는 데 주요한 근거자료가 된다.[4] 조익은 「맹자기의」에서 철저히 『집주』의 관점에서 답변을 하기 때문이다. 이 같은 조익의 입장은 『맹자천설』 해당 구절에서도 그대로 드러난다.

또한 최명길은 「맹자기의」에서 '진심(盡心)'과 '지성(知性)'의 선후관계를 논한다. 이는 그가 왕양명과 사상사적으로 어떤 연관성을 갖고 있는지를 탐색해 볼 수 있는 부분이다. 주희는 진심보다 지성을 앞세운다. 그는 '진심지성'장을 선지후행(先知後行)의 논리로 해석한다. 이에 반해 최명길은 지성보다 진심을 앞세울 뿐 아니라 지성이든 진심이든 모두 행(行)에 속하는 것이라고 주장한다. 또 그는 진심하기만 하면 지성은 자연스럽게 이루어진다고 말한다. 이는 행에 방점을 두면서도 지와 행을 하나로 보는 것이다. 이로써 보건대, 최명길은 왕양명과 동일한 시각에서 '진심지성'장을 해석한다고 추정해 볼 수 있다.

다만 최명길은 50세를 전후로 특별한 체험을 한다. 이로부터 그는 양명학의 공부 방법에 대한 비판의식을 갖게 된다. 그리고 이 비판의식은 진심의 방법이나 내용 측면에서 양명학과 다소 차이를 보인다.[5] 이것이 바로 최명길의 경학 해석 경향을 탐색할 수 있는 지점이다.

---

4) 한정길, 「포저(蒲渚) 조익(趙翼)과 양명학의 연관성 주장에 대한 타당성 검토」, 『한국실학연구』 14권, 한국실학학회, 2007, 97-103쪽.

5) 한정길, 「조선조 관료지식인의 양명학관 연구(3) -지천 최명길의 양명학관을 중심으로-」, 『한국사상사학』 52, 한국사상사학회, 2016, 236-242쪽.

최명길의 『사문록』에 대한 선행 연구는 태부족하다.[6] 특히 「맹자기의」에 대한 연구는 전무하다고 할 수 있다. 앞선 논의에 의거해 보면, 「맹자기의」 연구는 두 가지 측면에서 굉장히 중요하다. 첫째, 17세기 조선 양명학의 거두는 조익인가? 최명길인가? 둘째, 최명길의 경전 해석은 양명학과 무엇이 다른가?

17세기 전후로 조선 양명학자로 거론되는 사람들은 더러 있다.[7] 특히 남언경(南彥經)의 아들 남격(南格)은 최명길과 장유(張維, 1587~1638)에게 양명학을 전수한 인물로 꼽힌다. 다만 '최명길은 남격을 만나기 전부터 양명학에 대한 상당한 조예가 있었던 듯하다.'[8] 무엇보다도 최명길은 『사문록』과 같은 저작을 남김으로써 경학사에 큰

---

6) 김윤경, 「지천 최명길의 『사문록』에 나타난 사서해석 경향과 사상적 특징(Ⅰ) -「논어기의」를 중심으로-」, 『한국철학논집』 47, 한국철학사연구회, 2015; 김윤경, 「최명길의 『사문록』에 나타난 사서해석 경향과 사상적 특징(Ⅱ) -「대학기의」, 「대학관견」을 중심으로-」, 『유학연구』 35, 충남대학교 유학연구소, 2016; 한정길, 「조선조 관료지식인의 양명학관 연구(3) -지천 최명길의 양명학관을 중심으로-」, 『한국사상사학』 52, 한국사상사학회, 2016; 한정길, 「지천 최명길의 『대학』관 -주희의 『대학』 해석에 대한 반성의 한 양상-」, 『대동철학』 83, 대동철학회, 2018; 조정은, 「최명길의 경전 독법 연구: 「논어기의(論語記疑)」를 대상으로」, 『한국학연구』 56, 인하대학교 한국학연구소, 2020. 02, 465-491쪽.

7) 한정길은 '많은 선행연구를 토대로 양명학이 조선에 전래된 시기를 16세기로 규정한다. 아울러 화담학파 가운데 남언경, 이요, 박순 등이 조선 양명학 형성에 활력을 불어넣었을 뿐 아니라 선조 또한 양명학에 긍정적인 평가를 했다'고 주장한다. 한정길, 「조선조 관료 지식인의 양명학과 연구 -양명학의 전래와 그 수용양태를 중심으로-」, 『태동고전연구』 35, 2015.12, 205-233쪽. 다만 16세기 조선의 양명학자 가운데 최명길의 『사문록』에 비견할 만한 저작을 남긴 인물은 없는 것 같다.

8) 한정길, 「조선조 관료지식인의 양명학관 연구(3) -지천 최명길의 양명학관을 중심으로-」, 『한국사상사학』 52, 한국사상사학회, 2016, 234-236쪽.

족적을 남겼다. 이는 어떤 사람을 학자로서 평하는 데 중요한 근거 자료가 된다. 또한 '조익이 과연 양명학자로 분류될 수 있는가?'[9]라는 이전 연구들에 대한 해답을 「맹자기의」에서 찾을 수 있다. 그리고 「맹자기의」 가운데 주요한 문제의식이 무엇인지를 탐구함으로써 최명길의 경전 해석이 갖는 양명학과의 차별성을 살펴볼 수 있다.

2. 「맹자기의」의 구조와 내용

「맹자기의」는 최명길이 조익과 나눈 문답을 정리한 것이다. 해당 구절은 1) 『맹자』, 「11-6」 집주, 2) 『맹자』, 「13-1」 집주, 3) 『맹자』, 「14-24」 집주이다. 『맹자기의』의 구성은 이 구절들에 대한 최명길의 문제 제기와 함께 그 논거를 전반부에 배치하고, 이에 대한 조익의 답변이 후반부에 제시되어 있다.

최명길이 제기한 의문은 다음과 같이 정리할 수 있다. 첫 번째 문제 제기는 『맹자』, 「11-6」 집주에 관한 것이다. 최명길은 정자와 장자 이래로 성리학자들이 성을 본연지성과 기질지성으로 나누어 말한 것에 대해서 의문을 제기한다. 요지는 정자와 장자의 주장이

9) 이 문제는 『효종실록』, 효종 6년 3월 10일 기사와 송시열이 찬한 조익의 신도비명 내용으로부터 기원한다고 할 수 있다. 전자는 '조익이 주자학과 길을 달리한다'라는 평가를 담고 있다. 이에 반해 송시열은 '조익이 주자학과 거리가 있다'라는 평가에 대해 온당하지 않다고 주장한다. 이 같은 상반된 관점은 현대 연구자들에게까지도 이어진다. 한정길, 「포저(蒲渚) 조익(趙翼)과 양명학의 연관성 주장에 대한 타당성 검토」, 『한국실학연구』 14, 한국실학학회, 2007, 95-96쪽 참조. 『사문록』, 「맹자기의」는 이 같은 논란을 객관적으로 평가하는 데 중요한 근거자료로 활용할 수 있다.

맹자의 본의와 어긋난다는 것이다. 즉 맹자는 성의 선함만을 말했지 성의 불선함을 논하지 않았다는 것이다. 그러면서 최명길은 '기질지성이 바로 본연지성으로, 성은 하나이다'라고 주장한다. 그리고 그는 이 주장의 근거로 『맹자』, 「11-7」, 「11-8」을 제시한다. 두 구절은 모두 본성에 대해서 기를 겸해서 말하고 있다. 이는 기를 겸한 성 또한 선할 수밖에 없다는 것이다. 또 최명길은 『이정유서』, 「19-37」에서 '양준도가 이정에게 재질 또한 선한 것이 아니냐?'라고 질문한 구절이 『맹자』의 본의를 잘 파악한 것이라고 주장한다.

두 번째 문제 제기는 『맹자』, 「13-1」 집주와 관련된 것이다. 이는 세 가지 질문으로 구성되어 있다. 첫째, "하늘은 또 리가 나온 본원이다."라고 한다면 하늘과 리가 둘로 나뉜다고 묻는다. 하늘이 바로 리인데, 『집주』의 논의대로라면 하늘이 리 위에 존재하게 된다. 이는 이치에 맞지 않는 것이다. 둘째, '요수불이(夭壽不貳)'와 '수신이사(修身以俟)'를 각각 '진심지성(盡心知性)'과 '존심양성(存心養性)'으로 나누고, 다시 이 구절들을 지(知)와 행(行)으로 분속시키는 것에 대해서 의문을 제기한다. 셋째, 공부의 측면에서 지성(知性)을 진심(盡心)보다 앞세우는 주희의 주장에 대해서 의문을 제기한다. 아울러 그는 '정자가 진심을 지성보다 앞세운 것이 옳지 않냐?'라고 반문한다.

세 번째 문제 제기는 『맹자』, 「14-24」 집주와 관련된 것이다. 요지는 정자가 인의예지에 대해서 기품의 차원으로 얘기하는 것은 납득할 만하지만, 천도(天道)와 명(命)은 기품으로 논할 수 없다는 것이다.

조익은 최명길의 의견에 대해서 다음과 같이 답변한다. 조익은 첫 번째 문제 제기에 대해서 일정 부분 동의하면서도 잘못된 부분을 지적한다. 예컨대 조익은 '맹자가 성선만을 말한 것은 사실이다. 그렇지만 맹자는 사람들이 선을 행하는 데 도움을 주려고 성선을 말한 것이지 기질이 선함을 주장하지 않았다. 기질이 선하다고 하면 성인(聖人)과 범인(凡人)이 동일한 존재가 되어버린다'라고 말한다. 그리고 그는 '양준도의 주장 또한 맹자와 정자가 말한 재질의 의미가 다름을 알지 못한 소치이다'라고 주장한다.

두 번째 문제 제기 가운데 첫 번째 질문에 대해서, 조익은 해당 주의 전체적인 맥락을 설명하면서 주희의 본래 의도는 성은 마음속에 갖추어진 리임을 밝히는 데 있다고 답변한다. 두 번째, 세 번째 질문에 대해서도 조익은 주자의 생각이 옳다고 주장한다. '요수불이'는 뜻[意]에 해당되는 것으로 지에 속하고, '수신이사'는 일에 해당되는 것으로 행에 속하는 것이다. 그리고 마지막 절은 지와 행을 합한 것으로 공부의 우선은 지식을 밝히는 데 있다고 답변한다. 정자의 진심 논의 또한 지식을 우선한 것이라고 주장한다.

조익은 세 번째 문제 제기에 대해서 충분히 타당하다고 말한다. 그러면서도 그는 정자가 말한 것도 잘 미루어 보면 그 뜻을 짐작할 수 있다고 답변한다.

3. 최명길의 『맹자집주』에 대한 문제 제기와 조익의 대응

1) 『맹자』, 「11-6」 집주 : 본성은 하나인가 둘인가

최명길은 『맹자(孟子)』, 「11-6(性善章)」의 집주(集註)를 인용한다. 그러고 나서 그는 완곡하게 『맹자집주』의 본연지성과 기질지성 구도에 대한 의문을 제기한다.

(최명길)『맹자』, 「11-6」 집주에서 "맹자는 오로지 성으로부터 발한 것만 가리켜 말했으므로 재질에는 선하지 않음이 없다고 여겼다. 정자는 기에서 받은 것을 겸해서 가리켜 말했으니, 사람의 재질에는 본래 우매함과 총명함, 강함과 약함의 다름이 있다."[10] 두 가지 주장은 비록 다르지만, 각각 마땅한 바가 있습니다. 제가 생각건대, 리와 기는 묘하게 합하여 틈이 없으니 아마도 성에서 발한 것과 기에서 받은 것을 구별할 수 없을 것 같은데, 어떤지 모르겠습니다. 또 정자와 장자 이후 여러 유학자들이 성을 논한 것을 살펴보건대, 대체로 '본연지성은 선하지 않음이 없는데, 맹자가 말한 "성선"이 이에 해당하고, 기질지성은 선이 있고 선하지 않음이 있는데, 공자가 말한 "성은 서로 가깝다"[11]가 이에 해당한다'라고 생각합니다. 이는 바로 선배 유학자들의 정론이니, 후학들은 다만 준수해야 할 것입니다. 그러나 무릇 성현의 글을 보면 반드시 그들이 사색한 것을 풀어내고, 벗들과 토론하여 자기 확신이 있은 연후에야 비로소 보탬이 있을 것입니다. 지금 이 장을 가지고 논의하고, 또 선배 유학자들의 이야기를 반복해서 참조하고 징험해 보았으나 끝내 의심이 없을 수 없었습니다.[12]

정자의 관점에서 보면, 성은 리로 선하다. 그렇지만 재질은 기에

10) 『맹자』, 「11-6」, 集註: "蓋孟子專指其發於性者言之, 故以爲才無不善, 程子兼指其稟於氣者言之, 則人之才, 固有昏明强弱之不同矣."

11) 『논어』, 「17-2」: "子曰, '性相近也, 習相遠也'."

12) 『사문록』, 「맹자기의」: "孟子性善章註, '孟子專指其發於性者言之, 故以爲才無不善, 程子兼指其稟於氣者言之, 則人之才固有昏明强弱之不同. 二說, 雖殊, 各有所當.' 愚意理氣妙合無間, 恐不容有發於性, 稟於氣之別, 未知如何. 且觀程張以後諸儒論性, 大略以爲本然之性無不善, 孟子所謂'性善', 是也. 氣質之性有善有不善, 孔子所謂'性相近', 是也. 此乃先儒定論, 後學但當遵守而已. 然凡看聖賢文字, 須硏其思索, 論諸朋友, 有以自信, 然後方爲有益. 今以此章論議, 幷將先儒說話反覆參驗, 終不能無疑."

서 받은 것으로 선도 있고 선하지 않음도 있다. 이는 정자와 장자 이래로 성을 본연지성과 기질지성으로 구별하는 이론적 근거가 되었다. 최명길은 『맹자』를 읽고 또 읽어도 『집주』에 대한 의문이 사라지지 않는다고 토로한다. 그는 '리와 기가 묘하게 합해져 있으며 틈이 없기 때문에, 성에서 발한 것과 기에서 받은 것을 구별할 수 없다'라고 주장한다. 이로써 보건대, 최명길은 '리이든 기이든 모두 선에 중점을 두고 있는 것이고, 또 성을 본연지성과 기질지성으로 구별하는 것에 대해 반대한다'라고 추정해 볼 수 있다.

실제 최명길은 '성은 하나일 뿐이니, 기질지성이 바로 본연지성이다'라고 주장한다. 이는 분명 최명길이 『집주』에 대한 반감을 보여 주는 것이다.

> (최명길)대개 성은 하나일 뿐입니다. 기질지성이 바로 본연지성입니다. 어찌 두 가지 성이 있을 수 있겠습니까? 제가 살펴보건대, 이 장에서 공도자가 "요를 군주로 삼았지만 상이 있었다. 고수를 아버지로 삼았지만 순이 있었다"라고 묻자, 맹자가 "그 정으로 말하면 선하다고 할 수 있다"[13]라고 대답했는데, 이는 비록 상과 고수가 어리석고 사납지만 그 정을 논하면 선한 단서의 맹아가 없던 적이 없다고 볼 것입니다. 이로써 살펴보자면, 맹자가 말한 성선은 기를 받은 것을 겸하여 말하지 않은 적이 없습니다. 아래 장(「11-7」)에서 또 말했습니다. "하늘이 재질을 내림이 이와 같이 다른 것이 아니라, 그 마음을 빠뜨리는 것이 그렇게 만든 것이다."[14] 이는 전적으로 물욕이 해가 됨을 말한 것이지, 또 기를 받은 것에

13) 『맹자』, 「11-6」: "或曰: 有性善, 有性不善, 是故以堯爲君而有象, 以瞽瞍爲父而有舜, 以紂爲兄之子, 且以爲君, 而有微子啓 · 王子比干. … 孟子曰: 乃若其情則可以爲善矣, 乃所謂善也."

14) 『맹자』, 「11-7」: "孟子曰: 富歲, 子弟多賴, 凶歲, 子弟多暴, 非天之降才爾殊也. 其

> 불선이 있음을 말한 적이 없습니다. 「11-8」에서 말했다. "밤낮으로 자라나는 바와 새벽의 맑은 기에 그 좋아하고 미워함이 남들과 서로 가까운 것이 얼마 되지 않는다."[15] 이는 또한 분명 기를 겸해서 말을 한 것인데, 정자와 장자의 논의가 이와 같은 것은 어째서입니까?[16]

여기서 요와 상, 고수와 순을 대비한다. 이들은 겉으로 드러난 기질이 완전히 다르다. 그리고 이들의 행위 양상은 마치 기질의 차이로부터 발생하는 것 같다. 그렇지만 최명길의 관점에서 보면, 기질이 다른 것 같은 요와 상, 고수와 순은 모두 사단이라는 선의 맹아를 갖고 있다. 그리고 사단은 기질로부터 아무런 영향을 받지 않을 뿐 아니라 기를 겸하고 있는 본성이다. 사단이 바로 기를 겸한 순선한 본성이다.

그렇다면 선하지 않음은 어디로부터 발생하는가? 최명길은 선하지 않음이 재질로부터 발생하는 것이 아니라고 생각한다. 선하지 않음의 원인은 내부에 있는 것이 아니라 외부대상이 그렇게 만드는 것이다. 선하지 않음은 외부대상에게 나의 마음을 잠깐 빼앗기는 것이지 나의 타고난 재질이 나빠서 발생하는 것이 아니다. 이로써 보건

所以陷溺其心者然也."

15) 『맹자』, 「11-8」: "孟子曰: 牛山之木, 嘗美矣, 以其郊於大國也. 斧斤伐之, 可以爲美乎. 是其日夜之所息 · 雨露之所潤, 非無萌蘖之生焉, 牛羊又從而牧之. 是以若彼濯濯也, 人見其濯濯也, 以爲未嘗有材焉, 此豈山之性也哉."

16) 『사문록』, 「맹자기의」: "蓋性一而已矣. 氣質之性, 便是本然之性, 豈容有二性. 竊詳此章, 公都子問: '以堯爲君而有象, 以瞽瞍爲父而有舜.' 孟子答曰: '乃若其情, 則可以爲善.' 是以爲雖以象與瞽瞍之頑戾, 論其情, 則未嘗無善端之萌也. 以此觀之, 孟子所謂性善, 未嘗不兼氣稟而言也. 下章又曰: '非天之降才爾殊, 其所以陷溺其心者, 然也.' 是專言物欲之爲害, 而亦未嘗言氣稟之有不善也. 夜氣章曰: '日夜之所息, 平旦之氣, 其好惡, 與人相近也, 幾希.' 此則又分明挾氣而爲言, 而程張之論, 如是何也."

대, 최명길은 재질이 어떠하든 사람은 누구나 동일한 마음을 갖고 있으며, 또 이 마음이 바로 선한 본성과 같다고 주장하는 것이다.

최명길은 '사람이 모두 바른 리와 함께 오행의 온전한 기를 품수했다'라고 주장한다. 그러면서 그는 '오행의 온전한 기 가운데 청탁수박의 차이가 있다'라고 주장한다. 이로써 보자면, 최명길은 사람의 보편성을 리에서 찾는 듯하다. 그런데 최명길은 '사람은 모두 담일청허(湛一淸虛)한 본체를 갖고 있다'라고 주장한다. 이는 리뿐만 아니라 기에서도 사람의 보편성을 확보하려고 하는 것이다. 그렇다면 최명길은 담일청허한 본체로서의 기를 무엇이라고 규정하는가? 또 그는 리와 기의 관계를 어떻게 설정하는가?

(최명길)제가 생각건대, 사람은 태어나면서 하늘과 땅의 바른 리[正理]를 받고, 오행의 온전한 기를 품수해서 만물과 같지 않습니다. 그 사이에 비록 맑고 탁하고 순수하고 잡박함의 차이가 없지 않지만, 그 담일하고 청허한 본체는 완전히 잃어버린 적이 없습니다. 그러므로 사람에게 양심이 있다는 점은 지혜로운 자와 어리석은 자 사이에 차이가 없으니, 비록 하우(下愚)라고 하더라도, 선은 좋아할 만하고 악은 싫어할 만함을 알지 못함이 없습니다. 예컨대 상이 순임금 궁에 들어가자마자 부끄러운 낯빛을 띤 데서 양심이 사라지지 않음을 알 수 있습니다. 상이 이 마음을 확충하지 못하고, 끝내 의롭지 못한 데 빠진 것은 욕망이 그것을 가린 것이지 부여받은 본성의 선하지 않음에 허물을 돌려서는 안 될 것 같습니다. 만약 성은 본래 선한데 기질에는 선이 있고 악이 있다고 말하면, 이는 리와 기가 본래 서로 사이가 막혀서 두 가지 물건으로 나누어지는 것 같습니다. 하늘과 땅이 만물을 낳는 이치는 응당 이와 같지 않으니, 또 어찌 성인이 가르침을 세운 본의에 방해되지 않겠습니까? 저는 이에 대해 의심이 없을 수 없습니다. 『이정유서』에서 양준도(楊遵道)가 질문한 것은

> 소견이 있는 것 같은데, 정자의 답변은 그다지 분명하지 않아서 저의 의혹을 풀어주지 못합니다. 양준도의 주장을 지금 함께 기록해서 보내니, 헤아려 보시고 가르쳐 주시길 바랍니다.[17]

우선 최명길은 담일청허한 본체로서의 기를 양심이라고 규정한다. 양심은 지혜로운 자이든 어리석은 자이든 혹은 상지이든 하우이든 전혀 차이가 없는 것으로 선을 좋아하고 악을 싫어하는 마음이다. 그리고 선을 좋아하고 악을 싫어하는 마음이 제대로 작동하지 않는 까닭은 기능의 차이에 있는 것이 아니라 외부대상에 사로잡힌 욕망이 '내가 양심을 갖고 있다'라는 사실을 망각하게 만드는 데 있다.

만약 최명길이 양심의 기능 차이를 상정한다면 이는 개개인의 도덕성에 차이를 인정하는 것이니 궁극적으로 그 원인은 기질에서 찾을 수밖에 없을 것이다. 또 최명길이 양심과 별개로 존재하는 사람의 도덕적 보편성을 설정했다면 이는 리에서 그 보편성을 찾아야 할 것이다. 그런데 그는 『집주』에서 주장하는 기질의 차이를 인정하지 않을 뿐 아니라 양심 외에 별도로 존재하는 리를 주장하지도 않는다. 그는 리와 기를 양심이라는 체제 아래 하나로 통합하고 있다. 이로써 보건대, 최명길은 『집주』와 같이 이기심성(理氣心性)의 구도로 『맹자』를 독해하지 않는다. 이는 정자에게 반론을 제기한 양준도의

17) 『사문록』, 「맹자기의」: "愚意人之爲生, 受天地之正理, 稟五行之全氣, 與萬物不同. 其間雖不無淸濁粹駁之不齊, 而其湛一淸虛之本體, 未嘗全喪, 故良心之在人, 無間智愚. 雖以下愚, 亦無不知善之可好, 惡之可惡, 如象往入舜宮, 便有忸怩之色, 可見良心之未泯. 其不能擴充是心, 卒陷於不義者, 慾蔽之耳. 恐不可歸咎於稟性之不善也. 若曰性本善而氣質有善有惡, 則是理氣自相隔斷. 有若分爲二物. 天地生物之理, 不應如此. 亦豈不有妨於聖人立敎之本意乎. 愚於此不能無疑. 程書楊遵道所問似有所見, 而程子所答未甚分曉, 不能解愚見之惑. 楊說今並錄去. 幸商量見敎."

입장을 옹호하는 지점에서 재차 확인할 수 있다.[18)]

조익은 최명길의 주장에 대해서 일정 부분 인정한다. 예컨대 그는 맹자와 정자의 주장이 각각 가리키는 대상이 다르다고 주장한다. 이는 최명길의 『맹자』 독해를 전적으로 부정한다기보다 어느 정도 타당성을 갖고 있음을 수긍하는 지점이다. 다만 그는 '최명길이 『집주』에 대해서 곡해한다'라고 꼬집어서 말한다. 이는 조익의 『맹자』 이해를 보여주는 부분일 뿐 아니라 최명길과 조익의 차이를 확인할 수 있는 중요한 부분이다.

> (조익)맹자와 정자의 말은 가리키는 대상이 각각 다르므로 그 말이 다르지 않을 수 없지만, 그 말은 모두 옳습니다. 맹자는 아마도 사람은 성이 본래 선함을 알지 못하기 때문에 각각 자신의 편한 마음을 따라서 선을 행하길 힘쓰지 않으므로 오로지 성선만을 말해서 사람들에게 성의 선함을 알게 하고자 한 것입니다. 무릇 성의 본원은 선할 뿐입니다. 그래서 성인과 보통 사람은 그 본성이 동일합니다. 맹자가 가리킨 바가 바로 이것입니다. 성은 비록 본래 동일하지만 품수한 기에는 다름이 있습니다. 대개 성은 본래 하나의 리입니다. 리에 어찌 같지 않음이 있겠습니까? 기와 합하여 사람이 되고 동물이 되는 데 이르면, 그 기는 맑고 탁하고 순수하고 잡박하여 만 가지로 같지 않음이 있습니다. 그 합한 기가 같지 않음으로 말미암기 때문에 성 또한 다르지 않을 수 없습니다. 정자가 말한 기질지성이 이것입니다. … 맹자는 또한 말하길, '비록 같지 않음이 있지만, 같지 않음에는 땅의 비옥함과 척박함이 있고, 비와 이슬의 기름이

18) 최명길은 『이정유서』, 「19-37」 가운데 양준도의 주장을 부분 발췌하여 자신의 논거로 활용한다. 양준도는 '『맹자』 원문에 의거해보면 성(性), 정(情), 재(才) 모두 재질과 관련되어 있을 뿐 아니라 선하지 않음이 없다'고 주장하면서 정이천이 선악의 가능성을 재질에서 찾는 것에 대해서 반박한다.

있고, 사람의 노력에는 차이가 있다'라고 했습니다. 무릇 땅의 비옥함과 척박함은 기질의 맑음과 탁함과 같고, 비와 이슬의 기름은 세상에 대한 가르침이 밝혀짐과 어두워짐과 같고, 사람의 노력에는 차이가 있음은 배움과 배우지 않음, 닦음과 닦지 않음과 같습니다. 그렇다면 맹자 또한 기질이 모두 같다고 여긴 것은 아닙니다. 대감께서는 사람이 악을 짓는 것은 다만 물욕의 해가 있을 뿐이요, 기질의 구속됨이 없다고 생각하신 것입니다. 이와 같다면 성인과 범인은 그 기가 동일합니다. 이는 결단코 그렇지 않습니다. 양준도의 물음은 절실한 질문이라고 말할 수 있습니다. 그러나 맹자와 정자가 말한 '재'자가 지시하는 바가 본래 동일하지 않음을 모른 것입니다. 맹자가 말한 재는 사단이 선을 행할 수 있음을 가리킨 것입니다. 이른바 '그 정으로 말하면 선하다고 할 수 있다. 이것이 이른바 선이다. 재질의 죄가 아니다'[19]라는 것입니다. 그 재를 다할 수 없는 것은 모두 사단을 말합니다. 정자가 말한 재는 바로 보통 사람이 발휘하고 행하게 하는 것을 말합니다. 그러므로 선함도 있고 선하지 않음도 있습니다. 보통 사람이 행하는 것은 바로 기질에 의한 것입니다. 기질의 다름으로 말미암아 선함과 악함이 달라집니다.[20]

---

19) 『맹자』, 「11-6」: "孟子曰, 乃若其情則可以爲善矣, 乃所謂善也. 若夫爲不善, 非才之罪也."

20) 『사문록』, 「맹자기의」: "孟子程子之言, 所指各殊, 故其言不得不異也. 然其言皆是也. 孟子蓋爲人不知性之本善, 各徇其意之所便, 而不務爲善, 故專言性善, 欲使人知性之善也. 夫性之本, 則善而已. 聖人與衆人, 其本性, 則一也. 孟子之所指卽此也. 性雖本同, 氣稟有異. 蓋性本一理也. 理豈有不同哉. 至合於氣而爲人爲物, 則其氣淸濁粹駁, 有萬不同, 由其所合之氣不同, 故性亦不能不異. 程子所謂氣質之性, 是也. … 孟子亦云, 雖有不同, 則地有肥磽, 雨露之養, 人事之不齊也. 夫地之肥磽, 如氣質之淸濁, 雨露之養, 如世敎之明晦, 人事之不齊, 如學與不學·修與不修也. 然則孟子亦不謂氣質皆同也. 台意, 謂人之爲惡, 但有物欲之害而已. 氣質爲累, 則無之. 如是, 則聖人與凡人, 其氣一也. 此決不然也. 楊遵道之問, 可謂切問也. 然不知孟子程子所言才字所指, 自不同也. 孟子所謂才者, 指四端之能爲善也. 所謂'乃若其情, 則善矣. 非才之罪也.' 不能盡其才也, 皆謂四端也. 程子所謂才, 則乃指凡人所以發用作爲者而言也, 故謂有善有不善. 凡人所以作爲者, 乃氣質之爲也. 由其氣質之殊, 而善惡不同也."

조익은 성과 마음을 구별한다. 성은 선하지만, 마음은 꼭 선을 행하길 힘쓰려고 하지 않는다. 성인과 보통 사람의 동일성은 성에 있지 마음에 있지 않다. 성인과 보통 사람의 본성이 동일한 까닭은 본성이 바로 리이기 때문이다. 그리고 성인과 보통 사람의 마음이 동일하지 않은 까닭은 품수한 기가 다르기 때문이다. 또 품수한 기의 차이로 말미암아 사람과 사람, 사람과 동물의 차이도 발생하게 된다. 따라서 성인이든 보통 사람이든 사람의 동일한 본성은 본연지성이다. 그리고 품수한 기질로부터 발생하는 사람과 사람의 차이를 기질지성이라고 명명하는 것이다.

그렇다면 조익은 선하지 않음의 원인을 기질에서 찾은 것이다. 이는 외부대상을 좇아가는 욕망이 선한 마음을 망각하게 만든다는 최명길의 구도와 확연히 다른 것이다. 최명길의 시각에서 보면, 선함은 나를 변화시키는 문제라기보다 '양심에 대한 각성' 혹은 '외부대상을 좇는 욕망을 끊어냄'의 문제와 깊은 관련이 있다. 이에 반해 조익의 선함은 나의 기질을 변화시킴에 달려 있는 것이다. 그리고 이 변화는 양심에 대한 각성이라는 간이한 방법보다 학습과 함께 이루어지는 부단한 자기 노력의 결과물이다. 예컨대 땅의 비옥함과 척박함은 자신의 기질과 관련된 것이고, 비와 이슬의 기름은 세상의 가르침과 연결된 문제이다. 이는 본성[理]과 마음[氣]을 분리해서 생각하는 것이다. 그리고 마음은 리를 학습함으로써 기질 변화를 이룰 수 있다.

이 같은 도식에 의거해보면, 성인과 보통 사람의 마음은 결코 같을 수 없다. 다만 성인이든 보통 사람이든 동일한 본성을 부여받았을 뿐 아니라 이를 실현할 수 있는 배움의 이치 또한 같은 것이다.

따라서 조익의 『맹자』 경학사상은 『집주』의 권위를 충실히 따라가는 것이다. 그리고 재질 또한 맹자가 주장한 사단을 뜻하는 것이 아니라 사람마다 달리 타고난 기질을 나타내는 것이다.

2) 『맹자』, 「13-1」 집주 : 하늘과 리의 관계 및 존심양성과 진심지성의 문제

최명길은 '하늘과 리는 동일한 것으로 분별할 수 없다'라고 주장한다. 이는 『집주』에서 주희가 '하늘은 또 리가 나온 근원이다'라고 말한 것에 대한 비판이다.

> (최명길) 「13-1(盡心章)」 집주에서 '하늘은 또 리가 나온 근원이다'[21]라고 했는데, 이 말은 의심하지 않을 수 없습니다. 하늘이 곧 리이니, (하늘과 리를) 분별할 수 없습니다. 만약 '리'자를 '성'자로 바꾸면 온당할 것 같습니다. 성은 사람이 부여받은 것을 가지고 말한 것이고, 리는 공용공통의 총명칭이기 때문에, 그 명명(命名)한 의미가 조금 다른 것 같습니다.[22]

여기서 최명길은 '성은 사람이 부여받은 것이고, 리는 공용공통의 총명칭이다'라고 주장한다. 이 말은 주희의 관점과 미묘한 차이가 있다. 만약 주희가 최명길과 함께 대화를 나눈다면, 주희는 분명

---

21) 『맹자』, 「13-1」: "心者, 人之神明, 所以具衆理而應萬事者也. 性則心之所具之理, 而天又理之所從以出者也."

22) 「맹자기의」: "「盡心章」註: '天又理之所從出.' 此語不能無疑. 天卽理也, 不容有分別. 若以性字易理字, 恐或穩帖. 蓋性者以人所稟受而言, 理則是公共之摠名. 其命名之意, 似稍不同也."

‘성은 사람이 부여받은 것이고’를 ‘사람이 부여받은 리를 가리켜 성이다’로 고쳐줄 것이다. 또 그는 ‘리는 공용공통의 총명칭이다’를 ‘리는 태극으로 만물이 부여받은 성의 본원이다’로 바로잡을 것이다.[23] 이 같은 논조는 조익의 답변 속에서도 엿보인다.

조익은, 최명길이 ‘주희가 하늘과 리를 분리했다’라고 비판한 것에 대해서 반론을 제기한다.

> (조익)리의 본원은 태극이 이에 해당합니다. 이 리가 음양 가운데 있으면 음양의 리가 되고, 오행에 있으면 오행의 리가 되고, 만물에 있으면 만물의 리가 됩니다. 만물에 있는 것은 또 리라고 하지 리의 본원이 아닙니다. 이 주에서 처음에 ‘마음의 신명은 뭇 이치를 갖추고 있다’라고 하고, 또 ‘성이란 마음에 갖추어진 리이다’라고 하고, ‘하늘은 또 리가 나오는 근원이다’라고 했습니다. 여기서 ‘리’자는 바로 성을 가리켜 말한 것입니다. 그래서 이는 위의 문장에서 ‘성은 마음에 갖추어진 리를 가지고 말한 것이다’라고 했지 ‘리의 근원이다’라고 말하지 않았으니, 아마도 해가 되지 않을 것 같습니다.[24]

여기서 조익은 ‘리의 본원은 태극이다’라고 주장한다. 하늘의 관점에서 보면, 리는 태극으로 만물의 본원을 나타내는 것이다. 만물

23) 『어류』, 「94:25」: “問: ‘先生說太極有是性則有陰陽五行云云, 此說性是如何?’ 曰: ‘想是某舊說, 近思量又不然. 此性字爲稟於天者言. 若太極, 只當說理, 自是移易不得. 易言一陰一陽之謂道, 繼之者則謂之善, 至於成之者方謂之性. 此謂天所賦於人物, 人物所受於天者也’.” 寓(61이후).

24) 『사문록』, 「맹자기의」: “理之本原, 則太極, 是也. 此理在陰陽中, 則爲陰陽之理. 在五行, 則爲五行之理. 在萬物, 則爲萬物之理. 在萬物者, 亦謂之理而非理之本也. 此註, 初云: 心之神明, 具衆理. 又云: 性者, 心所具之理, 故云天又理之所從出. 此理字, 乃指性言也. 因上文言‘性者所具之理’而言也. 非謂理之本也, 恐不爲害也.”

의 관점에서 보면, 리는 각 개체에 부여된 본성을 뜻하는 것이다.[25] 이는 리를 형이상과 형이하의 차원으로 나누는 것이다. 즉 형이상의 차원에서 하늘은 리의 본원이고, 형이하의 차원에서 리는 만물에 부여된 것으로 본성이다. 그리고 사람의 차원에서 보면, 성은 마음속에 갖추어진 리가 되는 것이다. 즉 사람의 성은 리[性卽理]이지 리의 본원이라고 하지 않는다. 따라서 조익은 『집주』의 논리를 충실히 따른다고 할 수 있다. 그리고 존심양성(存心養性)과 진심지성(盡心知性)에 대한 논의에서도 두 사람이 『집주』에 대해서 상반된 견해를 제시하는 것을 볼 수 있다.

최명길은 '존심양성(存心養性) 아래 두 장은 모두 행위 차원에 속하는 것이다'라고 주장한다.

> (최명길)이 장 말단의 집주에서 '하늘을 알아서 요절과 장수로 자기 마음이 흔들리지 않는 것이 지(智)를 다함이다. 하늘을 섬겨서 자신을 닦아 죽음을 기다릴 수 있는 것이 인(仁)의 지극함이다'라고 말했다. 제가 생각건대, '존심양성(存心養性)' 아래 두 장은 모두 행위 차원에서 하나로 뒤섞어 말한 것입니다. 지금 '요절과 장수로 마음이 흔들리지 않는다'라는 것을 지에 소속시켜서 '진심지성(盡心知性)'과 서로 대응시키고, '자신을 닦아서 죽음을 기다린다'라는 것을 행에 소속시켜서 '존심양성(存心養性)'과 서로 대응시킨 것은, 제 생각에는 너무 지나치게 분석한 것 같습니다.

25) 『어류』, 「18:28」: "德元問: '萬物各具一理, 而萬理同出一原'. 曰: '萬物皆有此理, 理皆同出一原. 但所居之位不同, 則其理之用不一. 如爲君須仁, 爲臣須敬, 爲子須孝, 爲父須慈. 物物各具此理, 而物物各異其用, 然莫非一理之流行也. 聖人所以窮理盡性而至於命, 凡世間所有之物, 莫不窮極其理, 所以處置得物物各得其所, 無一事一物不得其宜. 除是無此物, 方無此理. 旣有此物, 聖人無有不盡其理者. 所謂'惟至誠贊天地之化育, 則可與天地參者也.'" 僩(69이후).

맹자가 말한 본래 뜻이 아마도 이와 같지 않을 것 같습니다. 어떨지 모르겠습니다.[26]

이 말의 요지는 '『집주』에서 요수불이(夭壽不貳)와 수신이사(修身以俟)를 각각 진심지성(盡心知性)과 존심양성(存心養性)으로 나누고, 이 구절들을 다시 지(知)와 행(行)으로 분속시키는 것이 지나치다'는 것이다. 최명길의 관점에서 보면, 요절과 장수로 마음이 흔들리지 않는 것이든 자신을 닦아서 죽음을 기다리는 것이든 모두 행위 차원에 속하는 것이다. 게다가 『맹자』에서 본성과 마음을 명확하게 구별하고 있지 않음에도 불구하고, 『집주』에서 이 구절들을 지와 행으로 분속하는 것은 맹자의 본래 취지와 맞지 않는 것이다.

조익은 '최명길의 문제 제기가 납득되지 않는다'라고 주장한다. 그러면서 그는 『집주』의 논리적 타당성을 논증한다.

(조익)이 장의 첫 번째, 두 번째 양절은 분명 지와 행을 나누어 말했습니다. 마지막 절은 위의 두 절을 총괄하였기 때문에 주에서 분속하였으니 무슨 의심이 있겠습니까? 대개 '요절과 장수로 마음이 흔들리지 않는다'는 뜻이지 일이 아니니, 행에 속하지 않습니다. '자신을 닦음'은 일이니, 행에 속합니다. '성을 알고 하늘을 아는' 사람이 아니라면 어찌 요절과 장수로 마음이 흔들리지 않을 수 있겠습니까? 그러므로 '요절과 장수로 마음이 흔들리지 않는다'는 '성을 알고 하늘을 안' 공효로 '지의 극진함'이라고 말할 수 있습니다. '자신을 닦아서 죽음을 기다린다'는 바로 '마음을

26) 『사문록』, 「맹자기의」: "此章末端圓註: '知天而不以夭壽貳其心, 智之盡也. 事天而能修身以俟死, 仁之至也.' 愚意, '存心'·'養性'以下二章, 皆就行上作一滾說話. 今以'夭壽不貳'屬之知, 而與'盡心'·'知性'相應, 以'修身以俟'屬之行, 而與'存心'·'養性'相應, 則竊恐過於分劈. 孟子立言本意或不如此, 未知如何."

> 보존하고 성을 기르고 하늘을 섬긴다'는 일입니다. 그러므로 마지막 절은 위의 양절을 합하여 총괄적으로 설명한 것입니다. 무릇 옛날이나 지금이나 의리를 행하는 고상함은 반드시 그 지식(智識)의 밝음으로 말미암기 때문에 옛사람들의 학문하는 방법은 반드시 '앎을 지극히 한다'를 우선으로 삼습니다.[27)]

우선 조익은 '요절과 장수로 마음이 흔들리지 않는다[夭壽不貳]'가 행의 차원에 속하지 않음을 입증한다. 그는, 마음이 흔들리지 않음은 뜻과 관련된 것이라고 주장한다. 이는 뜻을 아직 행위로 드러나지 않은 내면의 심리상태로 보는 것이다. 그리고 그는 '자신을 닦아서 죽음을 기다린다[修身以俟]'가 행위와 관련된 것이라고 말한다. 이는 내면의 심리적 안정으로부터 발생한 결과라고 할 수 있다.

조익의 관점에서 볼 때, 장수와 요절로 인해서 마음이 흔들리지 않는 사람은 운명을 받아들일 줄 안다. 이는 성과 하늘의 이치를 꿰뚫고 있기 때문에 가능한 것이다. 그리고 자신을 닦음은 수양과 관련된 것이다. 수양은 마음을 보존하고 성을 기르는 것이다. 이는 하늘로부터 마음속에 부여받은 본성, 즉 리를 기르는 것이다. 따라서 자신을 닦아서 죽음을 기다림[修身以俟]은 '하늘을 섬기는 데[事天]'까지 이어지는 것이다. 그리고 조익이 '예나 지금이나 의리를 행하는 데 가장 우선이 앎을 지극히 하는 것이다'라고 주장한 것에 의거해 보면, 이 같은 도식은 주희의 선지후행을 충실히 따르는 것이라고

---

27) 『사문록』, 「맹자기의」: "此章第一 · 第二兩節, 分明分知行言, 末節摠括上兩節, 故註分屬之, 有何疑也. 蓋'夭壽不貳'乃意也, 非事也, 不屬於行. 修身乃事也, 屬於行. 非'知性, 知天'者, 安能不貳於夭壽乎. 故'夭壽不貳', '知性, 知天'之效也, 而可謂智之盡也. '修身, 俟死', 卽是'存養, 事天'之事也, 故此節卽合上兩節而總說之也. 凡古今行義之高, 必由其智識之明, 故古人學問之道, 必先乎'致知.'"

할 수 있다.

최명길은 주희의 논리를 따르지 않는다. 그는 이에 대한 근거로 정자(程子), 장자(張子) 등의 주장을 제시한다.

> (최명길)이 장에서 정자[28], 장자[29], 여러 현인들의 논의는 오로지 지에만 소속시키지 않고 '지성지천'을 '진심'의 공부 효과[功效]로 삼았습니다. 그런데 주자는 ('마음을 다하다'를) '사물이 궁구되다'와 '그칠 데를 알다'의 공부 효과로 삼아서 '성을 알다'를 '마음을 다하다'의 앞에 두었습니다. 이는 더욱 의심할 만합니다. 왜냐하면 학문의 핵심은 '마음을 다하다'라는 데 있기 때문입니다. '넓게 배우다'와 '상세하게 말하다'[30]는 것은 이 마음을 밝히려는 것이고, '사단을 확충하다'는 이 마음을 다하길 구하기 위한 것입니다. 성실함이 확립되고 밝음이 통하여 본체가 밝아지는 데 이르면 성과 하늘은 이를 벗어나지 않습니다. 이것이 이른바 '아래로 사람의 일을 배워서 위로 천리에 통달한다'[31]는 것이고, 증자가 학문을 쌓은 후에 재빨리 '예[唯]'[32]라고 대답한 까닭입니다. 아직 마음을 다할 수 없는데, 먼저 성과 하늘의 오묘함을 일삼으려고 한다면 넓고 망망하여 전혀 착수할 곳이 없게 되니, 거의 공부의 순서가 바뀐 것이 아니겠습니까?

---

28) 『유서』, 「25-45」: "孟子曰: '盡其心者, 知其性也. 知其性則知天矣.' 心也, 性也, 天也, 非有異也."

29) 『장자어록』, 「2-55」: "子夏未盡反身處可更求之〈題不動心章〉. 告子所止到已言所不及處孟子所止到已所難名處然則告子所見所言與孟子所守所見可知矣. 不知命〈同上〉則大無信故命立而後心誠〈題盡心章〉誠則實也. 太虛者天之實也. 萬物取足於太虛人亦出於太虛太虛者心之實也."

30) 『맹자』, 「8-15」: "孟子曰, 博學而詳說之, 將以反說約也."

31) 『논어』, 「14-37」: "子貢曰, 何爲其莫知子也, 子曰, 不怨天, 不尤人, 下學而上達, 知我者, 其天乎." 원문의 맥락상, 하학은 진심(盡心)을 상달은 지천(知天)을 나타내는 것 같다.

32) 『논어』, 「4-15」: "子曰, 參乎, 吾道, 一以貫之, 曾子曰, 唯."

제 생각에는 정자의 주장을 따르는 것이 옳을 것 같은데, 어떤지 모르겠습니다.[33]

주희는 앎을 가장 소중한 공부 방법이라고 생각한다. 이 때문에 그는 '성을 알다[知性]'를 '마음을 다하다[盡心]'보다 앞세운다. 최명길의 시각에서 보면, 이는 여러 현인들의 주장과 다를 뿐 아니라 『맹자』의 원래 취지와도 어긋나는 것이다. 공부는 모두 자신의 마음을 확립하는 것과 관련되어 있다. 자신의 마음이 확립되면 본체가 밝혀진다. 그리고 본체가 밝혀지면 성을 알고 하늘을 아는 것은 이를 벗어나지 않게 된다. 예컨대 아래로 사람의 일을 배우고 위로 하늘의 이치에 통달하는 것과 같다. 쇄소응대(灑掃應對)와 같은 소소한 일상 공부로부터 시작하지 않으면 그 마음이 고원한 데로 흘러가서 공부에 착수조차 하지 못하게 되는 것이다. 이로써 보건대, 이 구절은 주희의 공부 방법을 비판하는 것일 뿐 아니라, 또 주희가 『맹자』를 오독하는 것이라고 꼬집는 것이다.

조익은 주희의 공부방법을 충실히 따른다. 그는 '마음을 다한다.[盡心]'을 앎의 측면으로 해석한다.

(조익)'마음을 다한다'라는 글자를 범범하게 말하면 오직 이 마음의 이치를 다한다는 것이 이것이니, '성을 다하다'라는 글자와 비슷합니다. 정자

---

33) 『사문록』, 「맹자기의」: "此章程張諸賢之論, 不專屬知, 而以'知性'·'知天'爲'盡心'之效. 朱子以爲'物格'·'知止'之效而以'知性'居'盡心'之前. 此尤可疑. 蓋學問緊要, 專在'盡心'上. '博學'·'詳說', 所以求明乎此心也. '擴充四端', 所以求盡乎此心也. 至於誠立明通本體瑩然, 則性與天不外是矣. 此所謂'下學而上達.', 曾子所以一唯於積學之後者也. 未能盡心而先欲從事於性與天之妙, 則浩浩茫茫都無下手處, 不幾於工夫倒置乎. 愚意從程說爲是, 未知如何."

의 말이 바로 이런 의미입니다. 세속에서 말하는 '마음을 다한다'는 것은 모든 일에서 그 성실한 마음을 다하여 행하는 것을 의미합니다. 이는 '마음을 보존하여 성을 기른다'는 것과 상대하여 말한 것으로 지의 측면에서 말한 것이 분명합니다. 이것이 주자가 오로지 지의 측면에서 말한 까닭입니다. 주자의 의도는 '심(心)'자를 마음의 지식으로 생각하여 마땅히 알아야 할 것을 반드시 다 알고자 한 것이고, 앎을 다하지 않음이 없다는 것을 바로 '마음을 다한다'는 것이라고 말한 것입니다. 오직 이와 같으므로 '성을 알다'가 '마음을 다한다' 앞에 있다고 여긴 것입니다. 성의 리를 아는 것을 그 앎을 다한다고 생각했기 때문에 '마음을 다한다'를 '앎이 지극하다'는 것으로 여기고, '성을 알다'를 '사물의 이치를 궁구하다'는 것으로 생각하는 것입니다.[34]

최명길이 마음을 본체로 이해했다면, 조익은 본체로서 마음보다 지식의 측면에서 마음을 이해한다. 조익은 '심(心)'자를 마음의 지식으로 이해한다. 그리고 그는 이에 대해서 주희의 의도를 반영한 것이라고 주장한다. 여기서 마음의 지식은 마땅히 알아야 할 것이다. 또 '마음을 다한다[盡心]'는 지식을 다 알아서 빠짐이 없는 것을 나타낸다. 이 같은 구도에서 마음의 지식을 다 알지 못하면 '마음을 다한다'라는 말이 성립될 수 없다. 그리고 마음의 지식은 심리상태가 아니라 사물의 이치이다. 따라서 '마음을 다한다'는 '성을 알다[知性]', 즉 사물의 이치를 궁구하는 것을 우선으로 하는 것이다. 또 이는 조

34) 『사문록』, 「맹자기의」: "'盡心'字泛然言之, 則惟盡得此心之理者, 是也, 與'盡性'字相似. 程子之言, 乃此意也. 世俗所謂'盡心', 則謂凡事盡其誠心而爲之也. 此則與'存心, 養性'對言, 分明以知言也. 此, 朱子所以專以知言也. 蓋朱子之意, 以心字爲心之知識, 必盡知其所當知, 其知無不盡者, 乃謂之'盡心'也. 惟如是, 故謂'知性'在'盡心'之前, 蓋謂知其性之理, 其知乃盡也, 故以'盡心'爲'知至', '知性'爲'格物'也."

익이 『맹자』, 「13-1」의 『집주』와 경학 해석 경향이 일치함을 보여주는 것이다.

3) 『맹자』, 「14-24」 집주 : 명은 운명인가 품수인가

최명길은 『맹자』, 「14-24」 구절에 대한 『집주』의 관점을 비판한다. 그 요지는 명(命)에 대한 『집주』의 해석을 받아들일 수 없다는 것이다.

> (최명길)'인이 부자에 대한 것, 의가 군신에 대한 것, 예가 빈주에 대한 것, 지가 현자와 그렇지 않은 자에 대한 것, 성인이 천도에 대한 것은 명(命)이 있으나 성(性)에 있다. 군자는 명이라고 하지 않는다.'[35] 정자가 '사람에게 있는 인의예지와 천도는 천명에서 부여한 것인데, 품수한 것에는 맑고 탁하고 두텁고 박함이 있다. 그러나 성선은 배워서 다할 수 있으므로 명이라고 하지 않는다'[36]라고 했습니다. 주자 또한 이 주장을 따랐습니다. 제가 생각건대, 인의예지는 진정 이와 같이 말할 수 있습니다. '성인과 천도' 한 단락은 끝내 걸리는 것이 있는 듯합니다. 성인을 어찌 기품의 청탁으로 말할 수 있겠습니까? 반복해서 생각해 보더라도 말한 바를 모르겠습니다. 이른바 제 생각에 맹자의 본래 뜻은 기품을 가리켜 말한 것이 아니라 그 만나는 바의 행(幸)·불행(不幸)이 있음을 말한 것일 뿐입니다. 위대한 순의 효성으로도 고수와 같은 아버지가 있었고, 세 사람의 어진 신하의 충성스러움에도 상나라 주와 같은 군주가 있었다. 이

35) 『맹자』, 「14-24」: "仁之於父子也, 義之於君臣也, 禮之於賓主也, 智之於賢者也, 聖人之於天道也, 命也, 有性焉, 君子不謂命也."

36) 『이정유서』, 「19-59」: "口目耳鼻四支之欲, 性也, 然有分焉, 不可謂我須要得, 是有命也. 仁義禮智天道在人, 賦於命有厚薄, 是命也, 然有性焉, 可以學, 故君子不謂命.

는 인륜의 매우 특수한 상황입니다. 요와 탕은 홍수와 가뭄을 만났고, 공자는 진나라와 채나라 사이에서 곤란을 당했습니다. 이는 천도의 특수한 상황입니다. 그러나 모두 만난 바의 불행을 운명으로 돌리지 않고, 각자 성의 당연함을 다했습니다. 이는 이른바 군자가 명이라고 하지 않는다는 것입니다. 이와 같이 말하면 조금 통할 수 있을 것 같은데, 어떤지 모르겠습니다.[37]

이 구절을 『집주』의 관점으로 해석하면, 인의예지를 논한 부분은 납득할 만하다. 그렇지만 성인과 천도의 관계는 이해하기 어렵다. 예컨대 사람은 하늘로부터 인의예지를 품수했다는 측면에서 명(命)을 논할 수 있고, 또 인의예지의 실현 여부는 각기 품수한 기질의 차이로 인해서 결과가 달라질 수 있다. 다만 해당 구절의 구조상, 인의예지에 대한 해석 방법은 성인과 천도의 관계에도 적용되어야 한다. 이 같은 도식을 해당 구절에 적용하면, 성인 또한 기품의 청탁으로 논의되어야 한다. 이 지점이 바로 최명길이 정자나 『집주』의 관점을 받아들일 수 없는 까닭이다.

최명길은 '명(命)'을 품수의 의미로 해석하지 않는다. 예컨대 순과 같은 성인이라고 하더라도, 고수나 상과 같은 선하지 않은 사람과 인륜관계를 형성할 수 있다. 이는 순이 성인이라는 사실과 전혀 무

---

37) 『사문록』, 「맹자기의」: "仁之於父子也, 義之於君臣也, 禮之於賓主也, 知之於賢否也, 聖人之於天道也, 命也, 有性焉. 君子不謂命也." 程子曰: "仁義禮智天道在人, 則賦於命者, 所稟有淸濁厚薄. 然而性善可學而盡, 故不謂之命也." 朱子亦從此說. 愚按仁義禮智固可如此說. 聖人天道一段, 終覺有碍. 聖人豈可以氣稟淸濁言之耶? 反覆思量未曉所謂, 竊疑孟子本意, 非指氣稟而言, 乃言其所遇之有幸不幸耳. 孝如大舜而父有瞽瞍, 忠如三仁而君有商紂, 此人倫之變也. 堯湯遭水旱, 孔子厄陳蔡, 此天道之變也. 然皆不以所遇之不幸委之於命, 而各盡其所性之當然. 此則所謂君子不謂命者也. 如是爲言, 似稍可通, 未知如何.

관한 것이다. 최명길은 성인의 곤란한 상황을 행(幸)과 불행(不幸)의 구도로 해석한다. 그리고 그는 '어떤 누구도 이 상황을 피할 수 없기 때문에, 이는 운명[命]이다'라고 주장한다.

그렇다면 불행한 운명에 처한 사람은 어떻게 해야 하는가? 아무것도 하지 말아야 하는가? 만약 아무것도 하지 않는다면 그 사람은 윤리적 책임을 피할 수 있는가? 최명길은 명을 어찌할 수 없는 외부 조건으로 본 것이다. 그리고 그는, 설령 불행한 운명에 처했다고 하더라도 사람은 마땅히 할 일을 해야 한다고 주장한다. 최명길은 사람의 윤리적 당위성을 인의예지, 즉 본성에 두었다. 이로써 보건대, 최명길은 명을 운명으로 해석함으로써 해당 구절 해석의 논리적 일관성을 유지하려고 했다.

조익은 '인의예지에 대한 구절이 성인과 천도의 관계를 언급한 것과 논리적으로 통하지 않는 점이 있는 것 같다'라고 말한다. 이는 조익이 최명길의 주장에 일정 부분 동의하는 것 같은 인상을 준다.

> (조익)'지(智)가 현자(賢者)와 그렇지 않은 자에 대한 것'까지 네 구절의 의미는 분명합니다. '성인이 천도에 대한 것', 이 한 구절은 과연 막히는 것이 있는 듯합니다. 이 구절은 위의 네 구절과 함께 말한 것으로 그 의미는 응당 위의 문장과 다르지 않습니다. 옛사람의 말은 혹 두루 갖추어져 있지 않지만 그 의미를 추론해서 알 수 있는 경우가 있습니다. 위의 뜻으로 미루어보면 성인은 천도와 꼭 들어맞지만, 성인보다 못한 이들은 그렇지 못함을 말하여 '이것은 명이다'고 말했습니다. 보내오신 편지의 내용도 괜찮은 것 같습니다.[38]

38) 『사문록』, 「맹자기의」: "智之於賢否也以上四句, 其意分明. 聖人之於天道一句, 果似有碍然. 此句與上四者並言, 則其意應是與上文不異. 古人之言, 或有辭語不周足, 而其意

그런데 조익이 '옛사람의 말은 혹 두루 갖추어져 있지 않지만 그 의미를 추론해 보면 알 수 있다'라고 말한 것에 의거해 보면, 그는 명에 대해서 여전히 정자의 해석 방법을 따른다고 할 수 있다. 즉 조익은 명을 품수의 의미로 받아들인다. 성인과 보통 사람이 천도와 꼭 들어맞는지 여부가 바로 온전한 기질의 품수 여부로 나뉘기 때문이다. 보통 사람의 기질은 온전하지 않다. 이 때문에 보통 사람은 인의예지를 실현하는 데 힘써야 한다. 이에 반해 성인의 기질은 온전하다. 따라서 성인은 언제나 천도와 부합한다. 이는 조익이 주희의 논리를 충실히 따르는 것이라고 할 수 있다.[39]

4. 「맹자기의」의 경학사적 의의

최명길은 통상 양명학에 대해서 우호적 입장을 갖고 있는 학자로 분류된다. 조익 또한 그러하다. 그런데 두 사람이 「맹자기의」에서 문답한 것을 보면, 최명길은 양명학자로 분류될 만하지만 조익은 오히려 주자학자로 명명해야 할 것 같다. 「맹자기의」의 여러 구절

可推而知者, 以上意推之, 則恐是言聖人於天道脗合, 而下聖人者, 不能然, 此命也云爾. 而如來諭者, 亦恐爲可也."

39) 『어류』, 61:20: "仁之於父子, 義之於君臣, 禮之於賓主, 智之於賢者, 聖人之於天道, 命也. 有性焉, 君子不謂命也. 此'命'字有兩說, 一以所稟言之, 一以所値言之. 集注之說是以所稟言之. 淸而厚, 則仁之於父子也至, 若鼓瞍之於舜, 則薄於仁矣. 義之於君臣也盡, 若桀紂之於逢干, 則薄於義矣. 禮薄而至於賓主之失其歡, 智薄而至於賢者之不能盡知其極. 至於聖人之天道, 有'性之 · 反之'之不同. 如堯舜之盛德固備於天道, 若'禹入聖域而不優', 則亦其稟之有未純處, 是皆所謂命也." 人傑(51이후).

가운데 특히 '진심(盡心), 지성(知性), 지천(知天)'의 관계에 대한 구절은 두 사람의 경학사적 분류에 대한 주요한 논거로 제시할 수 있다.

우선 주희와 조익의 계승 관계를 살펴보도록 하겠다. 주희는 '마음을 다함[盡心]'을 지적인 문제와 연결한다.

> (주희)'마음을 다함[盡心]'은 사물의 이치를 모두 알아서 다하지 않음이 없음이다. '본성을 앎[知性]'은 군신, 부자, 형제, 부부, 붕우 관계에서 각각의 이치를 따르는 것이다. '하늘을 앎[知天]'은 이 이치의 자연스러움을 아는 것이다.40)

여기서 주희는 '마음을 다함'에 대해서 사물의 이치를 모두 아는 것이라고 정의한다. 그리고 '본성을 앎'과 '하늘을 앎' 또한 이치를 아는 문제로 환원한다. 이는 선지후행의 구도를 적용한 경전 해석 방법이다.

주희는 '마음을 다함'보다 '본성을 앎'을 앞세운다. 여기서 본성의 앎은 마음속에 존재하는 참된 이치를 파악하는 것이다.

> 황경지가 "마음을 다함·본성을 앎"에 대해 물었다. 주희가 대답했다. "본성은 내 마음의 참된 이치이니, 만약 [이 이치를] 알 수 없다면 또 무엇을 다할 수 있는가?" 또 물었다. "본성을 알면 하늘을 아는 것입니까?" 주희가 대답했다.〈예록에서 말했다. "하늘을 앎은 본원처를 아는 것이다."〉 "성은 내가 부여받은 본분을 가지고 말한 것이다. 하늘은 공공의 도리〈예록에서 말했다. "공공의 본원이다."〉를 가지고 말한 것이다. 하늘은 주형으

40) 『어류』, 60:25: "盡心, 謂事物之理皆知之而無不盡; 知性, 謂知君臣·父子·兄弟·夫婦·朋友各循其理; 知天, 則知此理之自然." 人傑(51이후).

로 하나의 큰 사람이다. 사람은 하나의 작은 하늘이다. 나의 인의예지가 곧 하늘의 원형이정이다. 무릇 내가 갖고 있는 것은 모두 하늘로부터 온 것이다. 그러므로 나의 본성을 알면 자연히 하늘을 알게 된다."〈예록에서는 이 아래에 다음과 같은 내용이 있다. "또 물었다. '존심양성은 무엇입니까?' 대답했다. '부자의 마음을 보존하길 다해야 비로소 인의 본성을 기를 수 있다. 군신의 마음을 보존하길 다해야 비로소 의의 본성을 기를 수 있다.'"〉[41]

주희는 '본성, 즉 리를 알지 못하면 마음을 다할 수 없다'라고 주장한다. 주희의 관점에서 보면, 사람이 리를 알지 못하면 애초에 마음을 다하는 것은 불가능하다. 그리고 내 마음의 본성과 하늘의 이치는 동일하다. 왜냐하면 내 마음의 본성은 하늘의 이치를 받은 것이기 때문이다. 따라서 나의 본성을 알면 마음을 다할 수 있고, 또 하늘을 알 수 있다. 이 같은 도식이 가능한 까닭은 주희가 하늘을 하나의 큰 사람으로 규정하고 사람을 하나의 작은 하늘로 규정하기 때문이다. 주희의 시각에서 보면, 하늘과 사람은 본질적으로 동일한 이치를 갖고 있는 존재이다. 따라서 누군가 도덕 본성을 실현하고자 한다면, 그는 자기 마음속에 있는 리를 깨우쳐야 한다.

조익은 진심(盡心)과 지성(知性)의 선후관계 문제에서 정자보다 주희의 입장에 동의한다고 말한다. 그는 '진심에 대해서 지식을 다하는 문제로 해석하며, 또 주희가 『맹자』의 진심을 『대학』의 격물치지

41) 『어류』 60:27: "黃敬之問'盡心 · 知性'. 曰: '性是吾心之實理, 若不知得, 卻盡箇甚麼?' 又問'知其性則知天矣'. 曰:〈倪錄云: "知天是知源頭來處."〉 '性, 以賦於我之分而言; 天, 以公共道理〈倪錄作"公共之本原."〉 而言. 天便脫模是一箇大底人, 人便是一箇小底天. 吾之仁義禮智, 卽天之元亨利貞. 凡吾之所有者, 皆自彼而來也. 故知吾性, 則自然知天矣'.〈倪錄此下云: "又問'存心養性'. 曰: '存得父子之心盡, 方養得仁之性, 存得君臣之心盡, 方養得義之性.'"〉" 時擧(64이후).

(格物致知)와 연결하는 것에 대해서 아무런 잘못이 없다'라고 주장한다. 그러면서도 조익은 '진(盡)자를 지력을 다하는 것으로 해석해도 괜찮다'라는 자신의 입장을 내세운다.

(조익)정자가 '마음을 다한 후에 성을 안다'고 하였는데, 이는 집주와 다르다. 문세로 보자면 정자의 주장이 평탄하고 순조로운 것 같다. 또 집주는 지식을 가지고 마음이란 글자를 설명했으니, 진심을 지식을 다하는 것이라고 여겼다. 『대학』의 앎을 지극히 한다는 것을 인용해서 이에 해당시켰는데, 이는 참으로 잘못된 것이 없다. 그러나 내가 생각건대 이 '진'자를 지력을 다하는 것으로 해석하는 것 또한 괜찮다. 예컨대 『사기』에서 "우경은 참으로 진나라 병력이 여기에 도착할 것을 다 알았다"라고 말한 것 또한 지력을 다하는 것이다. 대개 마음에는 성, 정, 리, 욕이라는 본연의 동일한 것이 있고, 기품의 차이, 지혜와 어리석음, 선과 악의 만 가지로 다름이 있다. '다함'은 이를 통투通透하게 아는 것을 말하니, 예컨대 맹자가 말한 사람은 모두 차마하지 못하는 마음이 있는 것과 같다. 성인이 우리 마음의 동일하게 본래 그러한 것이 있으니 '인은 사람의 마음이다' 등의 말은 모두 이 마음을 통투하게 아는 것을 말한다. 이 마음의 이치를 통투하게 알면 자연히 본성을 안다. 그 마음을 알므로 그 마음을 보존하고, 그 성을 알므로 그 성을 기를 수 있다. 하늘을 알므로 하늘을 섬길 수 있다. 그 앎이 우선이기 때문에 실천을 뒤에 두는 것이다.[42]

---

42) 『맹자천설』: "程子謂盡心然後知性, 此與集註異, 以文勢觀之, 程子之說, 似平順, 且集註以知識說心字, 以盡心為盡其知識之謂, 引大學知至以當之, 此固無不可, 然竊恐此盡字以知之盡觧之, 亦可, 如史記云, 虞卿誠能盡秦力之所至乎此, 亦謂知之盡也. 盖心有性, 有情, 有理, 有欲, 有夲然之同, 有氣稟之異, 智愚善惡千萬不同, 盡者謂洞知乎此也, 如孟子所云, 人皆有不忍人之心, 聖人先得我心之所同然, 仁, 人心也等語, 皆是洞知此心之言也, 洞知此心之理, 則自知其性矣, 知其心, 故存其心, 知其性, 故養其性, 知天, 故事天, 由其知之在先, 故踐之在後也."

조익은 '마음에는 성, 정, 리, 욕이라는 본연의 동일한 것이 있다'라고 주장한다. 여기서 본연의 동일함은 '마음은 동일한 조건 속에서 동일한 반응을 산출하는 기제(機制)를 갖고 있다'라는 뜻이다. 그런데 조익은 '기품의 차이로 말미암아 사람의 모습이라든지 마음의 반응 양상이 달라질 수 있다'라고 주장한다. 이 다름은 지적 도덕적 역량의 차이를 나타내는 것이다. 이 때문에 조익은 '먼저 측은지심(惻隱之心)과 같은 마음의 본래 그러한 이치를 알아야 한다'라고 주장한다. 이 마음의 이치는 보편적인 것으로, 누구든 마음의 이치를 알면 본성을 자연스럽게 알게 된다. 이런 연후에 누구든 마음을 보존하고 본성을 기를 수 있다. 이로써 보건대 조익은 주희와 같이 선지후행의 논리를 따르고 있다.

왕양명은 '진심지성(盡心知性)'장을 선지후행의 논리로 보지 않는다. 그는 '진심지성'장을 도덕적 행위의 역량 문제로 파악한다. 왕양명은 '진심지성'장을 온전히 행의 문제로 주목했다고 할 수 있다.

도덕적 행위 역량은 세 단계로 나뉜다. '마음을 다하여 본성을 앎[盡心知性]'이 최상 단계이다. '마음을 보존하여 하늘을 섬김[存心事天]'이 중간 단계이다. '일찍 죽고 오래 사는 것으로 마음이 흔들리지 않고 몸을 닦아 명을 기다림[夭壽以俟]'이 최하 단계이다.

왕양명이 도덕적 행위 역량을 세 단계로 구별하고 있지만, 이 역량의 본질적 차이는 전혀 없다. 마치 아기가 처음 걸음마를 배우다가 성장과 함께 뛰고 달리는 것과 같다. 걸음마를 했던 아이는 달음질하는 건장한 청년과 동일한 인격체이고, 또 걸음마를 할 수 있는 아이는 본래 달음질할 수 있는 능력을 타고난 존재이다. 이 능력은 성장 단계에 맞춘 훈련 방법을 전제하고 있다.

(왕양명)길을 가는 데 비유하면, '마음을 다하여 본성을 안다'는 것은 젊고 건장한 사람이 수천 리 사이를 빨리 달려서 오갈 수 있는 것과 같습니다. '마음을 보존하여 하늘을 섬긴다'는 것은 어린아이에게 뜰에서 걷고 달리는 것을 배우고 익히게 하는 것과 같습니다. '일찍 죽고 오래 사는 것 때문에 마음이 흔들리지 않고 몸을 닦아 명을 기다린다'는 것은 강보에 싸인 아이에게 이제 막 담을 붙잡고 벽에 기댄 채 일어나 걸음을 옮기는 것을 차츰차츰 배우게 하는 것과 같습니다. 이미 수천 리 사이를 빨리 달려서 오갈 수 있는 사람은 다시 뜰에서 걷고 달리는 것을 배우지 않더라도 뜰에서 걷고 달리는 것을 저절로 해낼 수 있습니다. 이미 뜰에서 걷고 달릴 수 있으면 다시 담을 붙잡고 벽에 기댄 채 일어나 걸음을 옮기는 것을 배우지 않더라도 일어서고 걸음을 옮기는 것을 저절로 해낼 수 있습니다. 그리고 일어서고 걸음을 옮기는 것을 배우는 일은 바로 뜰에서 걷고 달리는 것을 배우는 시작이며, 뜰에서 걷고 달리는 것을 배우는 일은 바로 수천 리를 빨리 달려서 오갈 수 있는 것을 배우는 기초이니, 본래 두 가지 일이 있는 것은 아닙니다. 다만 그 공부가 쉽고 어려운 점에서는 서로 차이가 매우 현격합니다. 마음과 본성과 하늘은 하나입니다. 그러므로 그것을 알게 되고 공부를 이루는 데 이르러서는 동일합니다. 그러나 세 사람의 인품과 역량에는 저절로 단계가 있기에 등급을 건너뛰어서는 불가능합니다.[43)]

---

43) 『전습록-192』: "蓋盡心 · 知性 · 知天者, 不必說存心 · 養性, 事天不必說殀壽不貳 · 修身以俟, 而存心 · 養悾與修身以俟之功已在其中矣 : 存心 · 養性 · 事天者, 雖未到得盡心 · 知天的地位, 然已是在那裏做箇求到盡心 · 知天的工夫, 更不必說殀壽不貳, 修身以俟, 而殀壽不貳, 修身已俟之功已在其中矣. 譬之行路, 盡心 · 知天者, 如年力壯健之人, 旣能奔走往來於數千里之間者也 : 存心 · 事天者, 如童樨之年, 使之學習步趨於庭除之間者也. 殀壽不貳 · 修身以俟者, 如襁褓之孩, 方便之扶穡傍壁, 而慚學起立移步者也. 旣已能奔走往來於數千里之間者, 則不必更使之於庭除之間而學步趨, 而步趨於硅除之間, 自無弗能矣. 旣已能步趨於庭除之間, 則不必更使之扶牆傍壁而學起立移步, 而起立移步自無弗能矣. 然學起立移步, 便是學步趨庭除之始, 學步趨唓除, 便是學奔走往來於數千里之基, 固非有二事, 但其工夫之難易則相去懸絶矣. 心也, 性也, 天也, 一也. 故及其知之成

그렇다고 해서 왕양명이 그 훈련 방법에 대한 매뉴얼 숙지를 최우선으로 하지 않는다. 만약 매뉴얼 숙지를 최우선으로 한다면 이는 주희의 선지후행과 별반 다를 것이 없어진다. 왕양명이 도덕적 행위 역량 강화를 걸음걸이에 비유한 것은 마치 현대인들이 자전거를 배우는 방법과 거의 일치한다. 누군가 자전거를 타려고 한다면, 우선 다른 사람이 자전거를 뒤에서 잡아 주어야 한다. 이 단계를 거친 사람은 혼자 자전거 바퀴를 굴릴 수 있는 능력을 끌어올리게 된다. 그리고 좀 더 연습을 하면 한 손을 놓을 수도 있고 두 손을 놓을 수도 있게 된다. 이는 매뉴얼 숙지로 가능한 것이 아니다. 자신이 몸으로 익혀야 한다. 몸으로 익힌 자전거 타기 실력은 곧장 다른 사람에게 노출된다. 여기서 누군가 자전거를 잘 타서 다른 사람이 절로 그 사람의 실력을 인정하게 되면 이는 '마음을 보존하여 하늘을 섬김[存心事天]'의 단계이다. 또한 바람이 세게 불거나 다른 사람이 옆으로 다가오는 것을 무서워하며 자전거의 균형을 애써 잡으려는 마음을 먹는다면 이는 '일찍 죽고 오래 사는 것으로 마음이 흔들리지 않고 몸을 닦아 명을 기다림[夭壽以俟]'의 단계이다. 오로지 내 몸이 자전거와 하나가 되어서 둘을 구별할 필요가 없는 마음 상태가 바로 최고 단계인 '마음을 다하여 본성을 앎[盡心知性]'이다. 왕양명은 '진심지성'장에 대해서 행을 우선할 뿐 아니라, 또 자전거 타기나 걷고 달리기라는 결과의 측면에서 보면 행과 지가 합일된 상태로 풀이하고 있다.

최명길은 '진심지성'장에 대한 주희의 입장에 반대한다. 그는 주희의 선지후행 구도를 따르지 않는다.

功則一. 然而三者人品力量, 自有階級, 不可躐等而能也."

(최명길)이 장에서 정자[44], 장자[45], 여러 현인들의 논의는 오로지 지에만 소속시키지 않고 '지성지천'을 '진심' 공부의 효과[功效]로 삼았습니다. 그런데 주자는 ('마음을 다하다'를) '사물이 궁구되다'와 '그칠 데를 알다'의 공부의 효과로 삼아서 '성을 알다'를 '마음을 다하다'의 앞에 두었습니다. 이는 더욱 의심할 만합니다. 왜냐하면 학문의 핵심은 '마음을 다하다'라는 데 있기 때문입니다. '넓게 배우다'와 '상세하게 말하다'[46]는 것은 이 마음을 밝히려는 것이고, '사단을 확충한다'는 이 마음을 다하길 구하기 위한 것입니다. 성실함이 확립되고 밝음이 통하여 본체가 밝아지는 데 이르면 성과 하늘은 이를 벗어나지 않습니다. … 정자가 '마음은 하늘의 덕을 갖추고 있는데, 마음에 다하지 못함이 있다면 이는 하늘의 덕을 다하지 못함이 있는 것이니, 어떻게 성을 알고 하늘을 알겠는가? 자기 마음을 다하면 다른 사람의 성을 다 발휘하게 할 수 있고 사물의 성을 다 발휘할 수 있게 한다. 하늘·땅과 함께 참여하여 화육을 도울 수 있으니,[47] 곧게 기를 수 있다'[48]라고 했습니다.[49]

---

44) 『이정유서』, 「25-45」: "孟子曰: '盡其心者, 知其性也. 知其性則知天矣'. 心也, 性也, 天也, 非有異也."

45) 『장자어록』, 「2-55」: "子夏未盡反身處, 可更求之〈題不動心章〉. 告子所止到已言所不及處, 孟子所止到已所難名處, 然則告子所見所言與孟子所守所見, 可知矣. 不知命〈同上〉, 則大無信, 故命立而後心誠〈題盡心章〉, 誠則實也. 太虛者天之實也. 萬物取足於太虛, 人亦出於太虛, 太虛者心之實也."

46) 『맹자』, 「8-15」: "孟子曰, 博學而詳說之, 將以反說約也."

47) 『중용-22』: "惟天下至誠, 爲能盡其性, 能盡其性, 則能盡人之性, 能盡人之性, 則能盡物之性, 能盡物之性, 則可以贊天地之化育, 可以贊天地之化育, 則可以與天地參矣."
『이정유서』, 「18-2」: "道問曰: '人有言, 盡人道謂之仁, 道天道謂之聖, 此語何如?' 曰: '此語固無病, 然措意未是, 安有知人道而不知天道者乎? 道一也. 豈人道自是人道, 天道自是天道, 中庸言盡已之性, 則能盡人之性, 能盡人之性, 則能盡物之性, 能盡物之性, 則可以贊天地之化育, 此言可見矣'."

48) 『이정유서』, 「5-27」: "心具天德, 心有不盡處, 便是天德處未能盡, 何緣知性知天? 盡己心, 則能盡人盡物, 與天地參, 贊化育. 贊〈一本無贊字〉. 則直養之而已."

49) 『사문록』, 「맹자기의」: "此章程張諸賢之論, 不專屬知, 而以'知性'·'知天'爲'盡心'之

주희의 논의는 정자, 장자, 여러 현인들의 논의와 다르다. 선배 유학자들은 진심 공부의 효과로 지성지천(知性知天)을 꼽고 있기 때문이다. 그리고 주희의 주장은 『맹자』의 본래 의도와도 어긋난다. 『맹자』에서 '넓게 배우다'와 '상세하게 말하다'는 모두 마음을 밝히려는 것이다. 마음을 밝힘은 외부에 존재하는 이치나 경전의 의미를 파악하는 것이 아니라 나의 선한 마음[四端]을 확충하는 것이다. 내 마음의 사단이 확충되면 성도 하늘도 이를 벗어나지 못하게 된다. 다른 사람의 성, 사물의 성, 그리고 하늘의 덕도 결국 나의 마음과 본질적으로 동일한 것이다. 이 때문에 내 마음의 본체가 확립되기만 하면 나는 다른 모든 것들과 조화를 이룰 수 있다. 이 경지는 왕양명이 말한 진심지성의 최상 단계와 본질적으로 다르지 않다.

다만 최명길은 '진심지성'장에 대해서 왕양명과 같은 단계적 과정을 설정하고 있지 않다. 이는 최명길이 정자의 논의에 대해서 주희와 전혀 다른 해석을 하기 때문이다. 그리고 이 지점은 왕양명보다 좀 더 적극적으로 마음의 도덕적 역량을 강조한 것이라고 할 수 있다. 왕양명이 '진심지성'장에 대해서 도덕적 역량을 잠재적 가능성으로 해석했다면, 이에 반해 최명길은 어떤 상황에서든 도덕적 역량은 확충하기만 하면 되는 것이다. 이는 최명길이 진심의 심을 사단으로 보았기 때문이다. 그는 분명 '사단의 확충은 곧 이 마음을 다

效. 朱子以爲'物格'·'知止'之效而以'知性'居'盡心'之前. 此尤可疑. 蓋學問緊要, 專在'盡心'上. '博學'·'詳說', 所以求明乎此心也. '擴充四端', 所以求盡乎此心也. 至於誠立明通本體瑩然, 則性與天不外是矣. 此所謂'下學而上達', 曾子所以一唯於積學之後者也. 未能盡心而先欲從事於性與天之妙, 則浩浩茫茫都無下手處, 不幾於工夫倒置乎. 愚意從程說爲是, 未知如何. … 程子曰: '心具天德, 心有不盡, 則便是天德處, 有未盡, 何緣知性知天? 盡己心, 則能盡人盡物, 與天地參, 贊化育, 則直養之而已'."

하는 것이다'라고 주장한다. 이 같은 논의에 의거해 보면, 어린아이의 사단이나 어른의 사단이나 차이가 없는 것이다. 이와 달리 왕양명의 비유를 놓고 보면, 어린아이의 사단은 분명 어른의 사단과 다르다고 추정해 볼 수 있다. 이는 최명길이 왕양명과 다른 지점을 보여주는 것이기도 하지만, 다른 한편으로는 『집주』의 선지후행의 논의를 강하게 비판하면서 자연스럽게 형성된 자신의 고유한 『맹자』 해석 경향이라고 할 수 있다.

5. 마치는 글

17세기 조선 경학사에서 『사문록』은 굉장히 중요한 문헌이라고 할 수 있다. 당시 조선은 노론의 득세로 주자학 심화의 길로 접어들고 있었다. 심지어 주자학에 반하는 학자들에 대한 강한 탄압이 있었음을 미루어 짐작할 수 있다. 『사문록』 비공개가 이러한 시대적 상황을 잘 보여 주는 것이라고 할 수 있다. 그 가운데서도 「맹자기의」는 17세기 주자학적 경전 해석 경향을 비판하는 데 최명길이 최선봉에 있었음을 논증할 수 있는 근거자료이다. 또 이는 근자에 한국 양명학계의 치열한 논쟁거리인 '17세기 조선 양명학의 거두는 조익이냐? 아니면 최명길이냐?'의 문제에 어느 정도 해답을 제시할 만한 귀한 문헌이다.

「맹자기의」에 의거해 보면, 조익은 철저히 『집주』의 입장을 고수했다. 이에 반해 최명길은 주희를 철저히 비판하고 있다. 비판의 대상은 『맹자』, 「11-6」 집주, 「13-1」 집주, 「14-24」 집주이다. 여기서 최명길은 주희의 이기심성론을 비판하는 것이다. 특히 그는 '성을 리로, 심을 기로 구별하는 주희의 입장'에 대해서 전혀 찬동하지 않았다. 맹자는 애초에 성과 심을 구별하지 않았으며, 심지어 성과 심은 한 가지일 뿐 아니라 순선한 것이다. 그리고 여기서 순선함은 마음과 분리된 리에 있지 않다. 성과 심 모두 기의 차원에서 논의하고 있다. 이 때문에 사람이 도덕적 존재가 되는 데에 가장 중요한 요소는 내 자신의 선한 마음, 즉 사단을 확충하는 데 달려 있는 것이지 외부에 존재하는 리를 파악하는 것과 전혀 무관하다.

최명길의 사단 확충은 '진심지성'장을 해석하는 데 왕양명과 다소 차이를 보이는 요인으로 작용한다. 사단은 어린아이든 어른이든 동일한 것이다. 최명길의 관점에 의거하면, 어린아이가 부모를 만나서 생기는 사랑의 마음은 어른이 아이를 보면서 느끼는 감정과 본질적으로 동일한 것이다. 그리고 어린아이든 어른이든 이 마음을 잘 보존하여 확충하면 선한 존재가 되는 것이다. 그런데 왕양명의 시각에 의거해 보면, 어린아이가 어른을 만나서 생기는 마음은 분명 선한 것이지만 이 마음은 어린아이의 성장과 함께 좀 더 큰 영향력을 발휘해야 한다. 물론 왕양명 또한 사단은 분명 선한 마음이다. 다만 왕양명이 사단을 성장의 모델로 해석했다면, 최명길은 사단 그 자체를 완전한 것으로 이해하고 있다. 이는 최명길이 왕양명의 구도를 따르면서도 자신의 고유한 경전 해석 경향을 보여주는 특징이라고 할 수 있다. 또한 최명길의 경전 해석 경향은 주자학 일변도 혹은 심화라는 조선 경학사에 새로운 길을 열어 준 선구적 모습이라고 할 수 있다.

참고문헌

1. 원전류

『경서: 대학 · 논어 · 맹자 · 중용』, 서울: 성균관대학교 대동문화연구원, 1968.

최명길 저/최병직 · 정양완 · 심경호 역주, 『증보역주 지천선생집』, 서울: 선비, 2008.

『二程集』, 北京: 中華書局, 2004.

『朱子語類』, 北京: 中華書局, 1994.

조익(趙翼), 『맹자천설(孟子淺說)』(전자판 http://koco.skku.edu/)

왕양명 지음, 정인재, 한정길 (공)역주, 『전습록』, 서울: 청계, 2004.

2. 논문류

김윤경, 「지천 최명길의 『사문록』에 나타난 사서해석 경향과 사상적 특징(Ⅰ) -「논어기의」를 중심으로-」, 『한국철학논집』 47, 한국철학사연구회, 2015.

김윤경, 「최명길의 『사문록』에 나타난 사서해석 경향과 사상적 특징(Ⅱ) -「대학기의」, 「대학관견」을 중심으로-」, 『유학연구』 35, 충남대학교 유학연구소, 2016.

조정은, 「최명길의 경전 독법 연구: 「논어기의(論語記疑)」를 대상으로」, 『한국학연구』 56, 인하대학교 한국학연구소, 2020.02.

한명기, 「"재조지은(再造之恩)"과 조선후기 정치사 -임진왜란~정조대 시기를 중심으로」, 『대동문화연구』 59, 성균관대학교 대동문화연구원, 2007.

한정길, 「포저(浦渚) 조익(趙翼)과 양명학의 연관성 주장에 대한 타당성 검토」, 『한국실학연구』 14, 한국실학학회, 2007.

한정길, 「조선조 관료 지식인의 양명학과 연구 -양명학의 전래와 그 수용양태를 중심으로-」, 『태동고전연구』 35, 2015.12.

한정길, 「조선조 관료지식인의 양명학관 연구(3) -지천 최명길의 양명학관을 중심으로-」, 『한국사상사학』 52, 한국사상사학회, 2016.

한정길, 「지천 최명길의 『대학』관 -주희의 『대학』 해석에 대한 반성의 한 양상-」, 『대동철학』 83, 대동철학회, 2018.

최명길(崔鳴吉)의 『대학』 이해

한 정 길

* 이 글은 『대동철학』 83집(대동철학회, 2018.06)에 게재한 「지천(遲川) 최명길(崔鳴吉)의 『대학』관 -주희의 『대학』 해석에 대한 반성의 한 양상」을 다소 수정 보완한 것이다.

1. 최명길의 학문적 기반과 『대학』 연구

주자학을 통치이념으로 수용한 조선은 주자학에 의거하여 정치 주체로 새롭게 등장한 사대부들의 의식과 행위를 다듬는 한편, 유가의 인륜질서가 통행하는 사회를 만들고자 했다. 이때 무엇보다 중요한 경전이 바로 '수기치인'의 방법서인 『대학』이었다. 이로 인하여 『대학』은 조선 초기부터 학자들의 관심을 끌기에 이른다. 조정에서는 『대학』과 『대학연의』가 주요 경연과목으로 채택되었고, 재야에서도 『대학』에 관한 전문적인 연구가 이루어졌다. 이 연구들은 대체로 『대학』에 대한 주희의 이해를 따르고 있지만, 한편으로는 주희의 『대학』 풀이에 대한 비판적 성찰 작업도 함께 진행된다.

16세기에 이언적(李彦迪, 1491~1553)은 주희의 『대학』 해석을 반성하여 『대학장구보유(大學章句補遺)』를 저술하였고, 노수신(盧守愼, 1515~1590)도 주희의 『대학장구』에 대한 비판서인 『대학집록(大學集錄)』을 남기고 있다. 17세기에 들어서서 주희의 『대학』 해석에 이의를 제기한 이들이 다수 등장한다. 그 대표적인 인물들이 바로 조익(趙翼, 1579~1655), 최명길(崔鳴吉, 1586~1647), 윤휴(尹鑴, 1617~1680), 박세당(朴世堂, 1629~1703) 등이다.

이 가운데 최명길은 조선성리학의 사상사적 맥락 위에서 동아시아 사상계의 두 축인 주자학과 양명학을 두루 익힌 보기 드문 인물이다. 게다가 주희와 왕수인의 경전 해석을 참고자료로 삼되, 주체적인 시각에서 자신의 독창적인 경학세계를 구축하였다. 따라서 중국 경학과도 다른 조선 경학사상의 독특한 면모를 밝히고자 할 때 최명길의 경학사상을 탐구하지 않을 수 없다. 특히 주자학이나 양명학과도 다른 그만의 독특한 경학사상은 그의 『대학』관에 잘 드러난다. 『대학』에 대한 해석 차이에서 주자학과 양명학의 차이가 명료하게 드러나듯이, 주자학이나 양명학과도 다른 최명길 경학사상의 특징도 그의 『대학』 이해에서 뚜렷하게 나타난다.

「대학기의」와 「대학관견」은 『대학』에 관한 최명길의 전문적인 연구서이다. 「대학기의」는 주희의 『대학장구』에 대한 의문점을 『대학장구』의 순서에 따라 기술한 것이고, 「대학관견」은 『대학』에 대한 최명길 자신의 견해를 「고본대학」 체제의 순서에 따라 밝힌 것이다. 여기에서는 이 두 자료를 주요 분석 대상 자료로 삼아서 주희의 『대학』 해석에 대한 최명길의 반성 양상과 더불어 그의 『대학』관의 특징을 살펴보았다.

2. 「고본대학」 체제의 수용과 『대학장구』 체제에 대한 비판

유학은 수기와 치인의 방법을 탐구하는 학문이다. 유가 경전 가운데 '수기치인'의 이념을 공식화하고, 그 구체적인 방법을 제시한 대표적인 경전이 바로 『대학』이다. 『대학』은 수신을 토대로 제가 · 치국 · 평천하를 이루고자 한다. 자기 수양의 효과가 개인의 차원에 머물지 않고, 사회와 정치 방면에까지 그 효력을 발휘할 수 있다고 본 것이다. 이처럼 『대학』은 '수신'을 근본으로 한 '제가 · 치국 · 평천하'라는 기본 체계를 갖춤으로써 제왕의 정치철학서이자 유학자의 수양서로 평가를 받아왔다.

「대학」은 본래 『예기』의 한 편으로서 그렇게 주목받은 경전은 아니었다. 송대에 이르러 사마광(司馬光, 1019~1086)이 『예기』 가운데서 취하여 그것을 드러내었고, 정호(程顥, 1032~1085)와 정이(程頤, 1033~1107) 두 형제는 그것에 착간이 있다고 생각하여 개정본을 새로 만들었다. 주희(朱熹, 1130~1200)는 「대학고본」에 착간과 빠진 글이 있다고 여겨서 문장을 옮기고 전(傳)을 보충하여 경1장과 전10장 체제의 「대학장구」본을 만들었다. 「대학장구」본은 송말 이후로 크게 유행하였으며, 원대에 과거 과목의 기본 교재로 채택됨으로 해서 큰 권위를 지니게 된다. 그럼에도 주희의 『대학장구』 체제를 그대로 받아들이지 않고, 「대학」 체제에 대해 새로운 의견들을 제시하는 이들이 있었다. 그 가운데 대표적인 인물이 명대의 왕수인(王守仁, 1472~1528)이다. 그는 주희와는 달리 「고본대학」을 정본으로 여긴다. 「고본대학」은 그 자체로 어떤 착간이나 궐문도 없이 완전하다고 본 것이다.

조선의 경우에도 주희의 『대학장구』를 따르지 않고, 「대학」 체제에 대한 자신의 독자적인 견해를 제시한 이들이 있었다. 최명길 역시 그 가운데 한 사람이다. 『대학』의 체제와 그 의리에 관하여 최명길은 "글은 공자를 보존하고, 의리는 정주를 따른다"[1]는 기본적인 입장을 취한다. 「고본대학」 체제를 그대로 유지하면서, 주희의 관점에 따라 그 의리를 읽어내고자 한 것이다. 그러나 「고본대학」 체제를 유지하면서 정주의 해설을 그대로 따르기는 어렵다. 『대학』의 체

1) 『遲川先生續集』 권7, 「思問錄」, 「大學管見」, 517b: "文則存孔子, 義則從程朱." / Chi Chuan Xian Sheng SuJi 1-4, Tr. Sen bi, 2008.

제에 대한 이해는 그 의리 구조와 전개에 대한 이해를 반영하고 있기 때문이다. 이 때문에 최명길은 「고본대학」 체제를 따라서 『대학』의 의리를 풀이함과 아울러, 주희의 『대학장구』 체제와 그 의리 해설에 대해 의문을 제기하게 된다.

최명길은 「고본대학」을 따르는 입장에서 그것을 개정한 기존 학자들의 견해를 비판적으로 검토한다. 그 검토 대상에는 정호의 『명도선생개정대학(明道先生改正大學)』, 정이의 『이천선생개정대학(伊川先生改正大學)』, 주희의 『대학장구』, 왕수인의 「고본대학」에 관한 여러 학설, 이언적의 『대학장구보유』 등이 포함된다.[2] 이 가운데 주요 비판 대상이 된 것은 역시 『대학장구』이다. 여기에서는 최명길의 『대학』 체제에 대한 이해의 특성과 『대학장구』 체제에 대한 비판을 살펴보고자 한다.

최명길의 저술 가운데 「대학관견」은 『대학』에 관한 그 자신의 견해를 간략하게 정리한 것이다. 『대학』 체제에 대한 그의 기본적인 입장도 이 글에 표명되어 있다. 우선 「대학관견」의 서술 순서가 「고본대학」 체제의 순서를 따르고 있다. 이것은 "글은 공자를 보존하고, 의리는 정주를 따른다"는 원칙에 준한 것이다.

그러나 최명길이 「고본대학」 체제를 따른다고 해서 「고본대학」을 정본으로 간주한 것은 아니다. 그는 「고본대학」에 빠진 글이 있다는 주희의 주장에 동의한다.[3] 이뿐만 아니라, 「고본대학」 가운데 『시경』 「열문」편이 실려 있는 "詩云, '於戲前王不忘!' 君子賢其賢而親其親, 小

---

2) 『대학』의 개정본에 대한 최명길의 비판 내용을 세밀하고 심도 있게 분석한 연구로는, 김윤경의 「최명길의 『사문록』에 나타난 사서해석 경향과 사상적 특징(II)」이 있다.

3) 『遲川先生續集』 권7, 「思問錄」, 「大學記疑」, 514b: "竊詳文義, 其謂闕文者, 是也."

人樂其樂而利其利, 此以沒世不忘也."의 절까지는 증자의 문인 제자들이 저술한 것이지만, 그 아래 여러 전들은 다른 문인의 손에서 나온 것이라고 주장한다. 그리고 그 주장의 논거로 여러 전(傳)의 문체가 '성의'장과 다르다는 점을 제시한다.[4]

최명길이 「고본대학」 체제를 따르는 것은 그것이 『대학』의 의리체계를 보다 잘 보여준다고 보았기 때문이다. 그는 「고본대학」 체제를 따르는 이유를 그 의리의 측면에서 설명하고, 『대학장구』를 포함한 『대학』 개정본을 비판한다. 여기에서는 주희의 『대학장구』 체제를 최명길이 어떻게 비판하고 있는지를 알아보겠다.

주희가 「고본대학」 체제를 재편집할 때 바뀐 부분은 크게 여섯 군데이다. '차위지본, 차위지지지야(此謂知本, 此謂知之至也)'를 전5장으로 옮긴 것, '성의(誠意)'장을 전6장으로 옮긴 것, '첨피기욱(瞻彼淇澳)'장을 전3장으로 옮긴 것, '어희전왕불망(於戲前王不忘)'장을 전3장으로 옮긴 것, '청송(聽訟)'장을 '본말(本末)'장의 전으로 옮긴 것, 그리고 '격물(格物)'장에 빠진 글이 있다고 보아서 보완한 것이다. 최명길은 「고본대학」 체제를 따르는 입장에서 주희가 재편집한 『대학장구』 체제를 낱낱이 비판한다.

우선 최명길은 주희가 「고본대학」의 "차위지본, 차위지지지야(此謂知本, 此謂知之至也)"를 전5장으로 옮긴 것에 대해, 「고본대학」 체제 그대로 두는 것이 타당하다고 주장한다.

4) 『遲川先生續集』 권7, 「思問錄」, 「大學記疑」, 514a: "烈文篇親賢樂利四字, 備言聖人致治之方, 故引之以明新民之止至善, 所以摠結經文之意也. 其下諸傳, 又出他門人之手, 所以發其未盡之蘊. 細看諸傳文體, 又與誠意章不同者, 無乃以此歟. 姑錄所見以俟知者."

> 삼강령 아래에 이미 '지지(知止)'로 결론을 맺었고, 팔조목 아래에 또 '지본(知本)'으로 결론을 맺었으니, 고인의 학문이 '지(知)'를 우선으로 했음을 알 수 있다. 그리고 치지의 요체는 또 그칠 데를 알고, 근본을 아는 것을 벗어나지 않을 따름이니, 역시 고인의 치지 공부가 자기에게 절실한 학문이 아님이 없음을 알 수 있다.[5)]

이 부분에 대한 최명길의 해설은 매우 체계적이다. 그는 삼강령과 팔조목이 모두 '지(知)'로 귀결되는 것으로 이해한다. 삼강령이 '그칠 데를 아는 것[知止]'으로 결론을 맺었듯이, 팔조목도 '근본을 아는 것[知本]'으로 결론을 맺는 것이 타당하다는 것이다. 주희처럼 "차위지본, 차위지지지야"를 전5장으로 옮기게 되면 '지(知)'를 우선시하고자 한 고인의 취지가 드러나지 않게 된다. 따라서 '지(知)'를 우선시한 고인의 취지를 살리려면 그것을 옮겨서는 안 된다는 것이다. 그는 또 '차위지본'과 '차위지지지야' 사이에 빠진 글이 있다는 주희의 주장에 동의한다. 이 두 문장의 뜻이 서로 잘 이어지지는 않는다고 본 것이다. 그러나 그는 주희가 그 빠진 것을 보완한 '격물보망'장의 내용에 대해서는 밖으로 헛되이 떠도는 폐단이 있다고 비판한다.

주희는 '성의'장을 전6장으로 옮겼다. 그러나 최명길은 '성의'장을 「고본대학」 편제 그대로 두는 것이 옳다고 여긴다. 그 이유에 대해서 "윗 문장에서 빈번히 '지(知)'자를 들어 기록하였는데, 여기에서 또 '성의'만을 들어서 말한 것은 긴요한 공부가 오로지 이 한 조목에 달려 있기 때문이다"[6)]라고 말한다. 그칠 데를 알고, 근본을 안

---

5) 『遲川先生續集』 권7, 「思問錄」, 「大學管見」. 517a: "三綱領之下旣以知止結之, 八條目之下尤以知本結之, 可見古人之學, 以之爲先. 而致知之要, 又不出於知止知本而已, 亦可見古人致知之功, 無非切己之學也."

다음에는 그것을 실천해야 한다. 그것을 실천할 수 있도록 자신을 다듬는 공부로는 '성의'가 무엇보다 긴요하기 때문에 '지'를 언급한 뒤에 '성의'장을 두었다고 보는 것이다.

주희는 '첨피기욱'장을 전3장으로 옮겼다. 최명길은 이 부분 역시 「고본대학」 그대로 두는 것이 옳다고 여긴다. "이 장은 명명덕이 지선에 그친 것으로서 삼강령과 팔조목을 그 가운데 포함하고 있기 때문이다."[7] 주희는 또 '어희전왕불망'장을 전3장으로 옮겼다. 최명길은 이 부분에 대해서도 「고본대학」 그대로 두는 것이 옳다고 여긴다. 이 장은 '신민'이 지선에 그친 것을 말하였기 때문이다.[8]

이 부분에 대해서도 최명길의 이해는 매우 체계적이다. 『대학』의 삼강령인 '명명덕', '신민', '지어지선'의 관계에 대해 그는 '명명덕'과 '신민'은 모두 '지어지선'을 지향하는 것으로 인식한다. 삼강령의 관계에 대한 이러한 인식 하에 그는 '명명덕'과 '신민'이 '지어지선'에 이른 그 구체적인 사례가 '첨피기욱'장과 '어희전왕불망'장에 표현된 것으로 본다. 즉 '첨피기욱'장은 명명덕이 지선에 그친 사례를 기술하였고, '어희전왕불망'장은 신민이 지선에 그친 사례를 기술하였다고 여긴 것이다. 그런데 만일 주희처럼 이 두 부분을 전3장으로 옮긴다면 「고본대학」의 이러한 취지가 사라지게 된다. 따라서 그것을 다른 곳으로 옮겨서는 안 된다는 것이다.

최명길은 정호 · 정이 · 주희가 '청송'장의 편제를 바꾼 것을 비판

---

6) 『遲川先生續集』 권7, 「思問錄」, 「大學管見」. 517a: "上文頻頻提記知字. 此又單擧誠意爲言者, 喫緊工夫專在此一條故也."

7) 『遲川先生續集』 권7, 「思問錄」, 「大學管見」. 517a: "此章言明明德之止於至善, 而包三綱八條在其中."

8) 『遲川先生續集』 권7, 「思問錄」, 「大學管見」. 517a: "此章言新民之止於至善."

한다. 정호는 이 장을 '평천하'장으로 옮기고, 정이는 경문의 끝에 두었으며, 주희는 '본말'장의 전으로 옮긴 바 있다. 이에 대해 최명길은 다음과 같이 비판한다.

> 이 장을 백정자가 '평천하'장의 아래에 둔 것은 문체가 맞지 않으며, 숙정자가 경1장에 둔 것은 말의 의미가 연결되지 않으며, 주자는 '본말'전으로 삼았는데 삼강령과 팔조목 이외에 또 어찌 '본말'전이 있겠는가? 그러므로 나는 구본 그대로 두는 것만 못하다고 생각한다.[9)]

'청송'장을 다른 곳으로 옮길 때 문체가 맞지 않거나, 의미가 연결되지 않거나, 『대학』에 대한 체계적 이해가 어긋나는 등의 여러 가지 문제가 발생한다. 그렇다면 문장을 옮기는 것보다 「고본대학」 체제 그대로 두는 것이 더 낫다는 것이다.

최명길은 「고본대학」의 체제를 개정한 것에 대해 이의를 제기할 뿐만 아니라, 「고본대학」의 내용 자체에 대해서도 비판적인 시각을 지닌다. 그 하나는 「대학」의 글들이 모두 증자 문하에서 나온 것은 아니기 때문에 문체의 통일성이 부족하고, 성학(聖學)의 깊은 뜻을 다 드러내지 못한 면이 있다는 것이다. 그 구체적인 사례 가운데 하나가 바로 '청송'장이다. 이에 대해 그는 다음과 같이 말한다.

> 대개 '청송(聽訟)' 위에 또 송사를 없앤다는 '무송(無訟)' 한 구절이 있으니 의리가 무궁함을 볼 수 있다. 학자들은 작게 이루는 것에 만족하여

---

9) 『遲川先生續集』 권7, 「思問錄」, 「大學管見」. 517a-517b: "竊按此章伯程子置之平天下章, 則文體不侔. 叔程子置之經一章, 則語意不貫. 朱子以爲本末傳, 則三綱八條之外, 又豈有本末傳乎? 故愚以爲不如仍舊之爲愈."

> 지선의 소재를 구하지 않아서는 안 된다. 이것이 구본의 본의이다. 다만 공자의 '무송' 가르침은 근본을 바르게 하고 근원을 맑게 하는 뜻인 반면에 이 장에서는 '백성의 마음을 크게 두렵게 한다'고 말하였는데, 이것은 성인의 정치가 단지 송사를 없게 할 수는 있어도 송사를 일으키고자 하는 마음을 그치게 할 수는 없다는 것이니, 역시 아직 지선을 얻지는 못한 것이다. 아마도 공자의 본의는 아닐 것이다. 의심스러우면 남겨두는 것이 마땅하지 않겠는가?[10)]

성인의 정치는 덕으로 인도하고 예로 질서를 잡는 것이다. 그것은 형벌이나 정치명령 등을 통하여 사람들을 두렵게 하지는 않는다. 그런데 『대학』에서는 '백성의 마음을 크게 두렵게 한다'고 하였다. 최명길은 백성을 두렵게 해서 송사가 일어나지 않도록 하는 것은 공자의 본의가 아니라고 본다. 공자의 본의는 사람들을 덕으로 인도하여 그들 각 개개인들이 자기 내면에서 일체 행위의 본원인 마음을 바르게 하고 맑게 하여 송사를 일으키는 마음을 근원적으로 제거하려는 데 있다고 여긴 것이다. 여기에서 우리는 두 가지 의미 있는 내용을 간취해 낼 수 있다. 하나는 최명길이 제시한 쟁탈 해법이다. 그는 사람들이 소송을 일으켜 서로 다투는 쟁탈 현상을 해결하는 그 근원적인 방법을 어떤 외적 제재 조치가 아니라 행위 주체의 자발적

---

10) 『遲川先生續集』 권7, 「思問錄」, 「大學記疑」, 514b: "按此章舊本, 在至於信下. 伯程子置乎天下章, 叔程子置經文之末, 俱欠穩當. 朱子又以爲本末章之傳, 則尤涉可疑. 三綱八條之外, 豈合別有一傳? 此愚之不能無疑者也. 與其移之而未得穩當, 恐不若仍舊之爲愈. 蓋聽訟章之上, 尤有無訟一節, 可見義理之無窮. 學者不可安於小成而不求至善之所在, 此舊本之本意也. 但孔子聽訟之訓, 乃正本淸源之意, 而此章乃以大畏民志爲言, 則是聖人之政, 但能使之無訟, 而不能止其欲訟之心, 亦未得爲至善. 恐非孔子之本意. 疑則闕之, 無乃宜乎?"

인 자기 수양에서 찾는다. 특히 일체 행위의 본원인 마음이 호오(好惡)나 분치(忿懥) 등의 감정에 치우치지 않게 하고, 또 사욕에 물들지 않게 하는 마음공부를 중시한다. 또 하나는 최명길이 경전을 대하는 주체적인 태도이다. 그는 자기 마음 가운데 이해되지 않는 것이라면 그것이 누구의 말이건 의문을 제기한다. 이러한 태도에 입각하여 그는 주자학이건 양명학이건, 나아가 『대학』 경전의 본문 내용에 대해서도 비판적으로 성찰한다. 자기 마음 이외에 그 어떤 외적 권위도 인정하지 않는 점은 주체성을 중시하는 양명학의 정신에 닿아 있다고 하겠다.

3. 삼강령에 대한 이해

1) '명명덕'에 대한 이해

주희는 『대학』의 이른바 '명명덕'의 '명덕'을 "허령하고 어둡지 않아서 중리를 갖추고 만사에 응하는 것"[11]으로 풀이한 바 있다. 그런데 최명길은 주희의 이러한 해석에 대해 '오로지 마음을 가지고 말하였을 뿐, 마음이 지닌 덕을 말하지 않았다'는 의문을 제기한다.[12] '마음'과 '마음이 지닌 덕'을 구분하는 입장에서 『대학』의 '명

11) 『大學章句』, 首章, 주희주: "明德者, 人之所得乎天, 而虛靈不昧, 以具衆理而應萬事者也."

12) 『遲川先生續集』 권7, 「思問錄」, 「大學記疑」, 513b: "按本註以虛靈不昧具衆應萬爲言, 則是專以心言, 而不言其所有之德, 此爲可疑."

덕'을 마음이 아니라 마음이 지닌 덕으로 이해한 것이다.

최명길은 '명덕'을 '본심의 덕'[13], '본심이 지닌 환하고 밝은 덕'[14]으로 풀이한다. 그러나 그는 '본심의 환하고 밝은 덕'의 실질적인 내용에 대해서는 구체적으로 설명하고 있지 않다. 이 때문에 우리는 두 가지 간접적인 방법으로 그 내용을 추론할 수밖에 없다. 하나는 그가 명덕을 설명하기 위해서 사용한 몇 가지 개념들, 즉 '본심'·'광명'·'덕' 개념들을 분석함으로써 그 의미를 간취해 내는 것이다. 우선 유학에서 '본심'은 본래적으로 부여받은 마음으로 기질이나 습관에 물들지 않은 순수한 도덕심을 가리킨다. '광명'은 이 도덕 본심이 환하게 밝다는 것으로, 선과 악을 밝게 지각할 수 있다는 의미를 지닌다. 유학에서 말하는 '덕'이란 '덕성'과 '덕행'의 두 가지 의미를 지니지만, 여기에서는 본심이 지니고 있는 '덕성'을 가리킨다. 이 '밝은 덕성[명덕]'은 선의 지극한 실천을 통하여 온전해진다.[15] 이상의 분석을 통해서 보면 최명길은 명덕을 도덕 본심이 지닌 선악을 밝게 변별하고 선을 실천할 수 있는 능력으로 이해하고 있음을 알 수 있다.

'본심의 덕'이 무엇을 가리키는지를 추론할 수 있는 또 한 가지 방법은 그것이 리학(理學)에서 일반적으로 어떤 의미로 사용되는지를 살펴보는 것이다. 주희는 『논어』「안연(顔淵)」편의 '극기복례위인(克己復禮爲仁)'에 대한 주석에서 '인(仁)'을 '본심의 온전한 덕'으로 풀이한

13) 『遲川先生續集』 권7, 「思問錄」, 「大學記疑」, 513b: "明德者, 本心之德也."
14) 『遲川先生續集』 권7, 「思問錄」, 「大學管見」, 516b: "明德者, 本心光明之德."
15) 『遲川先生續集』 권7, 「思問錄」, 「大學管見」, 516b: "爲善而不求造於極致, 則明德之體, 終有未全."

다.[16] 이뿐만 아니라, 『논어』「학이(學而)」편의 '효제야자, 기위인지본여(孝弟也者, 其爲仁之本與)!'에 대한 주석에서도 역시 '인'을 '마음의 덕'[17]으로 풀이한다. 주희는 '본심의 덕'이 지닌 실질 내용을 '인'으로 이해한 것이다. 그런데 최명길은 '본심의 덕'에 관한 주희의 이러한 이해에 대해 어떤 이의도 제기하지 않는다.[18] 이것은 적어도 최명길이 본심의 덕을 '인'으로 이해하는 데 거부감이 없었음을 보여주는 것이라고 하겠다. 이러한 주장을 좀 더 강화하는 논거로 우리는 송명유학이나 조선성리학에서 '본심의 덕'이나 '마음의 덕'을 '인' 이외의 다른 것으로 규정한 경우를 발견하기 어렵다는 점을 들 수 있다. 왕수인은 "명덕은 이 마음의 덕으로서, 바로 인이다"[19]라고 말한 바 있으며, 조선의 성리학자들도 마음의 덕을 '인'으로 풀이한 주희의 견해를 수용하고 있다. 이로부터 우리는 최명길도 역시 본심의 덕이 지닌 구체적인 내용을 '인'으로 이해했을 것이라고 추론할 수 있다.

그럼 최명길이 '명덕'을 단순히 마음이 아니라 '본심의 덕'으로 이해하고자 한 까닭은 무엇인가? 이를 위해서는 그가 왜 '명덕'에

16) 『論語』, 「顔淵」편의 '克己復禮爲仁'에 대한 주희의 풀이: "仁者, 本心之全德. 克, 勝也. 己, 謂身之私欲也. 復, 反也. 禮者, 天理之節文也. 爲仁者, 所以全其心之德也. 蓋心之全德, 莫非天理, 而亦不能不壞於人欲. 故爲仁者必有以勝私欲而復於禮, 則事皆天理, 而本心之德復全於我矣."

17) 『論語』, 「學而」편의 '孝弟也者, 其爲仁之本與!'에 대한 주희의 풀이: "仁者, 愛之理, 心之德也. 爲仁, 猶曰行仁."

18) 최명길은 주희의 논어주석에 의문점을 제시한 바 있다. 그 의문점을 기술한 글이 바로 「논어기의」이다. 그런데 최명길은 「논어기의」에서 '인'을 본심의 덕으로 풀이한 주희의 주석에 어떤 이의도 제기하지 않는다.

19) 『傳習錄』 제89조: "明德是此心之德, 卽是仁."

관한 주희의 해석에 의문을 제기했는지를 살펴볼 필요가 있다.

주희는 명덕을 중리(衆理)를 구비하고 있는 허령불매한 마음으로 풀이한다. 이때 허령불매한 마음이란 도덕본심으로만 제한되지 않는다. 그것은 시비선악 등의 의리만이 아니라, 사사물물에 내재되어 있는 이치까지도 지각할 수 있는 능력으로 이해된다. 이뿐만 아니라 이 마음은 온갖 리를 갖추고 있다. '명덕'에 대한 주희 해석의 특징은 허령불매한 마음이 바로 '중리를 구비하고 있다'고 본 점에 있다. 허령불매한 마음이 사물의 리를 궁구하여 알아낼 때 마음에 갖추어진 리가 자각된다. 그것이 바로 밝은 덕이 밝혀지는 것이기도 하다. 이처럼 주자학에서 '명명덕'은 사사물물의 리를 궁구하여 밝히는 과정과 연계되어 있다. 최명길은 주희가 '명명덕'을 의리 도덕의 영역이 아니라, 사물의 이치를 궁구하는 사물세계의 영역에까지 확장시킨 것에 이의를 제기한 것이다. 그가 '명덕'을 '본심의 덕'으로 풀이한 것은 '천하'에 도덕 본심을 밝힘으로써 이 세계를 인륜이 펼쳐지는 의리도덕의 세계로 만들고자 했기 때문이다.

최명길이 명덕을 본심의 덕으로 이해한 것은 왕수인과 일치한다. 왕수인은 '명덕'을 이 마음의 덕으로서, 천지만물을 일체로 여기는 인(仁)으로 풀이한다.[20] 명덕은 천명지성(天命之性)에 뿌리를 내려서 자연히 영명하고 밝아 어둡지 않은 것이다. 이 명덕은 대인이건 소인이건 모든 사람들이 보편적으로 지니고 있는 마음의 덕이다. 그런데 사욕으로 말미암아 이 밝은 덕이 어둡게 가려질 수 있다. '명명덕'이란 사욕의 가림을 제거하여 천지만물을 일체로 여기는 그 본연

20) 『傳習錄』, 제89조: "自格物致知至平天下, 只是一箇明明德. 雖親民, 亦明德事也. 明德是此心之德, 卽是仁. 仁者以天地萬物爲一體. 使有一物失所, 便是吾仁有未盡處."

을 회복하는 것이다.[21] 그것은 바로 자신의 본성을 실현하는 것[盡性]이기도 하다. 왕수인의 '명덕'에 대한 이해의 특징은 그것을 천지만물을 일체로 여기는 인(仁)으로 풀이한다는 점에 있다. 명덕을 마음의 덕으로 이해한 점에서 최명길과 왕수인 사이에 어떤 차이도 발견되지 않는다. 다만 왕수인은 그 마음의 덕을 명료하게 천지만물을 한 몸으로 여기는 '인'으로 규정하는 반면, 최명길은 그 마음의 덕을 '인'으로 명료하게 귀결시키지는 않는다는 점이다. 그럼에도 '명덕'에 대한 이해에서 최명길은 주자학보다는 양명학에 근접해 있다고 하겠다.

2) '신민'에 대한 이해

'신민(新民)'은 「고본대학」에는 본래 '친민(親民)'으로 되어 있었다. 그것을 정이가 '신민'으로 고친 뒤에 주희도 그 견해를 따른다. 반면에 왕수인은 「고본대학」을 정본으로 간주하고, 정주가 '친민'을 '신민'으로 개정한 것을 비판한다. 최명길은 왕수인의 이러한 주장을 억지로 끌어다 붙인 것이라고 비판하고[22], '신민'으로 개정한 정주의 설을

---

21) 『王陽明全集』 권26, 「大學問」: "大人者, 以天地萬物爲一體者也, 其視天下猶一家, 中國猶一人焉. 若夫間形骸而分爾我者, 小人矣. 大人之能以天地萬物爲一體也, 非意之也, 其心之仁本若是, 其與天地萬物而爲一也. 豈惟大人, 雖小人之心亦莫不然, 彼顧自小之耳. …是乃根於天命之性, 而自然靈昭不昧者也, 是故謂之'明德.' …故夫爲大人之學者, 亦惟去其私欲之蔽, 以自明其明德, 復其天地萬物一體之本然而已耳; 非能於本體之外而有所增益之也."

22) 『遲川先生續集』 권7, 「思問錄」, 「大學管見」, 517b: "明儒王守仁氏, 一從古本, 旣爲之作序, 又爲之傍什, 而其與門人問答有許多說話. 其所謂傍什者, 余時未見之, 但親民之親, 身有忿懥之身, 悉從古本, 旣牽强難通矣."

따른다. 그러나 '신민'에 대한 그의 이해는 주희와도 다르다.

주희는 '신민'을 "신(新)이란 옛 것을 고치는 것을 의미한다. 이미 스스로 그 명덕을 밝혔으면, 또 마땅히 미루어 남에게까지 미쳐서, 그로 하여금 또한 옛날에 물든 더러움을 제거할 수 있게 한다는 말이다"[23]라고 풀이한다. 이것은 자신의 명덕을 먼저 밝힌 뒤에 다른 사람이 기품과 인욕에 가려진 것을 보고 가르침을 통하여 그를 교화시켜서 새롭게 한다는 뜻이다. 주희는 명명덕과 신민을 두 가지 별개의 일로 이해한다. 백성을 새롭게 하는 것이 자신의 명덕을 밝히는 일은 아니기 때문이다.

주희와는 달리 최명길은 '신민을 명덕을 백성에게 미루는 것'[24]으로 풀이한다. '본심의 환하고 밝은 덕'을 백성에게까지 확대시키는 것을 '신민'이라고 본 것이다. 이 경우에는 명명덕과 신민이 하나의 일이 된다. 신민이 바로 자신의 명덕을 백성에게까지 펼치는 일이기 때문이다. 이러한 논리는 명명덕과 친민을 하나의 일로 간주한 양명학적 사유에 가깝다. 그렇지만 최명길은 왕수인의 '친민'설에 대해서는 비판적이다.

왕수인은 주희의 '신민'설을 반대하고 '친민'설을 취한다. 그의 '친민'설은 만물일체설을 토대로 맹자의 '친친(親親)·인민(仁民)·애물(愛物)'설을 전개해 낸 것이다. 왕수인에게서 '친민'이란 명덕 즉, '천지만물을 일체로 삼는 인'을 천하에 달성하는 것이다. 왕수인이 '친민'의 '친(親)'을 '인(仁)'으로 풀이한 것[25]은 그만의 독창적인 견해이다. 이러

23) 『大學章句』, 제1장, 주희주: "新者, 革其舊之謂也. 言旣自明其明德, 又當推以及人, 使之亦有以去其舊染之汚也."

24) 『遲川先生續集』 권7, 「思問錄」, 「大學管見」, 516b: "新民者, 推此德於民也."

한 체계에서는 '명명덕'과 '친민'이 분리되어 있지 않다. '명명덕'은 곧 '친민'에 있으며, '친민'이 바로 '명명덕'의 방법이다.[26)]

최명길은 왕수인의 이러한 '친민'설을 견강부회한 것으로서 『대학』을 해설하는 데 통하기 어렵다고 비판한다.[27)] 그런데 그는 왕수인의 '친민'설이 어떤 점에서 견강부회인지는 분명하게 지적하고 있지 않다. 다만 왕수인의 '친민'설의 핵심이 '친(親)'을 '인(仁)'으로 풀이한 데 있다는 점을 고려하면, 최명길은 이 점을 수용하지 않은 것으로 볼 수 있다. 왕수인이 '친민'의 '친'을 '인'으로 풀이한 까닭은 '친민'을 천지만물을 일체로 여기는 어진 마음을 백성들에게 베푸는 '인정(仁政)'으로 이해하고자 했기 때문이다. 그렇다면 최명길이 왕수인의 '친민'설을 수용하지 않았다는 것은 '친민'을 '인정(仁政)'으로 이해하는 관점을 받아들이지 않았음을 의미한다. 그러나 본심의 덕인 명덕을 백성에게 실천한다는 풀이말에 어울리는 개념은 '신민'보다는 '친민'이 더 적합하지 않을까 싶다. 이런 점에서 보면 '신민'에 대한 이해에서도 최명길은 주자학보다는 양명학에 근접해 있다고 하겠다.

---

25) 『傳習錄』 제1조: "'親民'猶『孟子』'親親仁民'之謂. 親之卽仁之也."

26) 『王陽明全集』 권26, 「大學問」: "明明德者, 立其天地萬物一體之體也. 親民者, 達其天地萬物一體之用也. 故明明德必在於親民, 而親民乃所以明其明德也. 是故親吾之父, 以及人之父, 以及天下人之父, 而後吾之仁實與吾之父・人之父與天下人之父而爲一體矣; 實與之爲一體, 而後孝之明德始明矣! 親吾之兄, 以及人之兄, 以及天下人之兄, 而後吾之仁實與吾之兄・人之兄與天下人之兄而爲一體矣; 實與之爲一體, 而後弟之明德始明矣! 君臣也, 夫婦也, 朋友也, 以至於山川鬼神鳥獸草木也, 莫不實有以親之, 以達吾一體之仁, 然後吾之明德始無不明, 而眞能以天地萬物爲一體矣. 夫是之謂明明德於天下, 是之謂家齊國治而天下平, 是之謂盡性."

27) 『遲川先生續集』 권7, 「思問錄」, 「大學管見」, 517b: "明儒王守仁氏, 一從古本, 旣爲之作序, 又爲之傍什, 而其與門人問答有許多說話. 其所謂傍什者, 余時未見之, 但親民之親, 身有忿懥之身, 悉從古本, 旣牽强難通矣."

3) '지어지선(止於至善)'에 대한 이해

주희는 '지선(至善)'을 '사리의 당연한 표준[事理當然之極]'[28]이라고 풀이한 바 있다. 그런데 최명길은 주희가 '지선'을 '사리(事理)'로 풀이한 것에 의문을 제기한다. 그는 정이가 "사물에 있는 것이 리이고, 사물에 대처하는 것이 의이다"[29]라고 말한 것에 의거하여 대상 사물에 있는 '사리'와 그 사물에 대처하는 주체 내면의 '의리'를 구분한다. 그리고 일에 따라 마땅함을 제정하고 그 당연한 법칙을 다 실현하는 것을 지선으로 규정한다. 만일 주희처럼 지선을 '사리'로 이해하여 오로지 사물에서 지선을 구한다면 혹 폐단이 생길 것이라고 우려한다.[30] 일에 따라 마땅함을 제정하는 것은 사람의 마음이 사물에 대처하는 과정에서 형성되는 것으로서 그것이 바로 의리이다. 지선이란 바로 이 '의리의 당연한 준칙'이다.[31] 따라서 지선을 구하려면 외부 사물이 아니라, 사물과의 관계에서 마음이 제정한 마땅한 의리가 무엇인지를 알아야 한다.

최명길이 주로 의리의 세계에 관심을 기울이고 있다는 점과 '지선'을 외부 사물이 아닌 마음에서 구하려고 한 점은 양명학과 상통한다.[32] 그러나 그는 양명학에서처럼 '지선'을 곧바로 '마음의 본체'

---

28) 『大學章句』, '至善'에 대한 주희주: "至善, 則事理當然之極也."

29) 『二程集』: "在物爲理, 處物爲義."

30) 『遲川先生續集』 권7, 「思問錄」, 「大學記疑」, 513b: "按本註'事理'二字, 可疑. 蓋在物爲理, 處物爲義. 隨事制宜而盡其當然之則, 是謂至善. 專爲求至善於事物之間, 則恐或有弊."

31) 『遲川先生續集』 권7, 「思問錄」, 「大學記疑」, 513b: "至善者, 義理當然之極也."

32) 한정길, 「조선조 관료 지식인의 양명학관 연구(3) -지천 최명길의 양명학관을 중심으로-」(『한국사상사학』 52, 한국사상사학회, 2016.4), 249쪽. * 양명

로 규정하지는 않는다. 왕수인이 객관사물과 무관하게 사람이 타고 나면서부터 지니는 순수한 천리의 마음을 지선으로 규정하였다면, 최명길은 객관사물과의 관계 속에서 주체가 그에 올바르게 대처하는 의리를 지선으로 규정한 것이다. 이 점에서 양명학에서 말하는 지선과 구별된다. 한편 최명길은 '명명덕'과 '신민'은 '지선에 그쳐야 한다'고 본다.

> 명덕이란 본심의 광명한 덕이고, 신민이란 이 덕을 백성에게 미루어 나가는 것이다. 선을 행하되 극치에까지 나가기를 구하지 않는다면 명덕의 체가 끝내 온전하지 못함이 있을 것이고, 신민이 극치에 이르기를 구하지 않는다면 명덕을 미루어 나가는 것에 끝내 다하지 못함이 있을 것이다. 그러므로 '지선에 그친다'는 것으로 결론을 맺은 것이지, 명명덕과 신민의 두 가지 이외에 따로 지선에 그치는 공부가 있는 것은 아니다.[33]

명명덕은 선을 실천하는 것이며, 신민은 백성들에게 명덕을 베푸는 것이다. 그런데 선의 실천이나 명덕을 백성들에게 베푸는 일은 중도에 그치지 않고 의리가 마땅한 그 지극한 데까지 이르러야 한다. 그것이 바로 지극한 선에 그치는 '지지선(止至善)'의 공부이다. 명명덕과 신민 이외에 지지선의 공부가 따로 있는 것이 아니다. 이 점은 양명학과도 일치한다. 양명학에서도 명명덕과 친민 이외에 지지선의 공부가 따로 있는 것은 아니다. 그러나 양자 사이에는 차이점

도 주자가 사사물물에서 지선을 구하려고 한 것을 비판한 바 있다. 『전습록』 제2조 참조.

33) 『遲川先生續集』 권7, 「思問錄」, 「大學管見」, 516b: "明德者, 本心光明之德. 新民者, 推此德於民也. 爲善而不求造於極致, 則明德之體, 終有未全. 新民不求至於極致, 則明德之推, 終有未盡. 故以止至善結之, 非二者之外, 別有止至善工夫也."

이 있다. 왕수인은 '지선'을 '명덕'과 '친민'의 최고 준칙으로 간주한다. 명덕을 밝히려고 하면서 지선에 머물 줄 모른다면 자칫 허망과 공적에 빠져서 가정과 국가 및 천하를 도외시할 우려가 있으며, 백성과 친하려고 하면서 지선에 머물 줄 모른다면 자칫 권모와 술수로 흐르고 공리를 추구하게 될 우려가 있다고 말한다.[34] 양명은 지선체인 순수한 천리의 마음을 준칙으로 삼아야만 명명덕과 친민의 행위가 그 근본을 가질 수 있다고 본 것이다.

4. '지지이후유정(知止而后有定)'장의 '안(安)'과 '려(慮)'에 대한 주희와 최명길의 풀이

최명길은 『대학』 수장 두 번째 절인 "지지이후유정, 정이후능정, 정이후능안, 안이후능려, 려이후능득(知止而后有定, 定而后能靜, 靜而后能安, 安而后能慮, 慮而后能得.)" 가운데 '안(安)'과 '려(慮)'에 대한 주희의 풀이에 의문을 제기한다. 주희는 '안'을 '처한 바에 편안해 한다'고 풀이하고, '려'를 '일처리가 정밀하고 상세하다'는 뜻으로 풀이한 바 있다.[35] 이에 대해 최명길은 "'안'이란 안정되고 고요함이 지극한 것이

34) 『王陽明全集』 권26, 「大學問」: "蓋昔之人固有欲明其明德者矣, 然惟不知止於至善, 而騖其私心於過高, 是以失之虛罔空寂, 而無有乎家國天下之施, 則二氏之流是矣. 固有欲親其民者矣, 然惟不知止於至善, 而溺其私心於卑瑣, 是以失之權謀智術, 而無有乎仁愛惻怛之誠, 則五伯功利之徒是矣. 是皆不知止於至善之過也."

35) 『大學章句』, '知止而后有定'장에 대한 주희의 풀이: "安, 謂所處而安. 慮, 謂處事精詳."

지 처하는 곳에 따라 편안해 함을 가리키는 것이 아니다. '려'란 찰식하는 것을 말하는 것이다. 아직 일을 처리하는 데까지 미치지는 않은 것이다"36)라고 말한다. 주희가 '안'과 '려'를 외적으로 드러나는 행위로 이해했다면, 최명길은 내적인 마음 상태와 사려하는 작용으로 이해하고 있다. 최명길은 「대학관견」에서 자신의 입장을 좀 더 자세히 서술한다.

> 군자의 학문에 알지 못하고 행할 수 있는 것은 없다. 그러므로 삼강령 아래에 곧바로 이 '지지이후유정(知止而后有定)' 운운하는 구절을 말함으로써 그것을 밝혔다. 이른바 '마땅히 그쳐야 할 바의 곳'이란, 예를 들면 아버지가 되어서는 마땅히 자애에 그쳐야 하고, 자식이 되어서는 마땅히 효에 그쳐야 하며, 사람이 되어서는 마땅히 성인에 그쳐야 하고, 다스림은 마땅히 삼대에 그쳐야 한다는 것들이다. 이미 그칠 데를 알면 마음에 일정한 방향이 있어서 다른 길에 미혹됨이 없을 것이다. 고요함이란 마음에 방향이 정해진 효과이고, 편안함이란 고요함이 지극한 것이다. 마음이 고요하고 또 편안한 연후에 비로소 일에 따라 정밀히 살펴서 일처리에 그 마땅함을 얻을 수 있다. 이것을 일러 능히 생각하고 능히 얻는다고 한 것이다.37)

『대학』에서 '지지이후유정' 운운한 까닭은 그칠 데를 알아야 실천할 수 있음을 밝히기 위함이다. 마땅히 그쳐야 할 곳이란 바로 지

---

36) 『遲川先生續集』 권7, 「思問錄」, 「大學記疑」, 513b: "愚按安者, 定靜之極, 非指隨處而安. 慮者, 察識之謂, 未便及於處事也. 此二語亦不能無疑."

37) 『遲川先生續集』 권7, 「思問錄」, 「大學管見」, 516b: "君子之學, 未有不知而能行者, 故三綱領之下, 卽言此以明之. 所謂所當止之地者, 如爲父當止於慈, 爲子當止於孝, 爲人當止於聖人, 爲治當止於三代. 旣知所止, 則心有定向而無他歧之惑矣. 靜者, 定之效. 安者, 靜之極. 心靜且安然後, 方能處事精察而處得其當, 此之謂能慮能得."

선의 소재이다. 최명길에게 지선의 소재는 의리로 보아 마땅한 것이다. 아버지로서 자식에 대해 마땅히 따라야 할 의리는 자애로움이고, 자식으로서 부모에 대해 마땅히 따라야 할 의리는 효이고, 사람으로서 마땅히 지향해야 할 바의 의리는 성인의 경지이고, 정치가 마땅히 지향해야 할 도리는 삼대의 왕도정치이다. 이러한 구체적인 일에서 마땅히 그쳐야 할 바의 의리를 알게 되면 마음이 지향해야 할 방향이 정해진다. 지향점이 정해지면 마음이 고요해져서 달리 미혹됨이 없다. 그 마음의 안정되고 고요한 상태가 지극해지면 편안해진다. 이때의 편안함은 마음의 편안함이지, 주희의 풀이처럼 자기가 놓인 처지를 편안하게 여기는 것은 아니다. 마음이 고요하고 편안한 뒤에 일을 어떻게 처리할지를 정밀히 살필 수 있다. '려'란 일처리를 어떻게 할지를 정밀히 성찰하는 것이지, 주희의 풀이처럼 일처리가 정밀하고 상세한 것은 아니다. 일처리를 어떻게 할지를 정밀히 성찰한 뒤에야 일처리가 마땅함을 얻을 수 있다.

5. 주희의 '격물(格物)'해석에 대한 비판

주희는 『대학』의 이른바 '치지재격물(致知在格物)'의 '격(格)'을 '지(至)'로 풀이한 바 있다. 최명길은 주희의 이 해석에 대해서도 이의를 제기한다.

> 내 생각으로는 '격(格)'자의 훈고가 하나가 아니라 '이르다[至]'·'바르게 하다[正]'·'가로 막다[寢格]'는 것이 있어서 문장에 따라 의리가 다르지만

> 이것들은 모두 이 장의 뜻에는 부합하지 않는다. 이선(李善)이 『문선』에서 「창힐(倉頡)」편을 풀이하면서 '격은 헤아리는 것[量度]이다'라고 하였는데, 이것을 이 장의 훈고로 삼는 것이 더욱 친절하다. 대개 격물지학은 단지 사리의 마땅함을 헤아려 나의 지식을 밝히는 것일 따름이다.[38]

> 「창힐」편에서 '격은 헤아리는 것[量度之]이다'라고 하였다. 격물은 사물의 마땅함을 헤아려 내가 마땅히 그쳐야 할 바를 구하는 것이다. 그칠 데를 알면 앎이 이르게 된다. 그 문체를 변화시켜서 '치지는 격물에 있다'고 말한 것은 물이 격하게 되면 앎이 이르는 것으로 두 가지의 일이 아니다. 그러나 성의 이하는 각기 공부에 순서가 있다.[39]

'격물'의 '격'을 주희는 '지(至)'로, 왕수인은 '정(正)'으로 풀이한 바 있다. 최명길은 이 두 가지 해석이 모두 '격물'에 대한 풀이로는 부적합하다고 여긴다. 그 대신 '격'을 '헤아리다'는 의미의 '양탁(量度)'으로 풀이할 것을 제안한다. 그리고 '물'을 '사리의 마땅함', '사물의 마땅함'을 가리키는 것으로 이해한다. 따라서 최명길에게 '격물'이란 사리의 마땅함을 헤아리는 것으로 해석된다. 사리의 마땅함을 헤아리는 까닭은 나의 행위가 그쳐야 할 데가 어디인지를 알기 위함이다. 사리의 마땅함을 헤아려 그쳐야 할 바를 알면 앎이 이르게 된다. 물이 격하게 되면 앎은 저절로 이르는 것이다. 따라서 격물과 치지는 두 가지의 일이 아니다. 이 때문에 『대학』에서 '치지하려면

---

38) 『遲川先生續集』 권7, 「思問錄」, 「大學記疑」, 513b: "愚按格字訓詁非一, 爲至爲正爲寢格, 隨文異義而皆不合此章之義. 李善文選註蒼頡篇曰, '格量度之也.' 若以此爲此章之訓, 尤以襯切. 蓋格物之學, 只是量度事理之宜, 而明吾之知識而已."

39) 『遲川先生續集』 권7, 「思問錄」, 「大學管見」, 516b: "倉頡篇曰'格, 量度之也.' 格物言量度事物之宜, 以求吾之所當止. 知止, 則知至矣. 變其文體而言致知在格物者, 物格則知至, 非二事也. 若誠意以下, 則各有工夫次第矣."

격물해야 한다'고 말하지 않고, '치지는 격물에 있다'고 말한 것이다. 이처럼 최명길은 격물과 치지는 동시에 이루어지는 하나의 일로 여긴다. 반면에 성의 이하, 즉 성의-정심-수신 공부에는 각각 순서가 있다고 본다. 이 점은 왕수인이 격(格)·치(致)·성(誠)·정(正)·수(修)를 하나의 일로 본 것과 대조된다.

최명길은 또 주희의 '격물보망'장에 대해서도 비판적이다. 주희는 『대학』의 '치지재격물'에 해당하는 전에 빠진 문장이 있다고 보고 그것을 보완하는 글을 지은 바 있다. 그 내용은 다음과 같다.

> 이른바 '치지가 격물에 있다'는 것은 나의 지식을 지극히 하고자 한다면 사물에 나아가 그 이치를 궁구함에 있음을 말한 것이다. 인심의 영명함은 앎이 있지 않음이 없고, 천하의 사물은 이치를 지니지 않음이 없건마는, 다만 이치에 대하려 궁구하지 않음이 있기 때문에 그 앎이 다하지 못함이 있는 것이다. 이 때문에 대학에서 처음 가르칠 때에 반드시 배우는 자들로 하여금 모든 천하의 사물에 나아가 그 이미 알고 있는 이치를 인하여 더욱 궁구해서 그 지극함에 이르기를 구하지 않음이 없게 하는 것이다. 그리하여 힘쓰기를 오래해서 하루아침에 활연히 관통함에 이르면, 모든 사물의 표리와 정조가 이르지 않음이 없을 것이요, 내 마음의 전체와 대용이 밝지 않음이 없을 것이다. 이것을 '격물(物格)'이라 이르며, 이것을 '지지지(知之至)'라 이른다.[40]

'격물'에 대한 주희 해석의 핵심은 '즉물궁리(卽物窮理)'이다. 격물

40) 『大學章句』: "所謂致知在格物者, 言欲致吾之知, 在卽物而窮其理也. 蓋人心之靈莫不有知, 而天下之物莫不有理, 惟於理有未窮, 故其知有不盡也. 是以大學始敎, 必使學者卽凡天下之物, 莫不因其已知之理而益窮之, 以求至乎其極. 至於用力之久, 而一旦豁然貫通焉, 則衆物之表裏精粗無不到, 而吾心之全體大用無不明矣. 此謂物格, 此謂知之至也."

의 대상은 천하의 온갖 사물의 이치이다. 사물의 이치에 대한 인식은 천하 사물에 이치가 있다는 점과 사람 마음은 그것을 알아낼 수 있는 영명한 지적 능력을 갖추고 있다는 전제 하에서 이루어진다. 그런데 주자학에서 궁리(窮理), 즉 이치 탐구는 추상적인 원리를 탐구하는 것이 아니다. 이치를 궁구하되 구체적인 사물의 세계를 떠나지 않는다. '즉물(卽物)', 곧 구체적인 사물에 직면하여 그것이 지니고 있는 이치를 궁구하는 것이다. 이 점에서 주자학도 인간의 구체적인 삶의 세계를 중시하는 유가 전통의 세계관을 계승하고 있다. 또 '즉물궁리'의 이치 탐구 과정에서 이루어지는 추리도 독특한 점이 있다. 거기에는 흔히 지식탐구에서 이루어지는 연역추리나 귀납추리가 발견되지 않는다. 연역이나 귀납추리는 이미 알고 있는 것을 미루어 아직 알지 못하는 것을 알아내는 것이다. 즉 기지(旣知)로 미지(未知)를 추론하는 것이다. 그러나 주희의 '즉물궁리'법은 기지로 미지를 추리해내는 것이 아니라, 천하의 온갖 사물에 나아가서 그 이치를 캐내는 것이다. 천하 사물의 이치를 하나하나 궁구하여 알아내는 과정을 거쳐서 세계 전체에 대한 통찰이 이루어진다. 세계 전체에 대한 통찰을 얻기 위해서는 우리의 삶과 연관된 것이라면 그 무엇도 빠뜨릴 수 없다. 이 때문에 주자학에서는 심신성정(心身性情)의 덕과 인륜일용의 상도(常道)만이 아니라, 천지귀신의 변화와 금수초목의 마땅함까지도 모두 탐구의 대상이 된다.

그런데 주희의 이러한 격물법에 대해 최명길은 '밖으로 헛되이 떠도는 폐단이 있다'고 비판한다.[41] 주희의 본의는 외물에 치우치는

41) 『遲川先生續集』 권7, 「思問錄」, 「大學記疑」, 514b: "但補亡章, 似未免有向外浮泛之弊."

폐단을 없애려고 한 듯하지만, '격물보망'장의 내용을 자세히 살펴보면 끝내 외물에 치우치는 폐단이 있기에 온당하지 못하다고 여긴 것이다.[42] 천하 온갖 사물의 이치를 탐구하는 것은 행위주체의 실천과 무관하게 외물의 이치를 지리하게 탐구하는 데 매몰될 수 있음을 경계한 것이다. 최명길은 주희의 격물법이 실천과 동떨어진 지식을 탐구하는 데 치우친 점을 다음과 같이 지적한다.

> 정주와 여러 현인들이 가르친 것을 가만히 보면 또한 지행병진을 말하지 않았던 적이 없었다. 그러나 『대학』의 격물치지 공부를 논한 데 이르러서는 그 말이 서로 출입하는데 왕왕 의심할만한 곳이 있다. 예컨대 '사물에는 반드시 이치가 있어서 모두 마땅히 궁구해야 할 바이니, 가령 천지가 높고 깊은 이유, 귀신이 숨고 드러나는 이유 같은 것이 이것이다.' '한 몸의 안으로부터 만물의 이치에 이르기까지 이해하는 것이 많아지면 저절로 활연히 깨우치는 곳이 있게 될 것이다.' '풀 한 포기, 물건 하나도 모두 이치를 가지고 있으니 살피지 않을 수 없다.' 『대학혹문』에 이르기를 '심신성정의 덕, 인륜일용의 항상됨과 천지귀신의 변화, 조수초목의 마땅함에 이르기까지 그 당연하여 그만두어서는 안 되는 것과 그렇게 되어서 바꿀 수 없는 바를 알지 못함이 없게 하며 반드시 그 표리정조가 다하지 않음이 없게 한다. 또한 그런 종류를 더욱 미루어 통달하면 천하 사물에 대해서 모두 그 의리정미의 극진한 바를 궁구하게 되고 우리의 총명예지가 그 마음의 본체를 극진히 하여 다하지 않음이 없게 된다'는 것이다. 이것이 주자가 정자한테 얻어서 '보망'장을 지은 이유이다.[43]

---

42) 『遲川先生續集』 권7, 「思問錄」, 「大學記疑」, 514b: "看或問所載小註, 則朱子本意似無偏於外物之弊, 而細看此章, 終涉未安, 與語錄微有相反處. 竊不能無疑焉."

43) 『遲川先生續集』 권7, 「思問錄」, 「大學記疑」, 515a-515b: "竊見程朱諸賢之所以爲教, 亦未嘗不以知行並進爲言, 而至論『大學』格致之功, 則其言互相出入, 往往有可疑處. 如曰'物必有理, 皆所當窮, 若天地之所以高深, 鬼神之所以幽顯', 是也. 曰'自一身之中,

예로부터 유가의 성인들은 사람을 가르칠 경우에 지와 행을 함께 가르치는 방법을 취해 왔다. 이러한 가르침의 방식은 정주와 여러 현인들에서도 똑같이 드러난다. 그런데 주희가 『대학』의 '격물치지' 공부를 논한 것을 보면 일상생활에서의 실천과 동떨어진 지식을 추구하는 데 지나치게 편중되어 있다. 인간의 삶에 절실하지 않은 이치들까지 탐구하는 것은 지리하고 공허한 짓이라고 본 것이다.[44] 최명길은 주희가 천지귀신의 오묘함과 금수초목의 미미한 것까지 궁리의 대상으로 삼은 것에 대해 다음과 같이 비판한다.

> 공자 문하에서 사람을 가르친 방법을 가지고 논하자면 천지와 귀신의 오묘함은 초학자들이 얻어서 함께 공유할 수 있는 것이 아니다. 그리고 조수와 초목의 미미한 것은 또 우리 유학의 절실한 공부와는 관계가 없다. 하나는 지나치게 높아서 단계를 뛰어넘음을 우려가 있고, 다른 하나는 한만하고 번쇄한 폐단이 있다.[45]

以至萬物之理, 理會得多, 自然豁然有覺處', 曰'一草一物亦皆有理, 不可不察.' 『大學或問』曰, '使於身心性情之德, 人倫日用之常, 以至天地鬼神之變, 鳥獸草木之宜, 莫不見其所當然而不容已, 與其所已然而不可易, 必其表裏精粗, 無所不盡, 而又益推其類而通之, 則於天下之物, 皆有以窮其義理精微之所極, 而吾之聰明叡智, 有以極其心之本體, 而無不盡矣. 此朱子所以得於程子, 而補亡傳之所爲作也."

44) 최명길의 이러한 지적에는 앎과 실천이 병행되어야 한다고 보는 그의 입장이 반영되어 있다. 최명길에 따르면 예로부터 성인들이 사람을 가르친 방법은 지와 행 두 가지일 따름이다. 그리고 이 두 가지의 공부는 서로 함께 진행되어야 한다. 이른바 '지'라는 것도 시서예악의 문장을 암송하여 익히고, 효제인의의 실질을 강론하고, 공사의리(公私義利)의 구분을 변별하여 착실하게 그것을 수용할 터전으로 삼을 따름이다.

45) 『遲川先生續集』 권7, 「思問錄」, 「大學記疑」, 515b: "然以孔門教人之法論之, 天地鬼神之妙, 有非初學所可得與, 而鳥獸草木之微, 又無與於吾儒切實之功. 一則有過高躐等之憂, 一則有汗漫煩瑣之弊."

천지와 귀신의 오묘한 이치는 초학자들이 알 수 있는 것이 아니다. 그것을 궁리의 대상으로 삼게 되면 지나치게 높아서 단계를 뛰어넘을 우려가 있다. 또 조수와 초목의 미미한 이치까지 궁구하는 것은 유학의 절실한 공부와는 무관하다. 따라서 그것까지 궁리의 대상으로 삼게 되면 한만하고 번쇄한 이치 탐구로 전개될 문제점이 있다.

최명길은 또 주희의 격물법은 초학자가 착수할 수 있는 공부와는 거리가 있다고 비판한다. 주희의 해석에 따르면 '사물의 이치를 다 궁구하여 하루아침에 활연관통한다고 하는데, 이것은 나의 학력이 이미 불혹이나 지천명의 영역에 도달한 것이다. 그렇게 되면 성의와 정심 이하의 공부는 쓸데없는 말이 되어 버리고 만다'[46]는 것이다. 사물의 이치를 다 궁구하여 활연관통하는 것은 초학자들이 할 수 있는 공부가 아니라는 것이 비판의 요지이다. 주희의 격물에 대한 최명길의 이러한 비판은 왕수인이 "주자가 격물을 잘못 풀이하여 … 초학자들에게 '나면서부터 알고 편안히 행하는' (성인의) 일을 하도록 요구하였다"[47]고 비판한 것과 궤를 같이한다.

주희의 격물법에 대한 이러한 비판에는 『대학』과 '격물치지'에 대한 최명길의 기본적인 이해가 전제되어 있다. 최명길은 정이와 마찬가지로 『대학』을 초학자가 덕에 들어가는 입문서로 이해한다.[48] 그리고 '격물치지'를 덕에 들어가는 공부의 최초 착수처로 여긴

46) 『遲川先生續集』 권7, 「思問錄」, 「大學記疑」, 515b: "若果至於窮盡精微, 一朝豁然, 則是吾之學力, 已造於不惑知命之域, 誠意正心以下工夫, 反爲無用之剩說. 竊恐大學本意或不如此也."

47) 『傳習錄』, 「徐愛錄」, 6조목: "朱子錯訓格物, 只爲倒看了此意, 以盡心知性, 爲物格知至. 要初學便去做'生知安行'事, 如何做得?"

48) 『大學章句』: "子程子曰, 大學, 孔氏之遺書, 而初學入德之門也."

다.[49] 그도 주희처럼 '격물치지'장에 빠진 글이 있다고 본다. 그러나 그 빠진 부분에 대한 이해에서는 주희와 생각을 달리한다. 최명길은 『대학』에서 말하는 공부의 과정을 헤아려 보면 '격치'장의 빠진 내용은 '인륜일용에서 마땅히 행해야 할 바를 강론하고, 공·사와 선·악이 나뉘는 분기점을 변별하여 성의·정심·수신·제가의 근본으로 삼는 데 불과하다'고 말한다.[50] 격물의 대상을 일상생활에서 마땅히 실천해야 할 도리를 밝히고, 공·사와 선·악이 나뉘는 분기점을 변별하는 것으로 제한시킴으로써, 격물을 철저히 일상생활에서 자신을 닦는 공부와 세상을 다스리는 정치행위의 토대가 되는 것으로 설정한 것이다.

최명길에게 격물치지란 사리의 마땅함을 헤아려서 아는 공부이다. 이것은 기본적으로 지적 탐구 행위, 즉 지(知)의 공부이다. 그런데 그는 지적 탐구 영역에 속하는 격물치지 공부를 앎을 실천하는 공부와 함께 병행해야 한다고 주장한다.

> 격물치지 공부를 하는 방법에 대해서는 1푼을 알면 1푼을 행하는 실천을 힘써 따르면서 지와 행을 함께 견지해 전진하는 것이다. 예를 들면 하루 생활에서 글을 읽을 때는 의리를 연구하고, 홀로 있을 때는 스스로 속이는 것을 금하며, 사물에 응할 때는 네 가지 종류의 병폐에 연루될까 경계하며, 사람을 접할 때는 오륜에 해가 될까 경계하는 것과 같다. 그렇다

---

49) 『遲川先生續集』 권7, 「思問錄」, 「大學記疑」, 515b: "愚意以爲大學乃初學入德之書, 而格物致知乃其最初下手處." * 최명길은 격물 공부를 초학자들이 처음 공부에 착수하는 곳으로 본다. 이것은 왕수인의 견해와는 다르다. 왕수인은 격물 공부는 초학자로부터 성인에 이르기까지 모두 관통하는 공부로 이해한다.

50) 『遲川先生續集』 권7, 「思問錄」, 「大學記疑」, 515b: "今其闕文雖不可見, 而竊計其功程, 不過講論人倫日用之所當行, 辨別公私善惡之所由分, 以爲下面誠正修齊之本."

면 팔조목에 각각 순서가 있다고는 하지만 실제로는 함께 해 나가는 것이지, 치지를 마치고 나서야 비로소 성의 공부를 하고, 성의 공부를 마치고 나서야 비로소 정심 공부를 하는 것은 아니다.[51]

앎과 실천의 문제는 리학의 중심 논제 가운데 하나다. 최명길은 지행병진을 주장한다. 격치를 통해 '사리의 마땅함'을 조금 알았다면 그 알아낸 것을 힘써 실천해야 한다. 보통 사람은 하루 동안에 글을 읽기도 하고, 홀로 있기도 하고, 사물에 응하기도 하고, 사람을 접하기도 한다. 글을 읽을 때는 의리를 연구하는 격치 공부를 하고, 홀로 있을 때는 스스로를 속이는 것을 금하는 성의 공부를 하며, 사물에 응할 때는 마음이 분치·공구·호요·우환에 연루되지 않도록 하는 정심 공부를 하며, 사람을 접할 때는 오륜에 해가 되지 않도록 자신을 닦는 수신 공부를 한다. 이처럼 팔조목의 격(格)·치(致)·성(誠)·정(正)·수(修)·제(齊)·치(治)·평(平)은 순서가 있지만, 실제로는 함께 진행해 나가는 것이다.

한편 최명길은 왕수인의 격물설도 비판한다. 왕수인은 '격물'의 '격(格)'을 '정(正)'으로, '물(物)'을 '내 마음이 실려 있는 것'으로 풀이하여, '격물'을 '내 마음의 부정을 바로 잡는다'는 '정심'의 의미로 이해한다. 그런데 최명길은 왕수인의 이러한 격물 해석을 비판한다.

51) 『遲川先生續集』 권7, 「思問錄」, 「大學記疑」, 515b: "愚意以爲大學乃初學入德之書, 而格物致知乃其最初下手處. 今其闕文雖不可見, 而竊計其功程, 不過講論人倫日用之所當行, 辨別公私善惡之所由分, 以爲下面誠正修齊之本, 而至其所以爲功, 則知得一分, 行得一分, 勉勉循循, 挾漬直上, 如一日之內, 讀書則研究義理, 處獨則禁其自欺, 應物則戒四病之爲累, 接人則戒五倫之爲害. 是則八條之目, 雖曰各有次序, 而其實一倂做去, 非是致知已了, 方下誠意工夫, 誠意已了, 方下正心工夫也."

> 명의 유학자인 왕수인은 … 격물의 '격(格)'을 '정(正)'자로 풀이하여 말하기를 '그 심의 물을 격하고', '그 의의 물을 격하고', '그 지의 물을 격한다'고 하며, 말하기를 '그 물의 심을 바르게 하고', '그 물의 의를 정성스럽게 하며', '그 물의 지를 이룬다'고 하니, 황홀하여 그 단서를 따져 물을 수 없다. 모두 고인의 학문하는 차례를 가져다가 그것을 전도시켜 어지럽혔으니, 후학을 그르친 것이 많다.52)

'그 심의 물을 격하고', '그 의의 물을 격하고', '그 지의 물을 격한다'거나, '그 물의 심을 바르게 하고', '그 물의 의를 정성스럽게 하며', '그 물의 지를 이룬다'고 한 것은 왕수인이 나흠순(羅欽順)과 격물에 관한 논쟁을 할 때 했던 말이다. 나흠순은 왕수인이 격물을 궁리 공부가 아니라 정심 공부로 풀이한 것에 대해 '만약 학문이 밖에서 구하는 데 의뢰하지 않고 내면을 살피는 데 힘쓰기만 하는 것이라면 '정심성의' 네 글자로 다하지 못할 것이 없을 터인데 하필이면 학문의 길에 들어설 즈음에 격물이라는 한 단락의 공부로써 어렵게 만들었는가'53)라고 따진다. 이에 대해 왕수인은 '리는 안과 밖이 없고, 본성도 안과 밖이 없으므로 학문도 안과 밖이 없다'는 입장에서 격물 공부 역시 안과 밖으로 나눌 수 없다고 주장한다. 그리고 "무릇 정심 · 성의 · 치지 · 격물은 모두 수신의 방법이지만, 격물은

52) 『遲川先生續集』 권7, 「思問錄」, 「大學管見」, 517b: "明儒王守仁氏, 一從古本, 旣爲之作序, 又爲之傍什, 而其與門人問答有許多說話. 其所謂傍什者, 余時未見之. 但親民之親, 身有忿懥之身, 悉從古本, 其牽强難通矣. 甚至格物之格, 訓以正字, 而曰格其心之物, 格其意之物, 格其知之物, 曰正其物之心, 誠其物之意, 致其物之知, 怳惚莫詰其端, 悉取古人爲學次第, 顚倒而眩亂之, 其誤後學者多矣."

53) 『傳習錄』 제174조: "如必以學不資於外求, 但當反觀內省以爲務, 則正心誠意四字, 亦何不盡之有? 何必於入門之際, 便困以格物一段工夫也?"

그 힘쓰는 것을 실제로 살필 수 있는 곳이다. 그러므로 격물이란 그 심의 물을 격하는 것이며, 그 의의 물을 격하는 것이며, 그 지의 물을 격하는 것이다. 정심이란 그 물의 심을 바르게 하는 것이며, 성의란 그 물의 의를 정성스럽게 하는 것이며, 치지란 그 물의 지를 실현하는 것이다. 여기에 어찌 안과 밖, 저것과 이것의 구분이 있겠는가?"[54]라고 하여 나흠순의 비판에 대응한다. 이에 대해 나흠순은 "'그 심의 물을 격한다, 그 의의 물을 격한다, 그 지의 물을 격한다'고 말한 것은 그 물건됨이 셋이지만, '그 물의 심을 바르게 한다, 그 물의 의를 정성스럽게 한다, 그 물의 지를 실현한다'고 말한 것은 그 물건됨이 하나일 따름이다"[55]라고 하여 왕수인이 말하는 물이 무엇을 가리키는 것인지 알 수 없다고 반박한다. 최명길이 나흠순의 반박 내용을 보았는지는 알 수 없지만, 그 역시 왕수인의 발언을 '황홀하여 그 단서를 따져 물을 수 없고', '대학의 공부 순서를 전도시켰다'고 비판한다. 그런데 왕수인에게 "신(身)·심(心)·의(意)·지(知)·물(物)은 공부가 쓰이는 조리로서, 비록 각각 자기 자리가 있지만 실제로는 단지 한 가지의 물(物)이다. 격(格)·치(致)·성(誠)·정(正)·수(修)는 그 조리가 쓰이는 공부로서, 비록 모두 그 이름이 있지만 실제로는 단지 한 가지 일이다."[56] 최명길은 격물·치지·성

---

54) 『傳習錄』, 「答羅整庵少宰書」, 174조목: "格物者, 『大學』之實下手處, 徹首徹尾, 自始學至聖人, 只此工夫而已. 非但入門之際有此一段也. 夫正心·誠意·致知·格物, 皆所以修身. 而格物者, 其所用力, 實可見之地. 故格物者, 格其心之物也, 格其意之物也, 格其知之物也. 正心者, 正其物之心也. 誠意者, 誠其物之意也. 致知者, 致其物之知也. 此豈有內外彼此之分哉?"

55) 『困知記』 권5, 「與王陽明書」(戊子冬): "夫謂其格其心之物, 格其意之物, 格其知之物, 其爲物也三. 謂正其物之心, 誠其物之意, 致其物之知, 其爲物也一而已."

56) 『王陽明全集』 권26, 「大學問」: "蓋身心意知物者, 是其工夫所用之條理, 雖亦各有其所,

의 · 정심 · 수신에 관한 왕수인의 이러한 이해를 받아들이지 않고 있는 것이다.

6. '성의' 중심의 공부론

최명길은 성의 공부를 중시한다. 그래서 『대학』 "팔조목 가운데 성의가 가장 긴요하다"[57], "긴요한 공부는 오로지 '성의'장에 있다"[58]고 말한다. 그가 「고본대학」 체제를 따른 것도 바로 그것이 성의 공부를 긴요하게 여겼기 때문이다.

왕수인도 『대학』에서 제시하는 공부 가운데 특히 성의 공부를 중시한다. 그는 "『대학』의 공부는 바로 '명명덕'이며, 명명덕은 단지 하나의 성의이다"[59]고 말한다. 그러나 왕수인과 최명길이 성의 공부를 중시한다는 점은 같을지라도 양자 사이에는 차이점이 있다.

우선 왕수인에게서 '의(意)'는 마음이 발한 것으로서 거기에는 선도 있고 악도 있다. 의념에 선과 악이 있지만, 그 선과 악을 변별하여 아는 것은 양지이다. 이 양지가 알고 있는 바의 선을 성실하게 좋아하고 악을 성실하게 미워하는 것이 바로 성의이다. 그리고 실제로 선을 실천하고 악을 제거하는 것이 바로 격물이며, 그것은 부정

而其實只是一物. 格致誠正修者, 是其條理所用之工夫, 雖亦皆有其名, 而其實只是一事."

57) 『遲川先生續集』 권7, 「思問錄」, 「大學記疑」, 514a: "愚意八條之中, 誠意最爲喫緊."

58) 『遲川先生續集』 권7, 「思問錄」, 「大學管見」, 517a: "此又單擧誠意爲言者, 喫緊工夫, 專在此一條故也."

59) 『傳習錄』, 「薛侃錄」, 129조목: "『大學』工夫卽是明明德. 明明德只是箇誠意."

한 마음을 바로잡아 바른 데로 돌리는 정심이다. 이처럼 왕수인에게는 격물 · 치지 · 성의 · 정심이 하나의 일이다.[60]

최명길에게 '의(意)'는 마음이 발동하여 드러난 '정(情)'의 층차에서 한 걸음 더 나아가 계교하고 상량하는 것으로 규정된다.[61] 그리고 의가 발한 데에는 선도 있고 악도 있으며, 공도 있고 사도 있다.[62] 의가 발한 데에 선도 있고 악도 있다고 본 점은 왕수인과 차이가 없다. 그런데 왕수인은 의념에 내재된 선과 악을 변별하여 아는 것을 '양지'로 파악한 반면, 최명길은 의념의 선악과 공사를 계교하고 상량하는 것을 '의(意)' 자체의 기능으로 이해한다. 이 의념의 선악과 공사를 계교하고 상량하여 악을 제거하고 선을 따르는 것이 바로 성의 공부이다.[63]

'의' 개념과 성의 공부에 대한 최명길의 이러한 이해는 율곡(栗谷) 이이(李珥)를 계승한 것으로 보인다. 이이는 '심성정의(心性情意)'의 '일로경계설(一路境界說)'을 주장하면서 성의 공부를 중시한 바 있다.

> 대저 미발은 성(性)이고 이발(已發)은 정(情)이며 발하여 계교하고 상량하는 것은 의(意)이니, 심(心)은 성과 정과 의의 주재(主宰)가 된다. 그러므로 미발 · 이발과 그 계교는 모두 심(心)이라고 이를 수 있다. 발

---

60) 『王陽明全集』 권26, 「大學問」.

61) 『遲川先生續集』 권7, 「思問錄」, 「中庸管見」, 520a: "蓋情是心之發動的, 意是就此情上計較商量的. 以此言之, 無意云者, 乃聖人之心純是天理, 元無計較商量之謂. 程子所云聖人有心而無情者, 正指此也."

62) 『遲川先生續集』 권7, 「思問錄」, 「中庸管見」, 519b: "愚按意之所發, 有善有惡, 有公有私."

63) 『遲川先生續集』 권7, 「思問錄」, 「中庸管見」, 520a: "誠意云者, 亦是就此計較商量上, 去惡而從善之謂也."

> 하는 것은 기(氣)이고, 발하는 소이(所以)는 리(理)이다. 발하는 것이 곧 바로 정리(正理)에서 나오고 기(氣)가 용사(用事)하지 않았다면 이는 도심(道心)이니 칠정 가운데 선한 일변(一邊)이요, 발할 즈음에 기가 이미 용사하였다면 인심이니 선과 악이 합해진 칠정이다. 기가 용사함을 알고 정밀하게 살펴서 정리를 따른다면 인심이 도심에게 명령을 들을 것이요, 정밀하게 살피지 못하고 오직 마음이 향하는 대로 놓아둔다면 정(情)이 이기고 욕(欲)이 치성(熾盛)하여 인심은 더욱 위태로워지고 도심은 더욱 미미해질 것이다. 정밀하게 살피는 것과 살피지 않는 것은 모두 의(意)가 하는 것이므로 스스로 닦는 공부는 성의보다 우선할 것이 없다.[64]

이이는 마음이 발동하는 데 '성발위정(性發爲情)'과 '심발위의(心發爲意)'의 두 길이 있음을 부정하고, 심-성-정-의의 하나의 길만 있다고 주장한다. 그리고 심-성-정-의의 경계를 구분한다. 먼저 심은 성·정·의를 통섭하고 주재하는 것이며, 성은 미발이고, 정은 이발이며, 그것을 다시 계교하고 상량하는 것이 바로 의이다. 이 '의'는 기가 발하여 칠정으로 드러날 때 천리와 인욕을 정밀하게 살피는 기능을 한다. 이 '의'의 기능을 성실히 수행하는 공부가 바로 성의 공부이다. 이이가 성의 공부를 중시한 데에는 '의'에 선과 악, 천리와 인욕을 계교하여 상량하고 정밀하게 살피는 기능이 있다고 보았기 때문이다. 최명길이 '의' 개념을 계교하고 상량하는 기능을 지닌 것으

64) 『栗谷全書』 권9, 「答成浩原壬申」: "大抵未發則性也. 已發則情也. 發而計較商量則意也. 心爲性情意之主. 故未發已發及其計較, 皆可謂之心也. 發者氣也, 所以發者理也. 其發直出於正理而氣不用事則道心也, 七情之善一邊也. 發之之際, 氣已用事則人心也, 七情之合善惡也. 知其氣之用事, 精察而趨乎正理, 則人心聽命於道心也. 不能精察而惟其所向, 則情勝慾熾, 而人心愈危, 道心愈微矣. 精察與否, 皆是意之所爲. 故自修莫先於誠意."

로 이해하고, 성의 공부를 중시한 것은 이이의 학설을 이은 것으로 보인다.

7. 최명길 '대학'관의 의의

『대학』은 수기치인의 이념과 방법이 담겨 있는 경전으로서 정치 철학서이자 수양서로 평가를 받아왔다. 특히 12세기 이후로 동아시아인들의 정신과 행위를 이끌었던 주자학과 양명학의 이론적 기반은 『대학』에 대한 탐구과정에서 형성되었다. 구체적으로 주희는 『대학』 해석을 통하여 학문 방법론을 정립하고 있으며, 왕수인은 주희의 『대학』 해석을 성찰하는 과정에서 자신의 독자적인 해석체계를 수립하게 된다. 주자학과 양명학의 차이는 『대학』에 대한 해석 차이라고 말해도 과언이 아니다.

이 글은 16~17세기 조선 경학의 한 측면을 잘 대변하고 있는 지천 최명길의 『대학』에 관한 이해를 살펴본 것이다. 최명길은 주자학과 양명학을 모두 접한 학자이다. 이 때문에 그 사유 방식과 폭이 비교적 자유롭고 넓은 편이다. 그의 삶의 행적을 살펴볼 때 두드러지게 나타나는 것은 그가 주체적이고, 비판적이고, 현실적인 사유를 한다는 점이다. 이러한 특성은 그의 학문 활동에도 그대로 반영된다. 그는 자기만의 독자적인 학문적 견해를 가지고, 주자학과 양명학을 비판적으로 성찰한다. 이러한 면모가 가장 잘 나타난 것이 바로 그의 『대학』에 대한 이해이다. 따라서 주자학이나 양명학과도 구분되는 그만의 독특한 학문이 무엇인지를 알기 위해서는 그의 『대학』관을 살펴보지 않을 수 없다.

최명길의 『대학』관은 「대학기의」와 「대학관견」이라는 두 자료에 잘 나타나 있다. 이 두 자료는 각기 그 특징이 있다. 「대학기의」는 주희의 『대학장구』 체제와 그 의리 해석에 의문을 제기한 글이다. 반면에 「대학관견」은 『대학』에 대한 최명길 자신의 독특한 견해를 밝힌 글이다. 이것은 당시 조선 사상계의 주류로 확고하게 자리잡은 주자학을 비판적으로 성찰함으로써 자신의 독자적인 학문세계를 세우고자 한 그의 학문 태도와 방법이 『대학』에 관한 연구에도 발휘된 것이라고 하겠다.

이 연구에서는 최명길의 『대학』관의 특징을 크게 두 가지 측면에서 살펴보았다. 하나는 『대학』의 체제에 대한 이해이고, 다른 하나는 『대학』의 철학적 의미에 대한 이해이다.

최명길은 「고본대학」 체제를 수용하고, 주희의 『대학장구』 체제를 낱낱이 비판한다. '차위지본, 차위지지지야(此謂知本, 此謂知之至也.)'를 전5장으로 옮긴 것, '성의'장을 전6장으로 옮긴 것, '첨피기욱'장을 전3장으로 옮긴 것, '어희전왕불망'장을 전3장으로 옮긴 것, '청송'장을 '본말'장의 전으로 옮긴 것, 그리고 '격물'장에 빠진 글을 보완한 것을 비판한다. 그리고 그 비판의 이유를 들어서 자기의 주장을 정당화한다.

최명길이 「고본대학」 체제를 수용한다는 점에서 보면 왕수인과 별 차이가 없어 보인다. 왕수인 역시 「고본대학」 체제를 따르고 있기 때문이다. 그러나 이 둘 사이에는 큰 차이가 있다. 왕수인은 「고본대학」을 '정본(定本)'으로 본 반면에, 최명길은 「고본대학」에 결함이 많은 것으로 본다. '차위지본'과 '차위지지지야' 사이에 빠진 글이 있다고 본 점, 『시경』「열문」편까지는 증자의 문인 제자들이 저술한 것이지만 그 아래 글들은 다른 문인 제자의 손에서 나온 것이고, 공자의 깊은 뜻을 제대로 드러내지 못했다고 본 점이 바로 그것이다.

다음 『대학』의 철학적 의미에 관한 부분은 '삼강령에 대한 이해', '지지이후유정(知止而后有定)'장의 '안(安)'과 '려(慮)'에 대한 이해, '격물'에 대한 해석, 성의 공부에 대한 이해로 나누어 살펴보았다. 이것들은 모두 최명길이 주희 해석에 이의를 제기한 부분들이다. 최명길은 주희 견해에 이의를 제기하고, 자기의 주장과 그 근거를 밝히는 방식으로 논의를 전개시키고 있다.

최명길은 삼강령에 대한 주희의 이해를 모두 비판한다. '명덕'을 '본심의 덕'으로 이해함으로써 주희가 '마음'만 말하고 정작 '마음의 덕'에 대해서는 말하지 못했다고 비판하며, '신민'을 '명덕을 백성에게 미루는 것'으로 풀이함으로써 주희에게 '명명덕'과 '신민'이 별개의 일로 이해될 수 있는 문제점을 극복하고 있으며, '지선'을 '의리당연지극'이라고 풀이함으로써 주희의 '사리당연지극'이라는 풀이가 지선을 외부 사물에서 구하는 것으로 치달릴 수 있는 위험을 배제하고 있다.

삼강령에 대한 최명길의 이해는 왕수인과도 다르다. 명덕을 '본심의 덕'으로 이해한 점은 같지만, 그 본심의 구체적인 내용을 왕수인은 천지만물을 일체로 파악하는 '인'이라고 명확하게 규정하는 반면, 최명길은 아직 명확하게 그 내용을 규정하고 있지는 않다. 신민에 대해서도 왕수인은 「고본대학」 그대로 '친민'으로 보는 것이 옳다고 주장하는 반면, 최명길은 '신민'으로 이해하고자 한다. 그러나 신민을 '명덕을 백성들에게 실천하는 것'으로 본 점은 양자 사이에 큰 차이는 없는 듯하다. '지선'에 대해서 왕수인은 마음의 본체인 양지로 이해한 반면, 최명길은 '의리당연지극'으로 이해한다. 이처럼 삼강령에 관한 이해에서 최명길은 주자학이나 양명학과도 다른 그만의 독특한 견해를 지니고 있다.

'지지이후유정'장의 '안(安)'과 '려(慮)'에 대한 이해에서 최명길은 '안'과 '려'를 마음이 편안한 뒤에 의리를 정밀히 살피는 마음의 상태와 작용으로 해석한 반면, 주희는 처지를 편안히 여기고 일처리가 정밀하고 상세한 것으로 풀이한다. 최명길은 자신의 명덕이 밝혀지는 심리 상태와 의리를 판단하는 작용에 치중했다면, 주희는 처세와 사리를 판단한 이후의 일처리까지 고려한 것이다.

'격물'에 대한 해석에서 최명길은 주자학이나 양명학과도 다른 새로운 견해를 제시한다. 그는 '격(格)'을 주희처럼 '지(至)'나 왕수인처럼 '정(正)'으로 해석하는 것을 반대하고, '헤아리다'는 의미의 '양탁(量度)'으로 풀이하는 것이 '격물'장의 훈고로 적합하다고 주장한다. 주희처럼 격물을 '즉물궁리'를 통하여 사물의 리에 이르는 것으로 해석할 경우에 지리하게 밖으로 치달릴 폐단이 발생할 우려가 있음을 지적한다. 이러한 지적은 주희의 격물 해석에 대한 왕수인의 비판과 궤를 같이한다. 그는 왕수인이 '격물'을 '정심'으로 풀이한 것은 『대학』의 공부 순서를 전도시켜 어지럽힌 것이라고 비판한다. 이처럼 격물 해석에서도 최명길은 자신의 독자적인 견해를 취하고 있다.

성의 공부에 대한 이해에서 최명길은 주자학과의 차이를 분명하게 지적하지는 않는다. 다만 그가 「고본대학」 체제를 따르는 주된 이유 가운데 하나는 「고본대학」 체제가 성의 공부를 중시하였다고 보았기 때문이다. 주희가 격치 공부에 상대적으로 많은 비중을 둔 것과는 달리, 최명길은 '성의'를 가장 긴요한 공부로 본다. 이 점은 왕수인과 견해를 같이한다고 하겠다. 그러나 '성의'의 '의'에 대한 이해에서 최명길과 왕수인 사이에는 간과할 수 없는 차이가 있다. 최명길은 '의'를 계교하고 상량하는 것으로 이해한다. 반면에 왕수인은 '의'를 마음의 발동으로 보고, 의념에 깃든 시비선악을 판단하는 것은 양지의 소임으로 이해한다. '의'에 대한 최명길의 이해는 율곡 이이를 계승한 것으로 보인다. 이처럼 성의에 대한 이해에서도 최명길은 자신의 독자적인 의견을 가지고 있다.

이상의 논의를 통해서 보면 최명길은 주체적이고 비판적인 태도로 『대학』을 연구함으로써 자기 나름대로의 체계적인 이해를 지니고 있었음을 확인할 수 있다. 당시 조선의 학술 풍토에서 주자학의 권위에 도전하여 자신의 독창적인 견해를 제시하는 일은 쉽지 않았을 것이다. 이 점에서 최명길의 『대학』 연구 성과는 조선경학사에서 적지 않은 의의가 있다고 하겠다.

▌참고문헌

『大學章句』

『困知記』, 北京: 中華書局, 1990.

『王陽明全集』, 上海: 上海古籍出版社, 1992.

『傳習錄』, 정인재 · 한정길 역주, 청계, 2001.

『栗谷全書』, 성균관대학교 대동문화연구원, 1986.

『增補譯註遲川先生集』 1~4, 최병직 · 정양완 · 심경호 역주, 선비, 2008.

『遲川集』, 민족문화추진회, 1989.

김윤경, 「최명길의 『사문록(思問錄)』에 나타난 사서해석 경향과 사상적 특징(Ⅱ) -「대학기의(大學記疑」), 「대학관견(大學管見)」을 중심으로-」, 『유학연구』, 35, 충남대 유학연구소, 2016.5.

한정길, 「조선조 관료 지식인의 양명학관 연구(3) -지천 최명길의 양명학관을 중심으로-」, 『한국사상사학』 52, 한국사상사학회, 2016.4.

최명길의 「중용관견」에 나타난 경학적 특징과 문화다원론적 경세론

엄 연 석

* 이 글은 『퇴계학논집』 26집(영남퇴계학연구원, 2020.06)에 게재한 「최명길의 「중용관견」에 나타난 경학적 특징과 문화다원론적 지평」을 수정 보완한 것이다.

1. 머리말

이 글은 조선 중후기 역사적 전환 시기에 중요한 외교적 역할을 수행했던 지천 최명길(遲川 崔鳴吉, 1586~1647)의 「중용관견(中庸管見)」에 나타난 경학적 특징을 문화다원론[1]적 지평에서 고찰하고자 한다. 구체적으로 이 글은 그의 경학사상과 시대적 요청에 따른 특수한 경세론 사이의 상관관계를 권도론(權道論)과 변통론(變通論), 외교관계론 등을 통하여 해명하고자 한다. 또한 이글에서는 최명길의 경학적 입론 속에 양명학적 사유가 어떻게 내포되어 있는가 하는 점을 살펴보고자 한다. 나아가 본고에서는 「중용관견」의 경학적 관점이 구체적 현실에 구현되는 이론적 계기를 검토하고 이를 바탕으로 이러한 이론적 계기들이 현실의 다원적 지평을 어떻게 포용하고 있는가를 해명하고자 한다.

최명길은 1623년 인조반정을 성공시킨 공신으로서 양명학적(陽明

---

1) '문화다원론(文化多元論)'은 발생적으로 문화보편론의 문제를 보완하고자 하는 취지로 19세기 후반 언어학자인 소쉬르(Saussure, Ferdinand de, 1857~1913)를 필두로 보아스, 허스코비치 등에 의해 계승된 이론으로 문화상대주의와 연속된 의미를 갖는다. 문화상대주의는 수많은 인류종족의 문화적 다양성을 인정하고 각각의 문화는 독특한 역사적 환경의 측면에서 이해해야 한다는 주장이다. 문화는 그 지역의 사회 역사적 맥락을 헤아려서 평가해야 하고, 어떤 문화 요소도 그 나름의 특수한 존립 근거가 있다는 것이다. 루스 베네딕트(Ruth F. Benedict)는 『문화의 유형』에서 특정한 문화권에서 인간의 행위가 관습에 따라 얼마나 다양한가를 보여 주었다. 각각의 문화는 서로 특수한 측면들을 가지고 있으며, 문화적 가치는 그 사회적 환경과 조건에 따라 고유한 의미를 가지고 있어서, 각기 다른 규범체계를 형성한다. 또한 문화 사이의 가치론적 비교가 불가능하며, 평등한 시각에서 문화마다 그 요소들은 고유한 상대적 가치를 가지는 것으로 이해한다.

學的) 실심론(實心論)에 근거하여 현실의 여러 문제를 해결하려고 하였다. 이러한 관점에서 그는 시세(時勢)에 따른 변통론(變通論)과 민생의 안정을 위한 균부(均賦)를 주장하는 경세론을 펼쳤다. 변통론은 현실 상황에 대응하여 시의성을 강조하는 권도론(權道論)으로 구체화되었고, 현실적인 정치상의 문제에서는 변법론(變法論)으로 제시되었다.

이뿐만 아니라 최명길은 대청(對淸) 외교에서 자신의 주화론적 입장을 분명히 하면서 이것을 일관성을 가지고 추진하였다. 그가 주화론(主和論)을 주장한 이유는 우선 민생을 안정시키는 것이 통치의 최우선적인 요소라고 보았기 때문이다. 그의 경세론은 변통론에 근거를 두었으며 항상 변화하는 현실에 대하여 상황변화에 맞추려고 노력하면서 당시의 정치경제상 모순을 해결하고자 하는 데 특징이 있었다. 이러한 노력의 과정에서 최명길은 변화하는 현실의 다양한 문제에 대해 시의적절하게 대처하는 방법에 관심을 가지게 되었고, 이로부터 다원적 지평을 포용할 수 있는 이론적 틀을 구성하게 되었다. 그러면 최명길의 철학과 사상, 정치적 활동 등에 대한 기존의 연구성과를 개관함으로써 본 논문의 진전된 논의의 토대로 삼고자 한다.

최명길의 정치외교론에 관한 논문은 주로 그의 주화론을 둘러싼 여러 주제를 중심으로 작성되었다. 이남옥은 논리적으로 권도론(權道論), 외번론(外藩論), 종국보존론(宗國保存論)에 근거하고 있다는 측면에서 주화론과 그 사상적 배경을 고찰하였다.[2] 허태구는 주화론을 외교관계론적 관점에서 주로 대명의리와의 상호 연관관계의 측면에서 고찰하였다.[3] 김병규는 조선 인조 대 이귀(李貴)와 최명길의 경세론

2) 이남옥, 「지천 최명길의 사상적 배경과 주화론」, 『백산학보』 111, 2018, 5-6쪽.
3) 허태구, 「崔鳴吉의 主和論과 對明義理」, 『한국사연구』 162, 2013, 87-88쪽.

(經世論)과 주화론(主和論)을 주제로 한 연구에서 최명길의 경세론은 변통론(變通論)에 근거하여 항상 변화하는 현실에 대하여 상황변화에 맞추려고 노력한 것이었고, 권도론에 입각하여 현실을 직시하고 이에 대한 냉철한 대처로 주화론을 주장하여 백성과 종묘사직(宗廟社稷)을 구했다고 보았다.[4] 김홍선은 논의가 어떤 과정을 거쳐서 성립되었는가를 중심으로 최명길의 주화론을 해명하고자 하였다.[5]

다음으로 최명길의 철학 및 경학사상과 관련한 논문도 여러 편이 작성되었다. 철학사상은 주로 그의 양명학관을 중심으로 연구되었다. 한정길은 최명길의 학문과 사업에 나타난 양명학적 특성을 고찰함으로써 조선사상사와 정치사에서 양명학의 역할과 기능을 해명하고자 하였다. 여기에서 그는 심(心)과 리(理)를 분리시킨 것을 주자학의 문제점으로 보면서 일체의 행위 준거를 자기 마음에서 찾고 명분보다 실질을 중시하는 것이 최명길 학문의 양명학적 특성이라고 이해하였다.[6] 김세정은 양명학이 조선에 전래되던 초기에 수용한 학자에게서 발견되는 주체성과 창조정신의 특성을 최명길을 중심으로 고찰하였다. 논문에서 그는 수시변역(隨時變易)에 근거한 권도(權道), 시중지도(時中之道), 양지(良知)는 변화하는 사회 현상 안에서 감응을 통해 스스로 끊임없이 판단 준거를 낳는 '창조성'과 '창출성'의 근거가 되는 것으로 보았다.[7]

---

4) 김병규, 「朝鮮 仁祖代의 經世論과 主和論 硏究 -李貴와 崔鳴吉을 중심으로-」, 아주대학교 대학원 석사논문, 2008, 91쪽.

5) 김홍선, 「遲川 崔鳴吉의 主和論에 관한 연구 -논의의 성립배경을 중심으로-」, 명지대학교 교육대학원 석사논문, 2008.

6) 한정길, 「조선조 관료 지식인의 양명학관 연구 -지천 최명길의 양명학관을 중심으로-」, 『한국사상사학』 52, 2016, 229쪽

이어서 경학사상 분야에 대해서는 사서(四書)에 대한 경학으로 논문이 작성되었다. 한정길은 최명길의 『대학』관을 주희의 『대학』해석에 대한 반성 양상의 측면에서 고찰하였다. 그는 최명길이 「고본대학」체제를 수용하고, 주희의 『대학장구』체제를 비판하는 것과 함께 『대학』의 '삼강령에 대한 이해', '지지이후유정(知止而后有定)'장의 '안(安)'과 '려(慮)'에 대한 이해, '격물'에 대한 해석, '성의' 공부에 대한 이해에서 주희와 다른 견해를 제시하였다고 보았다.[8] 김윤경은 「대학기의(大學記疑)」, 「대학관견(大學管見)」을 중심으로 한 최명길의 『사문록(思問錄)』에 나타난 사서해석 경향과 사상적 특징을 해명하였다. 그는 최명길이 주자학이나 양명학 어느 쪽에도 치우치지 않고 『대학』을 재해석하여 도덕 주체의 능동성과 실천의 객관성을 확보하는 주체적인 공부론을 구축한 것으로 해석하였다.[9]

이처럼 최명길에 관한 기존 연구성과는 주로 주화론, 양명학적 관점, 사서(四書)를 중심으로 하는 경학사상 등의 분야를 중심으로 이

7) 김세정, 「지천 최명길의 주체성과 창조정신」, 『유학연구』 28, 2013, 63-64쪽. 김윤경(2011)은 洪仁祐·盧守愼·崔鳴吉·鄭齊斗를 중심으로 한 16-17세기 한국 양명학 성립과정의 공부론을 해명하였다.(김윤경, 「16-17세기 韓國 陽明學 成立過程의 工夫論 硏究-洪仁祐·盧守愼·崔鳴吉·鄭齊斗를 중심으로」, 성균관대학교 동양철학과 일반대학원 박사논문, 2011, 257-260쪽) 또 이은주는 조선조 양명학 초기 수용단계의 사상적 특질을 살펴보기 위하여 최명길의 『지천집』에 나타난 양명학 이해 및 정치활동에 나타난 양명학 이념의 실천 내용에 대하여 고찰하였다.(이은주, 「崔鳴吉의 陽明學 受容에 관한 硏究」, 이화여자대학교 사회생활과 대학원 석사논문, 1990, 71-73쪽)

8) 한정길, 「遲川 崔鳴吉의 『대학』관 -주희의 『대학』 해석에 대한 반성의 한 양상」, 『대동철학』 83, 2018, 283쪽.

9) 김윤경, 「최명길의 『사문록』에 나타난 사서해석 경향과 사상적 특징(2) -「대학기의」, 「대학관견」을 중심으로-」, 『유학연구』 35, 2016, 29쪽.

루어졌다. 이 밖에도 외교관계론, 역사인식, 문학사상, 정치사상 등의 측면에서 연구가 이루어졌다. 요약하면, 기존의 여러 논문을 통하여 추론할 수 있는 것은 그가 살던 시대가 정치외교적 전변기라 할 수 있었던 만큼, 최명길의 학문과 사상, 정치외교 활동이 시대적 변화를 읽어서 대응할 수 있는 경세론에 경학과 철학사상이 부수적으로 토대를 이루는 방향으로 이루어지고 있었다는 점이다.

그러면 다음 제2장에서는 최명길의 경학관과 경권론이 어떻게 상호연관성을 갖고 언급되는가를 살펴보고자 한다. 다음 제3장에서는 「중용관견」체제 및 기본 내용이 어떻게 구성되어 있는가를 중점적으로 검토하고자 한다. 제4장에서는 「중용관견」에 내포되어 있는 경학적 실천적 특성을 고찰하고자 한다. 제5장에서는 최명길의 경학관에 내포되어 있는 문화다원론적 지평에 대하여 분석하고자 한다. 마지막 결론에서는 본론의 내용을 요약하고 최명길의 경학관과 경세론 사이에 내포되어 있는 내재적 연관관계와 문화다원론적 의미를 요약하고자 한다.

2. 최명길의 경학관과 경권론(經權論)

이 장에서는 최명길이 유가 경전에 대하여 어떤 관점을 가지고 있으며, 한 걸음 나아가 정치적 제도의 시행과 외교현안을 처리하는 이론적 근거로서 권도론(權導論)을 어떻게 제시하고 있는가를 검토하고자 한다. 특히 그가 경학적 근거를 가지고 제도적 완비와 같은 조치를 시행하고자 하고, 권도론을 통하여 외교관계에서 균형 정책을 유지하는 목적이 궁극적으로는 민생의 안정에 있음을 살펴보고자 한다.

최명길은 인조(仁祖)가 경연(經筵)에서 『맹자』를 진강하여 선왕의 정치를 행하라는 맹자의 왕도(王道)를 이해하고 있다고 보았다. 그럼에도 즉위한 지 3년이 지나도록 백성들이 여전히 빈곤하고, 풍속이 어지럽고 기강이 퇴폐한 이유가 제도가 정비되지 않았기 때문임을 『맹자』 구절을 인용하여 강조하였다. 맹자는 다음과 같이 말하였다.

> 한갓 착한 것만 가지고는 정사를 돌볼 수 없고 한갓 법만 가지고도 그것이 저절로 행해지지 못한다. 이제 어진 마음을 지니고 어질다는 명성이 있음에도 불구하고 백성들이 그 혜택을 입지 못하는 것은 선왕의 정치를 행하지 않기 때문이다.[10]

이러한 『맹자』 구절에 근거하여 최명길은 관제(官制), 전제(田制), 병제(兵制)의 3가지를 당시에 시급하게 정비해야 하는 제도로 언급하였다.[11] 이처럼 그는 구체적인 제도의 문제를 설명하기 위하여 『맹자』 구절을 인용함으로써 경세론적 논의에 대한 경전의 전거를 제시하였다. 그는 여기에서 보편적으로 통용되는 착한 마음만 가지고는 정사를 잘 살필 수 없고, 구체적인 제도적 장치를 통할 때 비로소 객관적인 정치적 치적을 이룰 수 있다고 보았다. 이것은 구체적이고 특수한 통치상의 시의성 현실성을 가진 제도적 장치가 중요함을 강조한 것이다. 이처럼 최명길이 경세론적 관점에서 구체적인 현

---

10) 『遲川先生集』, 卷7, 「疏箚」, 「論官制箚」: "孟子有言, 徒善, 不足以爲政, 徒法, 不能以自行, 今有仁心仁聞, 而民不被其澤者, 不行先王之政也."

11) 『遲川先生集』, 卷7, 「疏箚」: "今之尤甚頹廢者三, 曰官制也, 田制也, 兵制也. 三者之中, 官制尤爲緊急. 若不變通, 斷無致治之望."

실에서 특수한 상황에 따른 제도를 강조하는 것은 그의 경학적 관점이 문화다원론적 지향을 가지고 있음을 보여준다.

최명길은 또한 『주역』구절을 인용하여 당시 유행하던 붕당의 폐해를 벗어나 공도를 시행해야 할 것이라고 강조하였다. 그는 『주역』「태괘(泰卦)」'구이효'의 효사에서 "남의 결점을 감싸고 포용하여 굳세고 과단성이 있으며 누추한 곳의 친구를 버리지 않고 친구의 사사로움을 끊음으로써 중용(中庸)의 행동을 숭상할 수 있다"[12]라고 한 구절에 대한 정이(程頤)의 주석을 다음과 같이 인용하였다.

> '포황(包荒)'이라는 것은 거친 것을 포용하고 더러운 것을 감싸는 도량이 있는 것을 말한다. '용빙하(用憑河)'라는 것은 굳세고 과감하여 깊은 강과 험한 산을 건너고 넘을 수 있음을 말하고, '불하유(不遐遺)'는 궁벽한 곳에 있는 어진 이를 버리지 않는다는 것이며, '붕망(朋亡)'이라는 것은 붕우의 사사로움을 끊어 버리는 것을 말한다.[13]

여기에서 최명길은 정국의 폐단을 바로잡기 위해서는 강하고 과감한 도리를 쓰고, 정분(情分)에 얽매이지 말고 공도(公道)를 시행해야 한다고 강조하였다. 이처럼 그는 포용력과 과단성, 그리고 공정함 등과 같이 통치를 행하는 경세론의 원칙을 『주역』 효사에서 찾았다.

최명길은 혼란이 생겨날 때 임금이 참언에 젖어 들고 나중에는 군자까지 여기에 물드는 지경에 이르므로 경계하지 않을 수 없음을 『시경』 구절을 인용하여 강조하였다. 인조가 박정(朴炡)을 총애하여

---

12) 『周易』「泰卦」: "包荒, 用馮河, 不遐遺, 朋亡, 得尙于中行."

13) 위의 책, 卷8, 「諸學士不爲朋黨箚子」: "傳曰, 包荒者, 謂有包荒含穢之量也. 用憑河者, 謂其剛果, 足以濟深越險也. 不遐遺者, 謂其不棄僻陋之賢也. 朋亡者, 謂其絶去朋與之私也."

발탁하고 나서 그를 불편부당하게 평가하지 못하고 인정에 이끌리는 모습을 「교언(巧言)」구절을 인용하여 경계하였다. 「교언(巧言)」에 따르면, "혼란이 처음 일어날 때는 참언에 젖기 시작하지만, 난이 다시 일어나면 군자도 참언을 믿게 된다"[14]고 하였다. 그는 임금의 지위는 권위와 복록의 권한을 잡고 표준이 되는 지위에 서 있으면서도, 그 좋아하고 싫어하는 바에 따라서 바람에 쏠리듯 하지 않음이 없다고 하였다. 또한 인정을 따르는 것은 쉽지만 사사로움을 억제하고 공(公)을 따르는 것은 매우 어려운 것이 일반적인 현상임을 강조하였다.[15]

최명길은 권도론(權道論)을 제기함으로써 이를 외교관계에서 화의론(和議論)의 근거로 삼고 있다. 그의 권도론을 살펴보기 전에 선진유학 경전에서 언급되는 '권(權)'의 의미를 요약하기로 한다.

'권(權)'의 의미는 『논어』와 『맹자』가운데 몇 구절에서 제시되어 있다. 이들에 근거해 볼 때 '권'은 크게 두 가지 상반된 의미를 포함하고 있다. 첫째는 경(經)에 반하지만 도(道)에 부합한다는 것이고, 둘째는 경(經)과 다르지 않다는 것이다. 또한 '권'은 자로 사물의 장단(長短)을 재는 '탁(度)'과 비교하여 동사로서 '사물의 경중을 헤아린다'는 의미로 해석된다.[16]

먼저 권(權)을 경(經)이나 예(禮)와 대립되는 것으로 이해한 것은 한대(漢代) 학자들이었다. 공양수(公羊壽)와 동중서(董仲舒)는 '경'과 '권'

---

14) 『詩經』「小雅 · 巧言」: "亂之初生, 僭始旣涵. 亂之又生, 君子信讒."

15) 위의 책, 卷8, 「諸學士不爲朋黨箚子」: "夫人君操威福之柄, 立表率之地, 隨所好惡, 靡不趨風, … 夫人情溺於親愛, 則順而易, 爲公掩私, 則逆而難. 賞之使爲, 其難猶恐不從, 况罪禍隨至者乎!"

16) 『孟子』, 「梁惠王」 7: "權, 然後知輕重, 度, 然後知長短."

을 대립적 의미를 가지는 것으로 이해한 대표적 학자이다. 공양수는 『춘추공양전(春秋公羊傳)』에서 "권(權)은 경(經)에 반하는 것이지만 그런 후에 좋은 결과가 있는 것이다"[17]라고 언급하였고, 동중서는 『춘추번로』에서 "먼저 굽히고 나서 뒤에 의로운 것으로 이것을 권(權)에 맞다고 한다"[18]라고 하였다.[19] 이들은 '권'을 경(經)에 대립되거나 굽히는 것임에도 불구하고 결과가 좋고[善] 의로운 것[義]으로 해석하였다. 이러한 입장은 일반적 상황에서 보편타당한 행위의 표준으로 행하는 것이 예(禮)라고 한다면, 특수한 상황에서 경(經)이나 예(禮)를 벗어나 있지만, 결과로 볼 때 귀납적으로 선이나 의로움을 낳는 행동을 '권'이라고 보는 것이다.

반면 정이는 한대 학자들이 '권'을 '반경합도(反經合道)'로 해석하는 것을 잘못이라고 비판하였다. 그는 한대 학자들이 주장하는 권도론의 문제점을 다음과 같이 지적하였다.

> 한대 학자들은 경(經)에 반하지만 도(道)에 합하는 것을 권(權)이라고 한다. 그래서 임기응변과 권모술수의 논의가 생겼으니, 모두 잘못된 것이다. 권은 단지 경(經)일 뿐이다. 한대 이래 '권(權)'자를 이해한 사람이 없다.[20]

정이는 한대 학자들이 권(權)이 불변의 원칙으로서 경(經)을 벗어나 임기응변을 행하고 술수를 행하는 의미로 잘못 이해한 것은 '권'

17) 『春秋公羊傳』, 「桓公」 11: "權者, 反於經, 然後有善者也."

18) 『春秋繁露』, 卷2, 竹林 3: "前枉而後義者, 謂之中權."

19) 차미란, 「유학의 경권론과 현대 도덕교육의 방향」, 『도덕교육연구』 20, 2009, 205쪽.

20) 『論語』, 「子罕」, 程子注: "漢儒, 以反經合道爲權, 故有權變權術之論, 皆非也. 權只是經也. 自漢以來, 無人識權字."

을 '경'과 상반되는 것으로 보았기 때문이라고 하였다. 반면에 그는 '권'은 '경'에 다른 것이 아니며, '경'과 '권'은 체용(體用) 관계와 같이 연속적인 일관성을 가진다고 보았다.

그러면 최명길이 제시하는 권도(權道)에 관한 견해를 살펴보기로 한다. 그는 「병자봉사(丙子封事) 제삼(第三)」에서 권도론을 제시하였다. 그는 '권'이 '경'과 상대하는 것으로 도(道)에 속해 있음을 다음과 같이 언급하였다.

> 대개 도(道)에는 경(經)과 권(權)이 있고, 일에는 경(輕)과 중(重)이 있으니, 시(時)가 있는 곳에 의(義) 또한 그것에 따릅니다. 성인이 『역(易)』을 지을 때 중(中)이 정(正)보다 귀한 것은 참으로 이 때문입니다. 하지만 리(理)를 보고 미혹되지 않고 덕을 잡아 간사하지 않은 군자가 아니라면 누가 짐작하여 마땅함을 얻고 소견을 확고히 지켜서 한 시대의 일을 이루겠습니까?[21]

최명길은 '권'을 '경'과 함께 도에 속하는 것으로 언급하면서 이것을 일의 경중과 상황에 있어서 시의성(時宜性)과 연결하여 설명하였다. 나아가 '권'과 연관하여 시의에 따라 경중을 헤아리는 것으로부터 시중(時中)을 말하기 위하여 『주역(周易)』의 중(中)을 정(正)보다 귀한 것으로 규정하였다.[22] 마지막으로 그는 리를 보고 덕을 지키는

---

21) 『遲川先生集』, 卷11, 「丙子封事第三」: "蓋道有經權, 事有輕重, 時之所在, 義亦隨之. 聖人作易, 中貴於正, 良以此也. 然非見理不惑執德不回之君子, 孰能斟酌得宜, 確守所見, 以了一世之事者哉."

22) 한정길은 양명철학에서 말하는 시중을 언급하면서 최명길의 시중론을 양명철학의 관점에서 설명하였다. 그는 "양명철학의 특징은 사태의 변화를 인간의 주체의식과 떨어질 수 없는 것으로 파악하고, 마음에서의 공부를 통하여 시중

군자가 사태를 잘 짐작하여 헤아릴 수 있어야 특정한 한 시대의 일로서 권도(權道)를 행할 수 있다고 보았다.

그는 인조 14년 2월 칭제(稱帝)를 요구하는 후금과 서달(西㺚)의 사신이 왔을 때 후금의 국서는 받아들이되, 몽고 왕자(王子)의 국서는 거부하여 권의(權宜)로 화(禍)를 늦추도록 제안하였다.[23] 『인조실록(仁祖實錄)』에는 당시 최명길이 인조에게 올린 차자(箚子)를 다음과 같이 기록하였다.

> 이른바 오만한 글이란 것은 바로 팔고산(八高山)과 몽고 왕자의 서신입니다. 그들의 상례에 맞는 서신에는 답을 하고 이치에 어긋나는 말은 거절해야 군신의 의리와 이웃 나라의 도의가 둘 다 완전하게 될 것입니다. 그리고 시의를 헤아림으로써 화(禍)를 늦출 대책에 대해서도 어떻게 전혀 생각하지 않을 수 있겠습니까. 금차(金差)는 불러들여 만나 보아도 무방하며 만나 보아서 안 될 것은 서달(西㺚)일 뿐입니다. 그러나 서달도 박대할 필요는 없고 엄한 말로 배척할 것은 이치에 어긋난 글일 뿐입니다. 일의 기틀이 한번 잘못되면 뒤에 후회하더라도 미치지 못할 것이니, 묘당에서 의논하여 처결하소서.[24]

그는 사신이 가져온 국서는 상황에 따라 거부하고 내용은 선별

을 얻으려는 데 있다. 그리고 사욕에 물들지 않은 순수한 천리의 마음이 일체 행위의 준거로 설정된다."(「조선조 관료 지식인의 양명학관 연구(3)」, 『한국사상사학』 52, 2016, 259쪽)고 하였다.

23) 김병규, 위의 논문, 80쪽.

24) 『仁祖實錄』, 32卷, 仁祖14年2月26日, 辛丑: "其所謂慢書, 乃八高山及蒙古王子書也. 答其循例之書, 而拒其悖理之言, 君臣之義, 隣國之道, 得以兩全. 權宜緩禍之策, 亦何可全然不思乎? 金差不妨招見, 所不可見者, 西㺚耳, 西㺚不必薄待, 所當嚴斥者悖書耳. 事機一誤, 後雖悔之, 不可及已, 請令廟堂議處."

적으로 수용 여부를 결정하며, 사신은 잘 대우해야 한다고 하여 임금께서 권도를 헤아려 처결할 것을 요청하였다. 여기에서 최명길은 사안을 처리하는 것과 사신으로서 인명을 대우하는 것을 분리시켜 권도에 따라 처리하도록 함으로써 조정의 외교문제에 대하여 시중(時中)의 방안을 추구하였다.

그는 또한 『시전(詩傳)』에 대한 강을 마치고 나서 "병법은 권모술수가 없을 수 없습니다. 추신사(秋信使)는 보내지 않더라도 우선 호역(胡譯)을 보내어 그들의 동태를 관찰하는 일은 하지 않을 수 없을 듯합니다"25)라고 아뢰었다. 여기에서 최명길은 권도를 통하여 역관(譯官)을 보내어 청나라의 동향을 살피는 것이 좋겠다고 언급하였다.

최명길은 임금(인조)이 즉위하고 나서 조정이 화합하지 못하고 화란이 심하면서도 또 한편으로 나라가 망하지 않은 까닭을 절의명분(節義名分)과 화의(和義)를 균형 있게 권도에 따라 헤아렸기 때문이라는 취지를 다음과 같이 언급하였다.

> 엎드려 생각건대, 전하께서 즉위하신 이래 십수 년 사이에 잘 다스리기를 원하는 것이 절실하지 않음이 없지만, 조정에서 잘 화합하지 못하여 민심을 마음으로 감복시키지 못하고 변란이 누차 일어나 거의 편안한 해가 없습니다. 오늘에 이르러서는 화란이 더욱 심하니 그 까닭을 생각하면 모두 조정에서 일을 처리하는 것이 마땅함을 잃은 데서 나온 것입니다. 그러니 실로 하늘의 운수에만 맡길 수 없습니다. 그런데도 아직 망하지 않은 것은 대개 지난해 척화(斥和)한 것이 실책이긴 하지만, 명조에 절의를 세운 명분은 정당했습니다. 금년에 출성한 것은 부끄러운 일이었지만,

25) 위의 책, 같은 곳, 8月27日, 戊戌: "晝講詩傳, 講訖, 知經筵崔鳴吉曰, '兵家不可無權謀. 秋信使則雖不可送, 而姑送胡譯, 觀其形跡, 似不可已.'"

백성을 위하여 인욕한 마음은 어질었기 때문입니다. 하늘이 아직 우리나라를 버리지 않고 민심이 전하를 떠나지 않은 것이 어찌 까닭 없이 그렇겠습니까?[26]

최명길은 시국과 관련하여 나라에 변란이 심해지고, 편안한 때가 없으나, 나라가 망하는 데까지 이르지 않은 것을 권도(權道)의 균형을 유지한 것에서 그 이유를 찾았다. 그에 따르면, 조정의 일처리에 마땅함을 잃은 것이 문제로 일을 하늘의 운명에 맡길 수 없고, 인위적 능동적으로 시의를 헤아려 처리해야 한다고 보았다. 나라가 망하지 않은 것은 척화를 한 잘못이 있지만, 명나라에 대한 절의(節義)의 명분은 옳았기 때문이라고 보았다. 여기에서 그가 명분을 무시하지 않았음을 알 수 있다. 또한 성을 나가 항복한 것은 치욕스러운 일이지만, 백성들을 보전하기 위해서 불가피한 조치였음을 권도의 시각에서 판단하고 있다.

특히 최명길은 백성들의 안전을 위한다는 실질을 명목보다 중시하는 자세를 취하고, 자취보다 마음을 중시하였는데, 이러한 그의 견해는 실심을 강조하는 양명학적 경향을 가지는 것으로 이해된다. 그는 "세상에서 숭상하는 것은 이름이지만, 신이 힘쓰는 것은 실질이며, 세상에서 논하는 것은 현상이지만, 신이 믿는 것은 마음[心]입니다"[27]라고 하였다. 이러한 태도는 그가 실심을 강조하는 것으로

---

26) 『遲川先生集』, 卷12, 「丁丑封事第一」: "聖上莅祚以來, 十數年間, 願治非不切矣. 而朝著未甚, 協和民心, 未甚悅服, 變亂屢生, 殆無寧歲, 至於今日, 而禍益酷矣. 求厥所由, 莫非出於朝家, 處置之失, 宜固不可委之天數. 然而不至於喪亡者, 蓋以上年斥和之擧, 固爲失着, 而爲天朝立節, 其名正矣. 今年出城之擧, 固爲可羞, 而爲生民忍辱, 其心仁矣. 天意之所以未絶於本朝, 人心之所以未離於聖上者, 豈無所由而然哉."

27) 『遲川先生集』卷8, 「論典禮箚」: "世之所尙者名也, 而臣之所務者實也, 世之所論者迹

양명학이 지향하는 마음의 주체성에 대한 강조와 일정한(삭제) 연속성을 가지는 주장이다.

최명길은 '마음이 바로 리(理)라'는 왕양명 철학의 핵심 명제를 연상시키는 논의를 하고 있다. 그에 따르면, "사람에게 이 마음이 있고, 리(理)는 그 속에 담겨 있다. 텅비고 환하며 맑고 순수하여 사물에 감촉하면 이에 통한다. 인과 의의 도(道)도 그로 말미암아 세워지고 움직이고 고요한 것에서 덕이 하늘과 합한다"[28]고 하였다. 마음에 리가 담겨 있음으로써 담일허명한 마음이 외부 사물에 감응하여 통할 때 인(仁)과 의(義)가 확립된다고 하여 리가 주체적으로 작용하여 발현한 것이 그대로 도덕적 실천 원칙으로 된다는 것이다. 이것은 "심본체가 도덕감정으로 발현되는 것을 긍정하는 것인 만큼, 왕양명이 행했던 사유로 볼 수 있다"[29]고 하겠다.

요컨대, 최명길은 시국에 대한 정책적 조치를 행하는 경세론을 펼칠 때 여러 경전적 근거를 제시하였다. 또한 시의(時宜)에 따르는 권도론(權道論)을 가지고 조정의 여러 정책방안과 외교관계에 대한 정책을 시행함으로써 외교관계의 균형을 유지하고자 하였다. 여기에서 최명길은 경전적 근거와 권도론에 따라 정책의 균형을 유지하는 궁극적 목표를 민생의 안정에 두었다. 요컨대, 최명길의 경전 해석에서 보이는 권도론은 그의 경세론적 입장을 강하게 고려하여 강조한 것으로 볼 수 있다.

也, 而臣之所信者心也."

28) 『遲川先生集』卷17, 「雜著」, '復箴' 3: "人有此心, 理涵其中, 虛明湛壹, 有感斯通, 曰義與仁, 道所由立, 于動于靜, 德與天合."

29) 김윤경, 앞의 논문, 147쪽.

3. 「중용관견」의 체제 및 기본 내용

이 장에서는 최명길이 자신의 실천적 주체적 철학의 시각에 따라 『중용』을 주석한 저술로서 「중용관견」의 주석상의 범위와 체계 및 내용상 특징을 개관하고자 한다.

먼저 「중용관견」은 기존의 정자, 주희를 중심으로 하는 성리학적 해석의 관점을 적극 반영한 주석서로서 「논어기의(論語記疑)」, 「맹자기의(孟子記疑)」와 달리 성리학적 관점을 염두에 두면서도 주로 자신의 관점에서 『중용』을 해석한 글이다. 특히 주석을 붙인 항목이 『중용』 전체를 포괄하지 않고, 중요한 장을 중심으로 하여 비교적 간략하게 요점을 제시하였다. 주석의 분량이 많지 않다는 점에서 최명길의 철학적 입장을 충분히 반영하고 있다고 말하기에는 불충분한 점이 있다. 그러면 최명길이 제시한 『중용』 주석의 구성 체계와 서술 형식을 살펴보고, 주석의 내용과 관점이 지니는 특징을 차례로 점검해 보기로 한다.

먼저 「중용관견」의 구성 체계부터 살펴보기로 한다. 「중용관견」은 『중용』 33장 가운데 여섯 장에 대하여 주석을 붙였으며, 마지막 두 항목은 비은(費隱)에 대한 설명을 중심으로 하는 『중용』의 체계와 『중용』을 읽고 주석을 붙이게 된 과정을 맺음말처럼 붙이고 있다. 주석 가운데 제1장, 제12장, 그리고 제20장 등 세 장에 대해서는 『중용』 원문을 2절에서 4절에 이르기까지 절을 나누어 주석하였다. 이렇게 「중용관견」에서 제시한 주석 항목은 모두 15항목으로 구성되어 있다. 다음 『중용』원문을 인용한 부분은 전체를 인용하지 않고 '천명지위성운운(天命之謂性云云)'과 같이 문장을 시작하는 부분만 인용하고 '운운(云云)'이라고 하여 생략하는 방식을 취하였다. 그리고 주석을 붙인 부분은 선을 바꾸어 한 글자 내려서 작성하였다.

다음으로 서술형식에 대하여 검토하고자 한다. 앞서 언급한 바와 같이 「중용관견」은 『중용』에 대한 기존의 성리학적 주석이 지니는 형이상학적 성격에 대한 의문을 가지고 질문을 제기하기보다는 자신의 『중용』에 대한 견해를 제시하는 데 목표를 두고 있다고 할 수 있다. 따라서 자신의 주장을 증명하는 데 도움이 되는 서술형식을 취하는 면이 있다. 지천이 자신의 주장과 그에 대한 논거를 제시하는 방법을 꼽는다면, 사례가 많지는 않지만 첫째는 근거 제시를 통하여 논증하는 방법을 취하고 있고, 둘째는 반대 증명을 통하여 자신의 주장을 말하는 반대논증이 그것이다.30) 다음은 『중용』 장절에 따른 주석의 내용과 관점을 간략하게 도표로 정리한 것이다.

30) 먼저 근거 제시를 통하여 자신의 주장을 증명하고자 하는 것은 앞에서 일정한 주장을 하는 문장을 제시하고, 다음에 '왜냐하면 ~이다"'를 뜻하는 '개(蓋)' 자를 써서 앞 문장을 주장하는 근거 또는 이유를 제시하고 있다. 다음으로 하나의 주장에 대한 부정적 논거에 대한 비판을 통하여 반대로 논증하는 방법이 있다. 이 경우는 기존의 다른 주석이나 견해를 제시하고 이 주장이 내포하고 있는 오류를 포착함으로써 자신이 제시한 주장의 타당성을 증명하고자 하는 방식이다. 이것은 대개 '만약 ~라 한다면 ~이다'라고 하여 '약(若)~즉(則) ~'과 같은 형식을 취한다. 최명길은 『중용』1장에 대한 주석에서 "만약 천지가 자리잡는 것을 중(中)을 이룬 효과로 생각하고, 만물을 기르는 것을 화(和)를 극진히 한 효과로 본다면, 이것은 아마도 분석이 너무 정밀하여 도리어 자사(子思)가 말한 본래 취지를 잃어버릴까 염려된다(若以位天地爲致中之効, 育萬物爲致和之效, 則恐或剖析太精, 反失子思立意本意也.)"고 하였다. 요컨대, 그는 천지가 자리 잡고, 만물을 기르는 것을 각각 치중(致中)과 치화(致和)로 지나치게 구분할 필요 없이 모두 성(誠)을 극진히 하여 천지의 조화발육을 돕는 하나의 통일된 과정의 측면에서 보는 것이다.

<표1> 장절별 주제와 주석내용

장절	주 제	주 석 내 용
1	천명지위 성, 도, 교	『중용』 수장에 대한 주석에서 성도교(性道敎)의 상호관계와 효제충신의 실천과 시서예악의 교화를 강조하였고, 수장 마지막 '치중화(致中和)'절에서는 대본(大本)이 서고 달도(達道)가 행해지는 것이 모두 천지의 화육을 도와 성(誠)을 극진히 하는 하나의 통일적인 과정이 되는 것으로 파악하였다.
2	군자 소인의 중용	군자와 소인의 '중용(中庸)'을 해석하여 군자의 시중을 온전한 덕의 측면에서 이해한 반면, 소인에 대해서는 '중용'을 말하더라도 이것은 소인의 지나침으로 사사로움을 이루고자 하는 것이라고 해석하였다.
12	비은장(費隱章)	네 절로 나누어 주석을 붙였는데, 비은(費隱)을 퇴계와 같이 형이상학적 관점에서 해석하지 않고 천도와 인도로 나누어 실리의 운행과 실덕을 닦는 관점에서 해석하였다.
16	귀신장(鬼神章)	귀신의 덕과 추모의 도리, 그리고 종묘의 예를 함께 언급하면서 현상과 이치, 생사의 설의 관점에서 이들을 해석하였다.
20~23	구경, 성명장	지(知)와 행(行)을 주로 도와 덕을 알고 행하는 것으로 보았고, 지혜의 단계에 차이가 있을 때 기질을 갑자기 변화시키지 못한다는 것과 생지(生知) 아래 수준의 사람들이 한 측면에서만의 장점을 성(誠)을 지극히 함으로써 변화시키면 성인과 차이가 없게 될 것이라고 하였다.
27	'존덕성이도문학(尊德性而道問學)'	'존덕성이도문학(尊德性而道問學)'에서 '돈후이숭례(敦厚而崇禮)'까지 다섯 구절을 설명하는 내용을 합하여 열 가지가 "체용이 서로 의지하면서 각각 그 치우친 것을 보완하고자 한 것으로 학문하는 공부가 여기에서 갖추어진다"고 하였다.

최명길은 12장의 '비은(費隱)'장에 이어서 13장에서 19장까지 일곱 장을 비은으로 구분한 것과 주희가 20장의 천도인도설에 이어서 21장 이하 32장까지 천도와 인도로 구분하여 설명한 것을 비판하였다.

그는 21장에서 32장까지 열두 장은 자사가 성(誠)을 말한 공자의 생각에 근거하여 미루어 밝힌 것으로 천도와 인도를 구분하는 것은 자사 본래의 취지가 아닐 것이라고 하였다. 마지막으로 「중용관견」을 지은 것은 몸이 속박되어 시간을 낼 수 있어서 공부를 하게 되면서 의문점을 제시한 것이라고 하여 저술 동기와 취지를 설명하였다.

최명길의 『중용』이해를 평가한다면 그는 제1장에 대한 주석에서 성정론(性情論)의 측면에서 칠정이 악으로 흐리기 쉽다는 점에 근거하여 교화의 필요성을 언급하면서도 성인이 교화를 행하는 수단으로 예악과 함께 '시서(詩書)'를 언급함으로써 외적 규제가 아닌 자율적으로 내적인 함양을 할 것을 강조하고 있다. 특히 이를 위해 상서학교를 세워서 효제충신의 행실을 닦게 하는 것이 필수적이라고 하여 도덕적 교화와 자율적 실천을 강조하고 있다. 이 점에서 최명길의 『중용』 1장에 대한 이해는 형이상학적 근거로 올라가는 주희의 노선보다는 구체적인 현실에서 예악시서의 실천적 이론을 학습하고 효제충신을 실천함으로써 도덕적 이치에 대한 앎보다는 구체적 덕목의 실천을 지향하고 있다.

4. 「중용관견」의 경학적 실천적 특성

이 장에서는 「중용관견」에 최명길의 『중용』 해석의 실천적 특성이 어떻게 반영되어 있는가를 검토하고자 한다. 특히 그가 양명학에 접근하는 이론적 성향을 가지고 있음에 유의하여 이 저술에 주체적 능동성과 실천성을 강조하는 양명학적 사고가 어떻게 함축되어 있는가 하는 점에 초점을 맞추어 그의 『중용』해석의 특징을 해명하고자 한다.

먼저 '천명지위성' 이하 『중용』 제1장에 대한 최명길의 해석을 살펴보기로 한다. 그는 『중용』 1장을 다음과 같이 해설하였다.

> 하늘이 부여해 준 것을 '명(命)'이라고 하고, 사물이 받은 것을 '성(性)'이라고 하며, 성(性)을 따라 행하는 것을 '도(道)'라고 한다. 도는 곧 성이고, 성은 곧 명이다. 성은 비록 본래 선하지만 칠정(七情)의 자극을 받은 것은 악으로 흐르기 쉽다. 그래서 성인이 상서(庠序)와 학교(學校)[31]를 세워서 효제충신의 행실로 인도하고, 예악시서(禮樂詩書)의 교화로 펼친 것은 모두 이 도리를 닦아 밝혀서 천하를 교화하고자 한 것이니, 바로 아래 문장에서 이른바 "밝히는 것으로부터 성실해지는 것을 '교(敎)'라고 한다"[32]는 것이다.[33]

여기에서 그는 성리학적 관점에 따라 주석한 주희와 관점이 다른 해석을 제시하고 있다. 먼저 최명길의 『중용』 1장에 대한 주석을 주희의 주석[34]과 비교할 때 그의 독자적인 특징이 드러난다. 주희는

---

31) 『孟子』, 「梁惠王」上: "백무의 농토를 그 농사철을 놓치지 않고 경작하면 여러 가족이 굶주리지 않을 수 있다. 상서의 교육기관에서 가르침으로 효제를 통한 봉양을 펼치면 늙은 사람이 길에서 짐을 지지 않아도 될 것이다."(百畝之田, 勿奪其時, 數口之家, 可以無飢矣. 謹庠序之教, 申之以孝悌之養, 頒白者, 不負戴於道路矣.)

32) 『中庸』, 21장.

33) 崔鳴吉, 『中庸管見』 第1章: "天所賦與謂之命, 物所禀受謂之性, 循性而行謂之道, 道則性也. 性則命也. 性雖本善而七情所感, 易流於惡, 故聖人設爲庠序學校, 導之以孝悌忠信之行, 申之以禮樂詩書之教, 皆所以修明此道以教天下, 卽下文所謂'自明誠謂之教'也."

34) "명(命)은 명령하는 것이고, 성은 곧 리(理)이다. 하늘이 음양오행으로 만물을 변화시켜서 낳을 때 기가 형체를 이루면 리가 거기에 부여되는 것이 명령하는 것과 같다. 이에 사람과 생물이 생겨날 때는 각각 부여받은 리를 가지고

하늘이 명한 성(性)은 리(理)인데, 구체적으로 기가 형체를 이룰 때 리가 거기에 부여되는 것이 명령하는 것과 같다고 하여 이기론에 따라 '천명지위성(天命之謂性)'을 해석하였다. 그리고 본성에 고유한 것과 마땅히 해야 하는 소당연(所當然)의 길을 도(道)라고 보았다. 또한 성인이 교화를 행하는 이유를 기(氣)의 차이에 따라 과불급의 잘못을 범할 수 있는 것에 두어 마찬가지로 성리학에서 말하는 기(氣)의 청탁수박(淸濁粹駁) 관점에서 교화의 근거를 언급하였다.

이뿐만 아니라 성인이 교화를 행하는 수단을 예악형정(禮樂刑政)이라고 말함으로써 예악으로 내적 외적인 도덕성과 도덕규범을 자율적으로 닦아가기도 하지만, 형정이라는 수단을 통하여 기의 치우침

건순오상의 덕으로 삼으니, 이것이 이른바 성(性)이다. '솔(率)'은 따르는 것이고, 도는 길과 같다. 사람과 생물이 각각 그 본성의 자연스러움에 따르면 그 일상사물 사이에 각각 마땅히 행해야 하는 길이 없는 것이 없으니 이것이 이른바 도(道)이다. '수(修)'는 등급에 따라 마디지우는 것이다. 성과 도가 비록 같다고 해도, 받은 기가 때로 달라서 지나치거나 모자라는 오차가 없을 수 없다. 성인은 사람과 생물이 행해야 하는 것에 따라서 등급에 따라 마디지어 천하에 본보기로 삼았으니 이것을 '교(敎)'라고 하니, 예악형정과 같은 것이 이것이다. 대개 사람이 자기에게 성이 있는 것은 알면서 그것이 하늘에서 나왔음을 모르고, 일에 도가 있다는 것은 알면서도 그것이 성에 말미암는다는 것은 모르며, 성인에게 교화가 있다는 것은 알면서도 그것이 나에게 고유한 것에 따라서 마름질한 것을 모른다. 그래서 자사(子思)는 여기에서 먼저 그것을 발휘하여 밝혔으니, 동중서가 '도의 커다란 근원은 하늘로부터 나온다'라고 한 것 또한 바로 이런 뜻이다."(命猶令也. 性卽理也. 天以陰陽五行, 化生萬物, 氣以成形而理亦賦焉, 猶命令也. 於是人物之生, 因各得其所賦之理, 以爲健順五常之德, 所謂'性'也. 率, 循也. 道猶路也. 人物各循其性之自然, 則其日用事物之間, 莫不各有當行之路, 是則所謂'道'也. 修, 品節之也. 性道雖同, 而氣稟或異, 故不能無過不及之差. 聖人因人物之所當行者, 而品節之, 以爲法於天下, 則謂之敎. 若禮樂刑政之屬, 是也. 蓋人知己之有性, 而不知其出於天, 知事之有道, 而不知其由於性, 知聖人之有敎, 而不知其因吾之所固有者裁之也. 故子思於此首發明之. 而董子所謂'道之大原出於天', 亦此意也.)

으로 과불급한 행위에 대하여 외적인 규제를 가하는 것 또한 교화의 수단으로 보고 있다. 주희는 자사가 『중용』 1장을 통하여 밝히고자 하는 것은 '성', '도', '교'가 각각 '하늘의 명으로부터', '성에 따름으로부터', 그리고 '도의 마름질로부터' 온다는 것을 드러내고자 한 것이라고 하였다. 마지막으로 주희는 자사의 『중용』 1장은 동중서가 '도의 근본적인 근원은 하늘에서 나온다'고 언급한 구절을 인용하여 구체적인 일상에서의 실천적 노력보다 형이상학적 근원을 지향하여 도덕적 실천을 위한 근거로 소급하여 올라가는 방향을 설명하는 것에 초점을 맞추고 있다.

이에 비하여 최명길은 주희와 달리 기의 과불급과 치우침을 언급함으로써 이기론의 관점에서 수양과 교화의 필요성을 언급하고 그 수단 또한 외적 통제를 가하는 형정(刑政)을 언급하였다. 반면 그는 교화의 필요성을 성정론의 측면에서 칠정이 악으로 흐리기 쉽다는 점에 근거하여 역설하였다. 동시에 성인이 교화를 행하는 수단을 예악과 함께 '시서(詩書)'를 언급함으로써 외적 규제가 아닌 자율적으로 내적인 함양을 할 것을 강조하였다. 특히 이를 위해 상서학교를 세워서 효제충신의 행실을 닦게 하는 것이 필수적이라고 하여 도덕적 교화와 자율적 실천을 지향하고 있다. 이 점에서 최명길의 『중용』 1장에 대한 이해는 형이상학적 근거로 올라가는 주희의 노선보다는 구체적인 현실에서 예악시서(禮樂詩書)라는 실천적 규범에 대한 학습을 하고 효제충신을 실천함으로써 도덕적 이치에 대한 앎보다는 구체적 덕목의 실천에 초점을 두었다.

『중용』 1장의 '치중화(致中和)'에서 '만물육언(萬物育焉)'까지의 구절에 대하여 최명길은 성(誠)을 중심으로 하여 천지가 조화 발육하는 하나의 전체적인 과정이라고 보아 주희가 천지와 만물의 자리 잡음과 발육을 중과 화로 구분하여 보는 것을 비판적으로 보았다. 그는 다음과 같이 설명하고 있다.

> 큰 근본이 세워져서 보편적인 도리가 행해지면 그 성(誠)을 다하여 천지의 조화발육을 도울 수 있다. 만약 천지가 자리 잡는 것을 중(中)을 이룬 효과로 생각하고, 만물을 기르는 것을 화(和)를 극진히 한 효과로 간주한다면 아마도 분석한 것이 너무 정밀하여 도리어 자사가 말한 본래 뜻을 잃어버리지 않을까 염려된다.[35]

최명길은 곧 '위천지(位天地)'를 중을 극진히 한 효과로, '육만물(育萬物)'을 화(和)를 극진히 한 효과로 생각하는 것은 지나치게 나누는 것으로 보았다. 이것은 주희가 중을 극진히 하면서 천지가 자리를 잡고 그 화를 극진히 하면서 만물이 자라난다고 하는 구절을 비판적으로 평가한 것이다.[36] 그러나 최명길은 보편적인 도리를 행하고 성(誠)을 극진하게 하면 천지의 조화발육을 돕게 된다고 하여 성을 통한 보편적인 도의 실천을 강조하면서 천지의 작용에 만물의 생육과 중(中)과 화(和)를 통일적인 하나의 과정으로 간주하였다. 다시 말하면, 그는 주

---

35) 『中庸』, 1章, '遲川注': "大本立而達道行, 則能盡其誠而贊天地之化育, 若以位天地爲致中之効, 育萬物爲致和之效, 則恐或剖析太精, 反失子思立意本意也."

36) 주희는 『중용장구』에서 "계구부터 요약하여 지극히 고요한 가운데 이르고, 조금의 치우침이나 기욺이 없이 그 지키는 것을 잃지 않으면 그 중을 극진히 하여 천지가 자리잡는다. 근독부터 정밀하게 하여 사물에 감응하는 곳에 이르고 조금의 오차나 잘못도 없이 적절하지 않은 곳이 없으면 그 화를 극진히 하여 만물이 길러진다."(自戒懼而約之, 以至於至靜之中, 無少偏倚, 而其守不失, 則極其中而天地位矣. 自謹獨而精之, 以至於應物之處, 無少差謬, 而無適不然, 則極其和而萬物育矣)라 하였다.

희가 천지와 만물을 이분법적으로 구분하는 것을 성(誠)의 관점에서 천지만물이 하나의 전체적인 발육의 과정이 된다고 보는 것이다.

『중용』 2장의 군자와 소인의 중용(中庸)을 말한 부분에 대하여 주희와의 해석상 차이를 분석해 봄으로써 최명길의 실천적인 해석의 특징을 살펴볼 수 있다. 주희는 구체적인 행동상의 중용(中庸)을 일상에서의 리(理)에 근거하는 것으로 간주하였다. 『중용장구』에서는 "중용이라는 것은 치우치지 않고 기울지 않으며 지나치거나 미치지 못함이 없는 것으로 평상의 리이다. 곧 천이 부여한 '그렇게 해야 하는 것[所當然]'이며 정미함의 극치이다. 오직 군자만이 그것을 체화할 수 있고 소인은 이것에 반대된다"고 하였다. 또 "대개 중은 고정된 형체가 없고, 상황에 의존해 있다. 이것이 바로 평상의 리이다"고 하였다. 여기에서 주희는 '중용(中庸)'을 군자가 가진 덕목으로 구체적인 상황에서 실천을 말하기보다는, 과불급과 기욺과 치우침이 없는 균형을 가능하게 하는 일상의 리(理)라고 보았다. 이것은 덕이 일상에서 실천으로 드러난 측면에서 중용을 보는 것이 아니라, 일상의 실천을 과불급과 치우치고 기욺이 없이 행하도록 헤아리는 권형(權衡)으로서 리(理)로 바라보는 것이다.

반면 최명길은 군자와 소인이 행하는 행동을 가지고 선악(善惡)의 측면에서 중용(中庸)을 해석하고 있다. 그는 중용을 다음과 같이 실천에 강조점을 두어 해석하였다.

> 군자는 선에 대하여 소인은 악에 대하여 또한 각각 가볍고 무거움, 깊고 얕음의 차이가 있다. 군자의 상황에 따른 중용은 군자의 온전한 덕이지만, 소인의 중용은 소인의 과도함이니, 소인 또한 중용이라고 말할 수 있겠는가? 말하자면, '중용'이라는 이름을 빌려서 그 사욕을 이루려는 것

이기 때문에 '소인이면서 거리끼는 것이 없다'고 말하였으니, 예컨대 이른 바 '향원은 덕을 해치는 자이다'[37]라는 것이 그렇다.[38]

위에서 군자와 소인의 중용을 말하면서 군자에 대해서는 선(善)으로 소인은 악(惡)을 기준으로 하여 선과 악이라는 행동으로 드러난 측면에서 중용을 언급하였다. 구체적으로 말하면 군자는 선에 있어서 무겁고 깊으며 악에 대해서는 가볍고 얕은 데 비하여, 소인은 선에 대해서 가볍고 얕은 데 비하여 악에 대해서는 무겁고 깊다는 것이다. 따라서 소인에 있어서 중용이라고 말하는 것은 과도함을 말하는 것으로 중용이라 할 수 없으며, 이것은 그 이름을 빌려 사욕을 이루려는 것이라고 보았다. 최명길은 소인의 중용을 사욕(私欲)으로 해석하면서 기탄이 없는 것이며, 덕을 해치는 향원(鄕原)에 비유할 수 있다고 하였다. 이처럼 그는 주희와 달리 중용을 일반적 도덕원리로서가 아니라 덕에 의거한 선악(善惡)의 행동이라는 관점에서 실천적 측면에서 해석하였다.

주희는 『중용』 '비은(費隱)'장에서 인용한 '연비어약(鳶飛魚躍)' 시에 대하여 자사(子思)가 이 시를 인용한 뜻을 리(理)의 작용이라는 측면에서 해석하였다. 곧 "자사는 이 시를 인용하여 만물이 변화되고 유행하여 위아래로 현저하게 밝은 것은 이 리의 작용 아님이 없음을

37) 『孟子』, 「盡心下」: "공자가 말씀하셨다. 나의 문을 지나면서 나의 방에 들어오지 않는 사람에 대해서 나는 그에 대하여 유감스럽게 생각하지 않는 사람은 오직 향원일 것이다. 향원은 덕을 해치는 자이다."(孔子曰, 過我門而不入我室, 我不憾焉者, 其惟鄕原乎! 鄕原, 德之賊也.)

38) 崔鳴吉, 『中庸管見』 第2章, 崔注: "君子之於善, 小人之於惡, 亦各有輕重淺深之差. 君子之時中, 君子之全德也; 小人之中庸, 小人之甚者也. 小人亦可謂之'中庸'乎! 曰假'中庸'之名, 以濟其私, 故曰小人而無忌憚, 如所謂'鄕原德之賊'之類, 是也."

밝혔으니, 이른바 '비(費)'라는 것이다. 하지만, 그것이 그렇게 되는 까닭은 보고 듣는 것으로 미칠 것이 아니니, 이른바 '은(隱)'이라는 것이다"고 하였다. 다시 말하면 그는 연비어약 현상을 리의 작용이며, 이것을 '비(費)'라고 본 반면, 그 작용하는 리의 소이연을 '은(隱)'이라고 보았다. 이에 비하여 최명길은 연비어약 현상을 리가 드러난 작용으로 본 주희에서 한 걸음 나아가 연비어약으로 위아래로 밝게 드러난 현상을 실리(實理)의 운행으로 봄[39]으로써 구체적인 현실에서의 한층 더 실천적인 의미를 강조하고 있다.

최명길은 '비은'장에서 인용한 '연비어약' 시에서 말한 것을 천도(天道)의 비은을 말한 것이라고 보았고, 다음 '군자지도(君子之道)'가 하늘과 땅에 드러난다고 하는 절에 대하여 인도(人道)의 광대함과 은미함으로 비은을 말한 것으로 보았다. 그는 비은으로 언급되는 군자의 도를 다음과 같이 실덕(實德)과 인도(人道)의 비은으로 해설하였다.

> 군자의 도는 남녀의 이부자리 위에서나 홀로 남이 보지 못하는 어두운 곳에서 시작하여 쌓아서 천지에 현저하게 드러나는 곳에 이르기까지 실덕(實德)을 닦는 것 아님이 없으니, 또한 수장(首章)의 계구근독(戒懼謹獨)으로부터 미룸으로써 천지가 제자리를 잡고 만물이 길러지는 성대함에 미치는 것과 같다. 이것은 인도(人道)의 광대함과 은미함을 말한 것이다.[40]

최명길은 비은을 주희와 같이 형이상하의 체용(體用)으로 구분하여 보지 않고, 현상으로 드러나 광대하고 남이 알지 못하는 미미하

39) 崔鳴吉, 『中庸管見』 第2章, 崔注: "蓋上天之載, 無聲無臭, 而鳶魚飛躍, 上下昭著者, 無非實理之運. 此言天道之費隱也."

40) 위의 책, 第12章, 崔注: "君子之道, 始於男女衽席之間, 幽獨隱微之處, 積而至於察乎天地者, 無非實德之修, 亦猶首章自戒懼謹獨而推之, 以及於位育之盛. 此言人道之費隱也."

고 어두운 곳으로 수평적으로 이해하였다. 특히 군자의 도는 드러난 곳에서나 어두운 곳에서나 모두 실덕(實德)을 닦는 것이고, 첫 장의 계구근독(戒懼謹獨), 천지위(天地位)와 만물육(萬物育)이 모두 인도의 광대함과 은미함을 말한 것이라고 보았다. 그는 사람이 하늘로부터 부여받은 덕을 실천하는 것[實德]을 군자의 도가 의미하는 것으로 봄으로써 보다 실천적인 관점에서 인도의 비은을 해석하였다.

요컨대, 최명길은 『중용』 1장의 '명성도교'를 해석하면서 도덕적 이치에 대한 앎보다 구체적인 현실에서 예악시서(禮樂詩書)에 대한 학습을 통하여 효제충신(孝弟忠信)과 같은 구체적 덕목의 실천을 강조하였다. 또한 그는 주희가 천지와 만물을 이분법적으로 구분하는 것을 성(誠)의 관점에서 천지만물이 하나의 전체적인 발육 과정이 된다고 보았다. '시중'을 뜻하는 '중용(中庸)'에 대해서도 그는 주희가 '중용'을 과불급과 치우치고 기울이 없이 행하도록 헤아리는 권형(權衡)으로서 리(理)의 측면에서 보는 것과 달리 덕(德)이 일상에서 실천으로 드러난 것을 중용(中庸)으로 보았다. 군자의 도(道) 또한 하늘로부터 부여받은 덕을 실천하는 것[實德]을 군자의 도가 지닌 의미로 봄으로써 보다 실천적인 관점에서 이해하였다.

5. 「중용관견」의 귀납적 실천적 원리와 문화다원론적 지평

윗 장에서는 주희의 형이상학적 해석과 구분되는 최명길의 「중용관견」에 나타난 경학적 실천적 원리를 살펴보았다. 이 장에서는 그가 「중용관견」에서 말하는 귀납적 실천원리를 설명하고 이에 근거한 나아가 다원론적 경세관을 해명하고자 한다.

먼저 『중용』 20장에 대한 해설에서 최명길은 '지인(知人)'과 '지천(知天)'을 주희와 달리 실천하는 방법으로서 도와 그 근원의 관점에서 해석하였다. 그는 '군자는 수신을 하지 않을 수 없다[君子不可以不修身]'는 구절에서부터 '하늘을 알지 않을 수 없다[不可以不知天]'까지에서 지인(知人)과 지천(知天)을 다음과 같이 해석하였다.

> 지인은 사람이 마땅히 행해야 할 도리를 아는 것이고, 지천은 도리가 나오는 근원을 아는 것이다.[41]

여기에서 최명길은 '사람을 아는 것[知人]'이란 사람이 실천하여 행하는 길을 뜻하는 것으로 실천과 그 방법의 관점에서 지인을 해석하였고, 이러한 실천의 방법이 나오는 근원을 아는 것을 지천(知天)이라고 보았다. 이에 비하여 주희는 지인과 지천을 친친의 인(仁)과 존현의 의(義)에 초점을 두어 언급하면서도 이것들의 근거를 천리라고 하는 보편적 이치의 관점에서 다음과 같이 설명하고 있다.

> 정치를 행하는 것은 사람에게 달려 있고 사람을 취하는 것은 몸으로 한다. 그래서 수신하지 않을 수 없다. 수신을 도로써 하고 도를 닦는 것은 인으로 하기 때문에 수신하려면 어버이를 섬기지 않을 수 없다. 어버이를 친애하는 것을 다하고자 하면 반드시 어진 이를 존경하는 것에 말미암아야 한다. 그래서 다시 남을 알아야 한다. 친족을 아끼는 것을 줄이고, 어진 이를 높이는 것을 차등지우는 것이 모두 천리(天理)이다. 그래

41) 崔鳴吉, 『中庸管見』 第20章, 崔注: "知人謂知人所當行之道, 知天謂知道之所從出也."

서 하늘을 알아야 한다.[42)]

주희는 친친의 인(仁)을 극진히 하는 것이 존현의 의(義)에 달려 있다는 취지를 언급함으로써 혈연적인 어짊을 행하는 근원은 보편 확대된 범위의 어진 이를 높이는 것으로서 의(義)에서 찾았다. 계속 나아가 그는 친친의 인을 친소에 따라 감쇄하는 것과 어진 이를 높이는 것을 차등 지우는 것 또한 모두 천리(天理)라고 하여 하늘의 이치로 보편화시켰다. 이렇게 볼 때, 주희가 구체적인 혈연적 관계와 정치적 지위에서 실천 원칙으로서 인과 의를 보편적인 천리(天理)에 근거 지우는 방향으로 나아갔다면, 최명길은 사람을 알고 하늘을 아는 것을 구체적인 실천 상황에서 어떻게 행해야 할지를 아는 것으로 보면서, 내가 아닌 다른 사람, 그리고 보편적 상황이 아닌 특수한 상황에서 실천하는 방도를 말하거나 그 근원을 아는 것으로 해석하며 실천의 방향에 중점을 두었다고 할 수 있다. 이러한 관점에서 최명길은 개별적이고 특수한 상황에서 실천적 방법을 중시함으로써 '행동의 원칙[道]'을 다원적 관점에서 해석하고 있다고 할 수 있다.

최명길은 '그 다음 수준은 한쪽을 극진하게 하는 것[其次致曲]'으로 시작하여 '오직 천하에 지극한 성실함만이 변화를 이룰 수 있다[唯天下至誠爲能化]'로 끝나는 『중용』 23장에 대한 해석에서도 주희와 달리 실천을 우선하는 관점에서 해석하였다. 주희는 이 장을 주로 심성과 그 근원으로서 천리의 관점에서 해석하고 있다. 그에 따르면, "대개 사람의 성(性)은 같지 않음이 없는데, 기(氣)는 차이가 있다. 그래서 오직

42) 『中庸管見』 第20章: "爲政在人, 取人以身, 故不可以不脩身. 脩身以道, 脩道以仁, 故思脩身不可以不事親. 欲盡親親之仁, 必由尊賢之義, 故又當知人. 親親之殺, 尊賢之等, 皆天理也, 故又當知天."

성인만이 그 온전한 본성의 체를 들어서 극진히 할 수 있다. 그 다음은 그 선한 실마리가 드러나는 한 부분으로부터 모두 미루어 극진하게 하여 각각 그 극치에 나아간다"[43]고 하였다. 여기에서 주희는 본성에서 선으로 드러난 실마리를 보고서 그 성(性)의 온전한 체(體)로서 천리(天理)를 극진하게 미루어 온전하게 할 수 있으며, 이것은 성인만이 가능하다고 보았다. 그는 '성(誠)'을 언급하는 『중용』 구절에 대하여 성과 그 본체론적 근거로서 천리를 극진하게 하는 것이 성인의 경지이자, 성을 이루는 경지라고 본 것이다. 이는 마음의 수양을 통하여 본성을 기르는 것의 관점에서 성(誠)을 바라보는 것이기도 하다.

이에 비하여 최명길은 성(誠)을 보다 실천적인 관점에서 해석하여 성실함을 행하는 과정 속에서 점차로 성(誠)을 이룰 수 있는 것으로 해석하면서 밝게 움직이고 변화하는 역동적인 양상에 미칠 것을 강조하는 점에서 특수한 변화에 대한 인식에 초점을 맞추고 있다. 그는 다음과 같이 명철한 인식과 행동을 통한 성실함의 실천과 과정을 다음과 같이 언급하였다.

> '태어나면서부터 지혜로운 사람[生知]'보다 못한 사람은 덕이 온전하지 않아 반드시 한 측면에 치우친 장점이 있는데, 한 측면에서의 장점은 반드시 그에 따른 성실함이 있는 것으로, 이른바 '한 측면에서 성실할 수 있다'는 것은 전체로서의 성실[誠]이 아니다. 다만 그 성실한 곳을 이어서 더욱 그 성을 극진하게 하면 반드시 드러나고 현저해지며 밝아지는 효과가 있을 것이다. 이른바 '밝아지면 움직인다'는 것은 밝음이 지극한 데 이르러 변화를 일으키는 단초가 된다는 것이니, 그것이 변화하여 바뀌게 되

43) 『中庸管見』 第23章: "蓋人之性無不同, 而氣則有異, 故惟聖人能擧其性之全體而盡之. 其次則必自其善端發見之偏, 而悉推致之, 以各造其極也."

면 성인과 차이가 없어진다.[44)]

이는 심성 수양을 강조하여 성(性)을 기르는 것을 중시하는 주희의 방향과 달리 밝은 인식과 행동, 그리고 사물에 대처하는 변화에 주목하여 실천적 과정 속에서 성(誠)을 이룰 수 있는 것임을 강조하는 것이다. 여기에서 주희가 성을 보존함을 통하여 보편적인 천리(天理)를 몸에 체인하는 형이상학적 지향을 가지는 반면, 최명길은 성실함을 실천하는 과정에서 밝은 인식과 행동, 그리고 변화에 미치는 노력을 행함으로써 다원적 사태로 나아가는 지향성을 가지고 있음을 알 수 있다.

이뿐만 아니라 최명길은 『중용』 제27장 '존덕성이도문학(尊德性而道問學)'에서 '돈후이숭례(敦厚而崇禮)'까지를 해석할 때도 실천을 우선적으로 강조하고 구체적 상황에서의 중용(中庸)과 새로운 것에 대한 앎을 중시하였다.

> 학문을 하면서도 실천하는 내실이 없으면 학문이라는 것은 헛된 말이 될 것이다. '도(道)'의 음은 '도(導)'로, 바로 윗 문장의 '도자도야(道自道也)'의 도(道)로 그 배운 것을 행하는 것을 말한다. 규모는 비록 그 광대함의 극치에 이른다고 해도 의리는 반드시 그 정미함을 다하였다. 식견은 모름지기 고명함의 극치에 이른다고 해도 실천은 반드시 중용을 벗어나지 않는다. 이 '도(道)'자의 음 또한 '도(導)'이다. 옛날에 들은 것을 풀어 익혀서 그 새로운 것을 알고자 하지 않을 수 없고, 그 바탕을 돈후하게 하면서 그것을 예로써 꾸미지 않을 수 없다.[45)]

---

44) 『中庸管見』 第23章, 崔注: "蓋生知以下德有未全, 而必有偏長之處. 偏長之處, 必有其誠, 所謂'曲能有誠'者, 非全體之誠也. 但因其誠處, 而益致其誠, 則必有形著明之效焉. 所謂'明則動'者, 明極而將變之端, 及其旣變而化, 則與聖人無異矣."

그는 '도문학(道問學)'에서 '도(道)'를 배운 것을 '이끌어간다'는 뜻으로 배운 것을 행동으로 옮겨서 실천하는 내실을 가지는 것을 의미하는 것으로 보았다. 그는 광대한 넓이를 포괄하면서도 구체적인 상황에서 세밀하게 구별되는 의리를 중시하고 있으며 이를 통하여 실천에서 시의에 적중하는 것을 벗어나지 않을 것을 강조하였다. 특히 옛날에 들은 것을 풀어내어 새로운 것을 안다는 것에 중점을 두기도 하였다. 그는 요컨대, 덕성을 높이고 광대함을 다하며 형이상학적인 고명함을 다하고 옛것을 풀어내는 것 이상으로 실천과 연결된 것으로서 구체적인 상황에서 특수한 행동의 방법으로서 시중(時中)에 유의하고 있다. 이러한 그의 지향성에는 그가 구체적인 상황의 다원론적 시의성을 강조하고자 하는 취지가 내포되어 있음을 알 수 있다.

그러면 형이상학적 보편적 원리보다 특수한 다원적 상황을 포괄함으로써 실천적 관점에서 사태를 바라보는 최명길의 경세론에 관한 논의를 몇 가지 사례를 통하여 검토해 보기로 한다. 먼저 그는 「관제에 대하여 논한 차자」에서 상촌 신흠이 구체적이고 특수한 상황을 포괄할 수 있는 유가적 방법론으로서 예제의 손익(損益)을 강조한 것을 매우 좋은 견해로 간주하여 칭찬하였다. 반면 임금(인조)이 이런 신흠의 견해를 받아들이지 않은 것에 대하여 실망감을 표현하였다.

> 지난 경연 자리에서 글을 보고서 그에 따른 또 다른 의미를 해명하다가 치도의 문제로 이야기가 진전되어 대신(大臣, 신흠)이 마지막에 '시기에 따라 손익하고, 경륜을 세우고 기강을 펴야 한다'고 한 것은 매우 아름다운

45)『中庸管見』第27章, 崔注: "問學焉而未有踐履之實, 則問學爲空言矣. 道音導, 卽上文道自道也之道, 謂行其所學也. 規模雖致其廣大, 而義理必盡於精微, 見識須極於高明, 而實踐不出於中庸. 此道字, 亦音導. 溫習舊聞而不可不求知其新, 敦厚其質而不可不文之以禮."

주장입니다. 피폐해진 정치를 닦아 밝히고, 크게 새로운 기틀을 여는 것이 오직 시세를 손익(損益)하는 데 있음에도 성상께서 가볍게 여기고 허락하지 않으시니, 신은 참으로 서운하고도 크게 희망을 잃었습니다.[46)]

최명길은 경연에서 신흠이 정국을 다스리는 방법을 논의하면서 시대적 상황에 대하여 여러 제도를 현실에 맞게 수정하는 것으로서 손익(損益)을 거치고, 아울러 이를 통하여 보편적 인륜으로서 기강을 펴야 한다는 주장을 감명 깊게 받아들이고 있다. 여기에서 그는 신흠의 주장을 받아들이지 않는 임금의 완고함에 대한 실망감을 피력하고 있다. 결국 그는 보편적인 인륜의 실현 또한 시대적 상황의 변화에 대응한 손익을 통하여 비로소 가능할 것이라고 강조하였다.

이러한 관점에서 최명길은 『경국대전』이 조종의 법제가 모두 실려 있음에도 불구하고 오래되어 대소 신료들이 그것을 대수롭지 않게 보고, 사사로운 정에 맡기므로 『경국대전』은 빈껍데기가 되었다고 한탄하였다. 그래서 그는 다음과 같이 『경국대전』 및 『속록』 등을 산정하여 현실에 맞게 수정해야 한다고 강조하였다.

신은 생각건대, 마땅히 『경국대전』 및 『속록』 등의 책을 가져다 다시 산정(刪定)을 가해야 하고, 막히고 구애된 것은 바꾸어서 소통하게 하며 애매하고 심오한 것은 소통시켜 분명하게 하며, 폐기되어 효력이 떨어진 것은 고쳐서 다시 드러내고, 번거롭고 복잡한 것은 깎아내고 빠진 것을 보충해야 합니다. 그리고 서울과 지방의 대소 아문에서 통용되는 모든 관례는 누구나 받들어 행하게 하여 감히 어기지 못 하게 해야 합니다.[47)]

---

46) 『遲川先生文集』卷7, 「論官制箚」: “伏以日昨筵中, 緣文生義, 轉入治道, 大臣遂進隨時損益. 立經陳紀之請, 甚美意也. 修明弊政, 丕開新化之機, 亶在於此. 而天意持難, 未蒙允可, 臣誠缺然大失所望.”

그에 따르면, 『경국대전』과 『속록』의 규정들 가운데 당시 현실에 맞지 않아서 막히고, 애매모호한 것들을 수정하여 시대적 변화 상황에 맞도록 분명하게 하고, 복잡한 것을 단순화하고, 필요한 부분을 보충해야 한다고 하였다. 그러나 구체적 상황에 분명하게 맞도록 하여 경향 간에 모든 사람들이 잘 지킬 수 있도록 해야 한다고 강조하고 있다. 이러한 주장은 인륜도덕의 보편적 이념보다는 구체적 특수한 상황을 포함할 수 있도록 제도적 장치를 적합하게 하는 것을 강조하는 것으로 그의 경세론에 다원론적 함의가 내포되어 있음을 뜻한다.

최명길은 이원익이 처음 실시하고자 주장한 각 지방의 특산물로 내던 대금을 미곡으로 바치게 했던 세법으로서 대동법(大同法)을 시행할 수 없게 된 연유와 함께 부득이하게 시행하고자 할 때의 방법들을 설명하였다. 그는 "계해년에 대동법을 실시하려 했던 것은 균역(均役) 지만, 백성들의 비난을 피하지 못했다. 오늘 대동법을 행하려는 취지는 경비를 조달하는 데 목적이 있어서 애초에 취지가 잘못되었으니, 마무리를 잘 할 수 있겠는가?"라고 하였다. 그럼에도 대동법을 시행해야 한다면 다음과 같이 해야 한다고 주장하고 있다.

(대동법은) 어쩔 수 없이 실시해야 한다면, 한 가지 방법이 있습니다. 양서(양서)의 관향(管餉)은 본래 서쪽 변방의 국방 대응책인데, 지금은 서쪽 변방 문제가 조금 완화되었습니다. 잠시 양서의 백성들이 내던 관향을 가지고 양서의 공물 납부를 임시로 대신하면, 명분도 순조롭고 민력도 풍족해질 것이니, 사리에 있어서 오히려 마땅하지 않겠습니까? 신은 이어

47) 위의 책, 같은 곳: "臣謂宜取大典及續錄等書, 更加刪定. 凡窒礙者變而通之, 晦奧者疏以明之, 廢墜者修而擧之. 刪其煩複而補其遺漏, 至於京外大小衙門, 各有一切之例, 使人人奉行, 而不敢違越可也."

서 생각하기를 국가를 운영하는 도리는 어느 한 곳에 막혀서는 안 되고, 군사 정책과 민생 정책은 번갈아 중점을 두어 때에 맞게 해야 한다고 생각합니다.[48]

최명길의 의견은 국방에 대한 대응책으로 양서의 백성들이 내던 관향의 곡물을 양서의 일반적인 공물을 납부하는 것으로 대신하여 융통성을 발휘하자는 것이다. 이것은 국방 정책과 민생 정책을 연속선상에 두고 상황 변화에 따라서 동일한 공물을 국방을 위해서 쓸 것인가, 민생을 위해서 쓸 것인가를 적절하게 결정해야 한다는 것이다. 이처럼 최명길은 상황의 변화에 따른 대응 방법을 정책 수정을 통하여 적절하게 제시하고 있다고 할 수 있다.

6. 맺음말

이 글은 최명길의 「중용관견」에 나타난 경학적 특징을 문화다원론적 지평에서 고찰하고자 하였다. 구체적으로 그의 경학사상과 시대적 상황에 따른 경세론 사이에 내포되어 있는 연속적 상관관계를 권도론(權道論)과 변통론(變通論), 외교관계론 등을 통하여 해명하고자 한다. 또한 본고에서는 「중용관견」의 경학적 관점이 구체적으로 실현되는 이론적 계기를 규명하고 이를 토대로 이러한 이론적 체계들이 현

48) 『遲川先生文集』 卷14, 「論大同便否箚」: "無已則有一焉. 兩西管餉, 本爲策應西邊, 而西事今已稍緩. 姑將兩西民力之所出, 權代兩西貢物之役, 言甚順而力自贍. 其在事理, 顧不當耶! 臣仍念爲國之道, 不滯一隅, 兵民之政, 互爲重輕, 時焉而已."

실의 다원적 지평을 어떻게 포용하고 있는가를 검토하고자 하였다.

최명길은 시국에 대한 이론적 정책적 조치로서 경세론을 펼칠 때 여러 경전적 근거를 동원한다. 또한 시의에 따르는 권도론을 가지고 조정의 여러 정책적 방침과 외교관계에 대한 정책을 시행함으로써 외교관계의 균형을 유지하고자 하였다. 여기에서 최명길은 경전적 근거와 권도론에 따라서 정책의 균형을 유지하는 궁극적 목표를 민생(民生) 안정에 두었다. 이것은 그가 이론적 철학적 형이상학이 아니라, 구체적 현실에서 일반 백성들의 삶을 학문의 근본 귀추(歸趨)로 삼고 있음을 뜻한다. 또한 최명길은 실질을 명목보다 중시하는 자세를 취하고, 현상적 자취보다 마음을 중시하였는데, 이러한 그의 주장은 실심(實心)을 강조하는 양명학적 사고를 표준으로 삼는다.

최명길은 『중용』 1장의 '명성도교(命性道教)'를 해석하면서 도덕적 이치에 대한 앎보다 구체적인 현실에서 예악시서(禮樂詩書)에 대한 학습을 통하여 효제충신(孝弟忠信)과 같은 구체적 덕목의 실천을 강조하였다. 그는 주희가 천지와 만물을 이분법적으로 구분하는 것을 성(誠)의 관점에서 하나의 전체적인 발육의 과정으로 파악하였다. 시중을 뜻하는 '중용(中庸)'에 대해서도 그는 주희가 '중용'을 과불급과 치우치고 기욺이 없이 행하도록 헤아리는 권형(權衡)으로서 리(理)의 측면에서 보는 것과 달리 덕(德)이 일상에서 실천으로 드러난 측면에서 중용(中庸)을 보았다. 군자의 도(道) 또한 하늘로부터 부여받은 덕을 실천하는 것[實德]을 의미한다고 봄으로써 보다 실천적인 관점에서 이해하였다. 이러한 그의 사고는 형이상학적 원리가 아닌 현실의 특수하고 다원적인 상황을 포용할 수 있는 방향성을 가진다.

최명길은 '사람을 아는 것[知人]'이란 사람이 실천하여 행하는 길을 뜻하는 것으로 실천과 그 방법의 관점에서 해석하였고, 이러한 실천의 방법이 나오는 근원을 아는 것을 지천(知天)이라고 보았다. 그의 이러한 해석은 개별적이고 특수한 상황에서의 실천적 방법을 중시함으로써 '행동의 원칙[도]'을 다원적 관점에서 해석하고 있다고 할 수 있다. 또한 주희가 성을 보존함을 통하여 보편적인 천리(天理)를 몸에 체인하는 형이상학적 의미를 가지는 데 비하여, 최명길은 성실함을 실천하는 과정에서 밝은 인식과 행동, 그리고 변화에 미치는 노력을 행함으로써 다원적 사태로 나아가는 지향성을 가지고 있음을 알 수 있다.

구체적인 법규와 제도에 대해서 최명길은 구체적 상황을 수용할 수 있도록 변통(變通)이 가능해야 함을 강조하였다. 그는 『경국대전』과 『속록』의 규정들 중에 현실에 맞지 않고 애매모호한 것들을 수정하여 시대적 상황에 맞도록 하고, 필요한 부분을 보충해야 한다고 하였다. 이러한 주장은 인륜도덕의 보편적 이념보다는 구체적 특수한 상황을 포함할 수 있도록 제도적 장치를 적합하게 하는 것을 강조하는 것으로 그의 경세론에 다원론적 함의가 내포되어 있음을 뜻한다.

요컨대, 최명길의 「중용관견」에 나타나는 경학적 특징은 보편적 원리에 대한 강조와 연역적 질서가 아니라, 보다 구체적이고 특수한 현실적 다원적 상황을 제어하고 질서지울 수 있는 방법론을 제시하고자 하는 이론을 구성하고 있다는 것에서 찾을 수 있다. 특히 구체적인 실천을 통하여 특수한 상황을 포용하고자 하는 방향성을 가지는 점에서 『중용』 이론에 대한 문화다원론적 해석의 특징을 살펴볼 수 있다.

▌참고문헌

『論語』, 『孟子』, 『中庸』, 『大學』, 『春秋』(左傳, 公羊傳, 穀梁傳), 『詩經』, 『書經』, 『周易』, 『禮記』, 『荀子』, 『老子』, 『莊子』, 『史記』, 『孝經』, 『朱子語類』, 『朱子大全』, 『大學或問』, 『心經』, 『心經附註』, 『近思錄』(文淵閣四庫全書本)

楊伯峻, 『論語譯注』, 北京, 中華書局, 1980.

安井衡, 漢文大系, 『論語』, 新文豊出版公司, 1994.

______, 『孟子譯注』(『漢文大系』), 東京, 富山房, 1972.

崔鳴吉, 『遲川先生文集』, 韓國文集叢刊, 1991

崔鳴吉, 『遲川先生文集』, 景仁文化社, 1994.

金尙憲, 『淸陰集』(『韓國文集叢刊』 77), 1991

김갑천, 「仁祖朝의 정치적 "適實" 지향성에 관한 연구 : 和斥論爭을 중심으로」, 서울대학교 정치학과 대학원 박사논문, 1998.

김민혁, 「숙종조 정치 상황에 따른 정치적 글쓰기 -최명길에 대한 포폄을 중심으로-」, 『한국한문학연구』 66, 2017.

김병규, 「朝鮮 仁祖代의 經世論과 主和論 硏究-李貴와 崔鳴吉을 중심으로-」, 아주대학교 대학원 석사논문, 2008.

김세정, 「지천 최명길의 주체성과 창조정신」, 『유학연구』 28, 2013.

김용흠, 「지천 최명길의 정치 활동과 유자(儒者)의 책임의식」, 『백산학보』 111, 2018.

김용흠, 「遲川 崔鳴吉의 責務意識과 官制變通論」, 『조선시대사학보』 37, 2006.

김윤경, 「지천 최명길의 『사문록(思問錄)』에 나타난 사서해석 경향과 사상적 특징 (1) -『논어기의(論語記疑)』 를 중심으로-」, 『한국철학논집』 47, 2015.

김윤경, 「16-17세기 韓國 陽明學 成立過程의 工夫論 硏究 : 洪仁祐·盧守愼·崔鳴吉·鄭齊斗를 중심으로」, 성균관대학교 동양철학과 일반대학원 박사논문, 2011.

김윤경, 「최명길의 『사문록』에 나타난 사서해석 경향과 사상적 특징 (2) -「대학기의」, 「대학관견」을 중심으로-」, 『유학연구』 35, 2016.

김현정, 「崔鳴吉 疏箚의 서술기법 연구」, 고려대학교 국문과 대학원 석사논문,

2009.
김호진, 「谿谷 張維의 心學思想과 實學 연구」, 고려대학교 역사교육전공 교육대학원, 2014.
김홍선, 「遲川 崔鳴吉의 主和論에 관한 연구 -논의의 성립배경을 중심으로-」, 명지대학교 교육대학원 석사논문, 2008.
문석윤, 「조선 후기 성리학에서 『맹자』 '호연장' 논란과 그 의의 -송시열의 「호연장질의」를 중심으로」, 『한국문화』 47, 209.
송희경, 「金尙憲의 節義意識과 人文精神에 關한 硏究」, 공주대학교 대학원 박사논문, 2016
심경호, 「17세기 초반 지성사의 한 단면 -지천 최명길과 월사 · 상촌 · 계곡 · 택당-」, 『한문학보』18, 2008.
우경섭, 「우암 송시열의 호연지기론」, 『동서철학연구』, 2008.
윤미선, 「인조대 朝淸관계의 변화」, 숙명여자대학교 대학원 한국사학과 석사논문, 2006.
이남옥, 「지천 최명길의 사상적 배경과 주화론」, 『백산학보』 111, 2018.
이은주, 「崔鳴吉의 陽明學 受容에 관한 硏究」, 이화여자대학교 사회생활과 대학원 석사논문, 1990.
임성민, 「丙子胡亂 前後 林慶業의 外交 및 軍事活動」, 명지대학교 역사교육전공 교육대학원 2007.
정두영, 「조선후기 陽明學의 수용과 정치론」, 연세대학교 대학원 박사논문, 2009.
정성식, 「17세기 초 金尙憲과 崔鳴吉의 양면적 역사인식」, 『동양고전연구』 45, 2011.
한정길, 「조선조 관료 지식인의 양명학관 연구 -지천 최명길의 양명학관을 중심으로-」, 『한국사상사학』 52, 2016.
한정길, 「지천 최명길의 『대학』관 -주희의 『대학』 해석에 대한 반성의 한 양상」, 『대동철학』 83, 2018
허태구, 「崔鳴吉의 主和論과 對明義理」, 『한국사연구』 162, 2013.